정치가
—
떠난
자리

정치가 떠난 자리

발행일 초판1쇄 2013년 2월 25일 | **지은이** 김만권 | **펴낸곳** (주)그린비출판사 | **펴낸이** 유재건 | **주소** 서울 마포구 동교로 17길 7, 4층(서교동, 은혜빌딩) | **전화** 02-702-2717 | **이메일** editor@greenbee.co.kr

ISBN 978-89-7682-770-8 03300 | 이 도서의 국립중앙도서관 출판시도서목록(CIP)은 e-CIP홈페이지(http://www.nl.go.kr/ecip)와 국가자료공동목록시스템(http://www.nl.go.kr/kolisnet)에서 이용하실 수 있습니다.(CIP제어번호: CIP2013000731) | **Copyright** ⓒ 2013 김만권 저작권자와의 협의에 따라 인지는 생략했습니다. 이 책은 지은이와 (주)그린비출판사의 독점계약에 의해 출간되었으므로 무단전재와 무단복제를 금합니다. 잘못 만들어진 책은 서점에서 바꿔 드립니다.

나를 바꾸는 책, 세상을 바꾸는 책 www.greenbee.co.kr

정치가 떠난 자리

자유로운 시민게릴라들이 만드는 참여민주주의 프로젝트

김만권 지음

그린비

어른들은 힘들고 고통스런 삶을 살았어도
우리 아이들에게만은 보다 행복한 삶을 살게 해주고 싶은 것,
모든 부모의 마음일 겁니다.
저는 미래에 제 아이가 살면 좋을 것 같은 세상이
어떤 모습일지 상상해 봅니다.
아이가 자유롭고 행복하게 살았으면 좋겠습니다.
다른 사람들과 경쟁하기보다 서로 돕고 살았으면 좋겠습니다.
아이의 친구가 다시 엘리베이터를 타고 옥상으로 올라가야만 하는
그런 무서운 세상만은 절대로, 절대로 아니기를 바랍니다.
……
마지막으로 제 개인적인 소원을 하나 말해도 될까요?
딱 하납니다.
정부를 비판했다고 생업을 잃지 않아도 되는 세상,
대통령도 잘못하면 마음대로 비판할 수 있는 세상,
그런 세상이 정말 다시 돌아왔으면 좋겠습니다.
대한민국은 민주주의 국가니까요.
— 김여진의 대통령 후보 텔레비전 찬조연설에서

이 책은 이런 세상을
우리 손으로 짓는 일에 관한 이야기다.

차례

에필로그_ 잃어버린 정치를 찾아서 9

1부_ 정치의 상실

첫번째 에세이_ 민주주의의 상실 : 도망자 민주주의의 시대, 구경꾼들의 민주주의 28

대의민주주의 속에 묻힌 참여민주주의 28 | 참여에서 절차와 제도로 32 | 우리 사회와 도망자 민주주의 35 | 우리 민주주의의 모델: 구경꾼들의 민주주의 40 | 해방된 관객들의 민주주의 54

두번째 에세이_ 자유주의의 상실 : 반공과 진보 사이에서 길을 잃다 62

해방 이후 자유주의 정체성 혼란의 기원 62 | 지배 보수세력의 '진보' 타이틀 쟁취전 65 | 진보와 자유주의를 향한 경멸 69 | 자유의자 없는 자유주의 진보 담론 71 | 민주적 원칙을 존중하는 자유주의자들 73 | 정치를 외면하지 않는 자유주의자들 76 | 민주정체의 토대가 되는 자유주의자들 80

세번째 에세이_ 진보의 상실 : 제도권 진보정치세력, 진보를 버리고 세력의 편에 서다 83

진보정치세력, 민주주의를 버리다 83 | 민주적 투명성의 상실 85 | 민주적 절차성의 상실 86 | 비폭력의 상실 87 | 다른 목소리의 상실 91 | 운동과 정치 사이 93 | 오늘 우리 사회의 진보는 누구인가? 97 | 진보주의는 자유주의 좌파인가? 98 | 진보는 도덕주의인가? 99 | 주체사상이 진보일 수 있는가? 101 | 진보는 반신자유주의인가? 104 | 사민주의가 진보가 합의하는 정체성인가? 105 | 변화와 공존의 틀을 제공하는 진보가 필요하다 107

네번째 에세이_ 소통의 상실 : 신념의 사유화 속에 공적 소통을 잃다 111

내 신념일 뿐이다! 111 | 불안한 가치다원주의 114 | 서로 다른 신념, 우리는 논쟁할 수 있는가 118 | 신념의 사유화와 정치분파주의 120 | 신념의 사유화와 정치로부터의 철회 122 | 신념의 사유화를 고민하는 민주주의 모델 124 | 정치적 순간과 공적 소통의 회복 126 | 소통의 재개를 위한 심의민주주의 128

다섯번째 에세이_ 유토피아의 상실 : 참여민주주의는 불가능하다 132

잃어버린 유토피아의 꿈: 참여민주주의 132 | 자본주의, 유토피아를 단념시키다 135 | 유토피아와 엇갈린 의식과 존재 136 | 아직 깨어나지 않은 유토피아를 향한 의식 139 | 유럽통합과 유토피아를 향한 열정 140 | 현실은 의식이 재구성된 결과이다 144 | 유토피아를 먹고 잠들 것인가, 깨어날 것인가? 146

2부_정치를 찾아서

여섯번째 에세이 _ 왜 시민이어야 할까? 152

국민이 아니라 시민이다 152 | 민주정체와 인민, 그리고 국민과 시민 153 | 산업화와 민주화, 그리고 국민과 시민 160 | 국민과 시민의 갈등 165 | 국민과 시민 사이에서 길 잃은 민중 171 | 시민은 민주적 가치를 접하며 형성된다 173 | 시민운동이 아니라 시민정치다 179

일곱번째 에세이 _ 자유로운 시민들은 누구인가? 183

정치적 자유를 존중하는 시민들의 정체성 찾기 183 | 정치적 가치 : '디센트'(를 할 수 있는 용기) 185 | 이성적 토대 : 정치적 자유를 자기배려로 이해하는 합리성 189 | 감성적 토대 : 독재의 공포로부터의 자유 193 | 표현의 토대 : 자유의 평등함에 대한 이해 197 | 자유로운 시민의 정체성과 해방된 관객 204

여덟번째 에세이 _ 시민게릴라는 어떻게 자유를 확장하는가? 206

정치적 자유가 우선이다 206 | 경제의 우선성에 대한 집착은 차이에 대한 관심을 지운다 209 | 너무나 자유주의적인 진보의 지형 212 | 시민사회와 다양한 가치의 실험 215 | 아래로부터 탄탄한 민주주의 짓기 217 | 민주적 정책과 사안에 따른 판단, 유연한 연대 218 | 공유하는 민주주의 짓기의 첫걸음, '연대' 227

아홉번째 에세이 _ 헤테로토피아의 비판적인 시민들 230

민주정체의 자유로운 시민게릴라들 230 | 민주주의라는 호모토피아 232 | 차이와 이견, 그리고 헤테로토피아 235 | 헤테로토피아, 디지털 민주주의를 만나다 236 | '나는 꼼수다', 헤테로토피아의 지식인들 239 | 보편적 정의감을 향한 호소 243 | 비판을 향한 개방적인 태도 245 | 정치적 자유와 대항헤게모니 248 | 시민의식이 깨어 있음을 보여 주는 활동 250 | 뿌리 없는 게릴라, 어떻게 연대할 것인가? 252 | 자유를 확장하는 시민게릴라와 희망버스 255 | 손에 잡히는 대안을 위하여 260

프롤로그 _ 자유롭기 위해 사유하고 반성하라 262

자유인과 공적 현실 262 | 자유롭기 위해 사유하라 267 | 사유하기 위해 글을 쓰라 270 | 사유를 통해 자유롭게 되고, 그 자유로 소통하라 273 | 공적 현실과 글쓰기 276

이 책은 에필로그로 시작한다.
이 책이 다루는 지금의 현실이 끝이길 바라는 마음에서다.
이 책은 프롤로그로 끝맺는다.
이 책의 끝이 새로운 시작으로 이어지길 바라는 마음에서다.

과거와 미래 사이에 존재하는 것은 현재가 아니다.
그 사이에 바로 우리 인간 존재가 있다.
받아들일 수 없는 과거와 단절하고
새로운 미래로 가는 일.
현재의 몫이 아니라 우리의 몫이다.

에필로그_잃어버린 정치를 찾아서

이 책은 정치에 관한 이야기들이다. 그리고 정치를 좋아하든 그렇지 않든, 그 정치 안에서 살 수밖에 없는 우리들의 이야기이기도 하다. 대학에 입학했을 무렵, 필자는 정치를 아주, 아주 많이 혐오했다고 해도 좋을 문학도였다. 이러저러한 개인적 사정으로 선택했던 정치학. 하지만 정치는 진정한 관심사가 아니라고 여겼다. 그런 필자가 대학에 들어가서 처음 목격한 우리 정치의 현실은 참으로 암울했다. 지금 대학생들이야 상상할 수 없는 일이겠지만, 당시 대학 교문 앞에서는 거의 매일같이 학생들과 전경들이 대치하고 있었다. 끊임없이 이어지던 학생들의 아우성과 분노의 소리, 미친 듯이 교정을 흔들던 최루탄 터지는 소리, 도망가는 자의 다급한 발자국 소리, 잡으려는 자의 군화 소리. 머리뿐만 아니라 가슴까지 먹먹해지던 그 소리들 가운데서 그 시대의 청년들은, 자신들의 의사와는 상관없이 학생과 전경으로 갈리어 가쁜 숨을 몰아쉬어야 했다. 그게 필자가 보낸 대학시절, 첫 두 해의 모습이었다.

그 막막한 공적 현실에서 정치를 미워하지 않고 오히려 관심을 갖도록 해주신 노교수님이 계셨다. 현실 앞에 맘이 울적해지면 오히려 찾아들게 되던 그 강의실에서, 존경했던 노교수님은 정치의 시작과 끝이 '권력'이라고 말씀하셨다. 당시 정치를 조금이나마 이해하고 알아 가고 있었기에 그 말이 너무나 옳다고 생각했다. 그리고 지금도 여전히 상당 부분이 옳다고 생각한다.

하지만 한편으로 스무 해가 넘도록 정치철학을 공부하며 정치의 한 측면에 또 다른 의미가 있음을 깨닫게 됐다. 정치란 '함께 사는 세계를 짓는 부단한 노력'이라는 것이다. 권력의 차지에 초점을 맞추면 정치는 투쟁이 되지만, 함께 사는 세계를 짓기 위한 노력에 초점을 맞추면 협력이 된다. 개념적으로 민주주의는 권력을 인민이 쥐고 있다는 뜻이다. 그러나 단순히 인민이 권력을 쥐고 있다는 권력관계를 넘어 어떻게 민주주의를 지어 갈 것인지를 우리가 고민하는 이유는 어떻게 함께 사는 것이 좀더 바람직한가라는 '공존의 고민' 때문이다. 개인적으로 이런 '함께 사는 세계를 짓는 노력'을 'an art of living together'라는 영문으로 표현하기도 하는데, 여기서 art는 단순히 예술이나 기술이 아니라 '우리가 함께 사는 세계를 만들기 위해 기울이는 모든 노력'을 의미한다. 이런 노력이 빛을 발하기 위해선 그 어떤 예술보다도 더 풍부한 감성과 그 어떤 기술보다도 더 정교한 이성이 필요하다.

지금 우리가 경험하고 있는 현대사회의 공적 현실을 보면 이런 함께 사는 세계를 짓는 노력이 그 무엇보다 중요해지고 있음을 누구나 알 수 있다. 근대 이후의 사회를 특징짓는 '시장'이 등장하기 전의 정치세계에선 가족과 국가라는 단순한 두 요소 간의 관계가 핵심이었다. 시장이 아니라 가족이 경제의 축을 담당하고 있었고 그 가족구성원 내에서 오늘날 우리가 '개인'이라 부르는 존재가 강조될 여지는 거의 없었다. 국가를 중심으로 돌아가는 정치공동체는 서로 닮은 사람들로 이루어져 있었고 구성원 간의 유대 깊은 공동체 속에서 생활함으로써 서로 더욱 닮아 가는 존재였다. 중세 서구사회를 지배한 기독교는 종교적 신념의 공유를 통해 이런 서로 닮은 사람들의 세계를 더욱 크게 확장해 나갔다.

하지만 근대성의 핵심인 시장이 등장하면서부터 이 모든 것이 바뀌어 버렸다. 시장에서 이윤을 추구하는 삶이 널리 인정받기 시작하면서 그 이전에는 주목받지 못하던 '개인'이 떠오르기 시작했고, 그 시장이 절정에 이르고 있는 오늘날의 상황은 가장 중요한 우리 삶의 조건이 과거와는 달리 '서로 다름'에 있음을 보여 준다. 개인의 선택이 중추적 역할을 하는 시장은 모든 개인이 서로 다른 선호를 지니고 있으며 그 선호는 개인이 제일 잘 안다는 전제에 서 있다. 고도로 섬세해지고 있는 시장은 그만큼 개인의 선호가 섬세해지고 있음을 의미한다. 섬세해진 만큼 우리 각자의 다름도 더욱 분화되어 가고 있다. 달라도 어쩌면 이토록 서로 다를 수 있을까 싶을 만큼 우리 각자의 선호는 세분화되고 있고 이런 선호의 다름과 더불어 우리들 각자가 지닌 가치도 더욱 섬세하게 분화되고 있다. 어떤 이들은 너무나 섬세하게 분화된 개인들이 서로 아무것도 공유하지 못한 채 파편화되어 시장에서 자기이익만을 추구하며 경쟁에 몰두하는 모습을 근대의 비극이라고 부르기도 한다. 이런 비극 속에 공정한 경쟁이 이루어져야 할 시장은 승자가 모든 것을 독식하는 곳이 되어 버렸고, 더 많이 가진 자들이 더욱 더 많이 가지는, 승부가 정해져 버린 경쟁의 장으로 전락해 버렸다.

1970년대 이후 공동체주의의 등장에서 볼 수 있듯 서구사회가 기울인 모든 공동체적 복원 노력은 '서로 다름'이란 이 새로운 삶의 조건에서 생겨난 '공유할 것이 없는 현실'에 기반을 두고 있다. 그럼에도 이런 파편화된 삶이 만연해 있는 시장은 여전히 거칠 것 없는 기세로 확장되고 있고, 파편화의 주요원인인 '경쟁'에 대한 반성 없는 시장은 '신자유주의'라는 새로운 괴물로 등장한 지 오래다.

세계에 보편화된 시장을 받아들이고 그 토대에 서 있을 뿐만 아니라 서구적 삶의 침투가 왕성하게 이루어지고 있는 우리 사회 역시 그다지 다르지 않다. 고도로 성장한 시장을 삶의 기반으로 두고 있는 이상, 그리고 그것이 당분간의 피할 수 없는 삶의 조건인 이상 우리 역시 이런 난제를 아무런 어려움 없이 비껴갈 수는 없다. 지금의 청년 세대에겐 놀라운 일이겠지만, 필자가 '우리' 대신 '나'라는 말을 대학 캠퍼스에서 처음 본 것은 1993년 군대에서 짧은 휴가를 나왔을 때였다. 그 당시 느꼈던 '나'라는 말의 어색함. 그 느낌은 그때도, 지금도 어떻게 적절히 표현할 길이 없다. 대학 캠퍼스에서 운동이 급격히 사라지기 시작한 시기가 이 '나'라는 말의 빠른 확산과 맞물려 있었음이 단지 우연의 일치라고 한다면 할 말이 없다. 분명한 사실은, 개인을 강조하는 이런 '서로 다름'의 등장과 함께 '일치된 단결을 추구하는 변혁운동'이 사라져 갔고 그 빈 자리를 '서로 다름'을 강조하는 여성운동 및 소수자운동이 메워 갔다는 점이다. 그리고 그 무엇보다, 우리 삶의 조건을 급격히 바꿔 놓은 것은 1997년 경제위기를 겪으며 본격적으로 도입된 개방된 시장이었다. 전통적으로 가정을 책임져야 한다는 의무를 지고 있던 수많은 가장들의 자살은 생존과 경쟁이 핵심가치인 신자유주의적 시장을 너무도 갑작스럽게 맞닥뜨린 당황스러움이 가장 비참한 방식으로 표현된 것이었다.

그 이후 우리 사회의 구성원들은 이내 이런 현실을 깨닫고 새롭게 도입된 시장에서 자기의 위치를 재빨리 찾아가기 시작했지만 경쟁에서 이기는 자가 모든 것을 갖는 시장의 왜곡된 논리에 깊이 물들어 버려 서로 다름을 자신만의 가치와 이익을 강조하는 일로 여기는 듯 보인다. 이긴 자가 모든 것을 갖는 구조 속에서 파편화된 개인들이 자신과 비슷한 이익과 가치를 지닌 자를 찾아내어 그들과 '친구'가 되는 한편 자신과 다른 이익과 가치를 지닌 자들을 적대시하고 누르려 하는 것은 당연한 일일지도 모른다. 이긴 자들이 독식하는 구조 속에서 '서로 다름'이 적대적 관계로 만날 때 자신과 다른 존재는 나의 이익을 위해서 제거해야 될 대상이 된다. 이런 상황에서 개인들에게 현실은 서로가 '무엇인가를 공유할 수 없다'는 점에서 결코 공적일 수 없으며 '언제나 자신의 이익이 우선시 된다'는 점에서 사적일 수밖에 없다.

이런 사적 현실 속에서 정치가 해야 할 일은 개인들이 '서로 다를 수밖에 없다'는 사실을 솔직하게 인정하고 그 '서로 다름'이 함께 공유하거나 협력할 수 있는 공통의 공적 현실을 만드는 것이다. 정치는 바로 이런, 각자 서로 다른 가치를 지닌 사람들이 공유할 수 있는 공적 현실을 짓는 일이다. 하지만 지금 우리 사회는 이런 공적 현실 짓기의 상실을 목격하고 있다고 해도 지나친 말이 아닐 것이다. 정치가 이런 공적 현실을 짓는 모든 노력인 이상 이를 '정치의 상실'이라 불러도 좋을 것이다.

이 책은 바로 이 '정치의 상실'에서 시작한다. 필자는 이런 정치의 상실이 민주주의의 상실, 자유주의의 상실, 진보의 상실, 소통의 상실, 유토피아의 상실이 총체적으로 드러난 결과라고 생각한다. 이 책의 1부에서는 이런 상실을 차례로 그려 내고, 2부에서는 정치적 자유와 민주주의를 존중하는 시민으로서 이런 현실에 어떻게 맞설 것인지 그 대안을 고민하고 있다.

이 책에서 독자들이 꼭 이해해야 하는 개념을 굳이 골라 보라고 한다면, '도망자 민주주의'(fugitive democracy)와 '자유를 확장하는 시민게릴라'라고 할 수 있다. '도망자 민주주의라니? 아니 자유를 확장하는 시민게릴라라니?' 지금 바로 이 순간 여러분의 머릿속에 언뜻 떠오르는 생각일 수도 있겠다. 도망자 민주주의는 저명한 정치철학자이자 민주주의자인 셸든 월린*이 현재 우리가 누리고 있는 대의민주주의의 현실을 은유적으로 내보인 표현이다. 오늘날 우리가 누리고 있는 대의민주주의에는 원래 민주주의가 의도했던 시민의 적극적인 정치참여가 사실상 존재하지 않는다. 이제 민주정체에서 시민의 참여란 혁명 혹은 시민저항이라는 일시적인 순간에만 존재할 뿐이다. 그리고 이 짧은 순간이 지나고 정치가 일상으로 접어들면 시민들이 스스로 행동하는 민주주의는 그 모습을 재빨리 감추어 버린다. 월린은 일상의 정치에서 민주주의가 재빨리 모습을 감추는 이런 현실을 '도망자'로 표현한다.

그렇다면 민주주의가 도망쳐 버린 자리에 시민들은 어떤 모습으로 남게 되는 것일까? 대부분의 정치이론가들이나 철학자들은 이런 시민들을 정치엘리트들이 남용하는 정치에 대해 무지할 뿐만 아니라 자발적으로 행동하지 않는 '구경꾼'(audiences or spectators)으로 그려 낸다. 시민들은 대체로 자신이 뽑은 정치엘리트들에게 모든 것을 맡겨 놓고 그들이 무엇인가를 해주기를 기다리거나 때로는 정치 그

---

* 셸든 월린(Sheldon Wolin, 1922~)은 미국의 저명한 정치철학자로, 현재 프린스턴대학교 명예교수로 있다. 월린이 쓴 『정치와 비전』(Politics and Vision)은 이제 정치이론의 고전이 되었다. 정치를 과학으로 바라보는 관점에 비판적이었으며 시민들의 직접적인 참여를 내세우는 급진적 관점의 민주주의를 옹호했다.

자체에 무관심할 뿐만 아니라 무지하기까지 하다. 시민들은 자신의 눈으로 정치적 사건을 목격하면서도 그 일이 무엇인지 자세히 알려 하지 않고, 설령 알게 된다 하더라도 정치엘리트에게 호소하는 이상의 행동을 여간해선 하려 들지 않는다. 그렇다면, 일상의 대의민주정치에서 시민들에게 희망을 거는 일은 어리석은 짓일까?

자크 랑시에르는 시민들을 향한 희망을 결코 버려서는 안 된다고 말한다.* 그리고 그 희망을 품고자 한다면, 구경꾼을 무지하고 수동적이라 여기는 우리 인식 자체부터 바꾸어야 한다고 말한다. 구경꾼을 '스스로 바라본 것을 자신의 말로 표현할 수 있고 자신의 관점에서 해석할 수 있으며 이런 해석을 다른 사람들과 주고받을 수 있는 비판적 존재'로 인식할 때에야 시민들이 스스로 해방된 관객으로 변모할 수 있는 길이 열리기 때문이다. 필자는 이런 랑시에르의 '해방된 관객'이란 제안을 받아들여, 무지와 수동성을 벗어나 앎과 능동성을 추구하는 시민상을 '자유를 확장하는 시민게릴라'라는 개념으로 제시한다. 그리고 이를 '자유로운 시민게릴라'라고 간명하게 표현한다. 이 개념이 자유를 강조하는 이유는 두 가지다. 첫째, 우리 사회에서 민주

---

* 자크 랑시에르(Jacques Rancière, 1940~)는 프랑스의 철학자로 파리대학교 철학과 교수로 재직 중이다. 루이 알튀세르(Louis Althusser)와 『자본을 읽자』(Lire le Capital)를 함께 쓰며 주목받았다. 프랑스 철학자 중에서 미셸 푸코(Michel Foucault)만큼이나 영미권에서 영향력이 있는 철학자이기도 하다. 이 책에서 내세우는 능동적 시민은 랑시에르의 『해방된 관객』(The Emancipated Spectator, Verso, 2010)에서 많은 아이디어를 얻었다.

주의의 실질적 절대성이 보장되지 않는 이유가 정치적 자유에 대한 시민적 존중의 부재에 있다고 보기 때문이다. 자연스럽게 민주적 원칙 및 가치들에 대한 존중을 유도하는 기본토대인 정치적 자유에 대한 존중의 부재는 보수와 진보 양쪽 모두에게서 드러난다. 그러므로 자유의 확장에서 의미하는 자유는 '정치적 자유'를 뜻한다. 둘째, 시민게릴라들은 정치적으로 자신을 독립된 '자유인'으로 받아들인다. 여기서 '자유인'은 '자유주의자'라는 의미가 아니다. 자유주의자는 자유주의라는 특정한 이념을 기반으로 하지만, 자유인은 특정한 이념과 상관없이 자신을 독립적이라 여기는 정치적 존재를 의미한다. 자유로운 시민게릴라들은 독자적인 정치적 존재로서 자신과 공동체와 관련된 사안에 적극적인 관심을 기울이고, 민주적 원칙에 따라 판단하고 행동하며 사안과 필요에 따라 유연하게 연대하며 움직이는 모든 사람들을 의미한다. 그러므로 '자유로운 시민게릴라'는 정치적 자유의 관점에서 제시되는 것이지만 굳이 자유주의자들의 이념으로 한정될 필요는 없다. 사실상 정치적 자유가 이제 안정된 민주정체의 필수적 가치로 자리 잡았다는 점에서 민주주의를 존중하는 이들이라면 누구나 '자유를 확장하는 시민게릴라'에 합류할 수 있다. 이런 점에서 이 개념은 자유적이라기보다 오히려 민주적이다.

좀더 구체적으로 이 책의 내용에 대해 언급해 본다면, 필자가 진단하는 우리 사회에서의 민주주의 상실은 안정적인 대의민주주의가 전형적으로 겪고 있는 시민들의 직접적 참여의 부재에 있지는 않다.

민주주의의 토대가 부실한 탓에 우리 시민들은 대의구조 속에서도 정치에 적극적으로 참여하는 성향을 보이고 있다. 오히려 필자가 우려하는 문제는 상대적으로 활발한 시민들의 직접적인 참여가 현실적 성과로 제대로 반영되어 드러나지 않는 현실적인 정치구조와 이런 직접적 참여를 부정적으로 보는 시선이다. 특히 현대민주주의의 대세가 된 구경꾼들의 민주주의가 우리 진보진영을 통해서 마치 진보적인 것마냥 포장되어 도입되고 있는 현실은 이런 민주주의의 상실을 고스란히 드러낸다. 첫번째 에세이는 바로 이런 민주주의의 상실을 그리고 있다. 이와 함께 이런 상실의 회복에 대한 열망을 '도망자 민주주의'와 '해방된 관객'이란 개념으로 풀어 낸다.

두번째 에세이가 다루는 '자유주의의 상실'은 '자유주의 없는 자유주의의 승리'라는 왜곡된 현실 다룬다. 우리 사회에선 자유를 배격하는 이들이 자유를 사랑하는 사람들을 자유라는 이름으로 처단하는 아이러니한 현실을 자주 목격할 수 있다. 자유주의자들이 민주화보다 산업화를 찬양하고, 인권보다 대의를 강조하며, 개인보다 공동체를 떠받든다. 또 다른 한편에선 자유를 사랑하는 이들이 자유주의와 거리를 두고 자유를 사랑하는 이조차 적으로 삼는 또 다른 극단적 모순이 일어나고 있다. 두번째 에세이에서는 보수가 남용하고 진보가 외면한 이런 자유주의가 어떻게 탄생하게 되었는지를 역사적으로 추적하고 그 극복방안을 모색해 본다.

세번째 에세이인 '진보의 상실'은 제도권 진보정치세력의 왜곡된 모습을 민주주의라는 관점에서 다루고 있다. 2012년 진보진영 전체를 패닉상태로 몰아넣고, 자라나던 진보정치의 싹을 잘라 버린 통합진보당 사태는 우연히 일어난 일이 아니었다. 개방되고, 투명하며, 절차를 존중하고, 폭력을 멀리해야 할 진보정치가 파괴적인 모습으로 드러난 것은 진보정치가 성숙해 가는 과정에서 꾸준히 존재하던 폐쇄성, 불투명성, (지나친) 당파성, 폭력성 등이 그대로 다시 재현된 것이었다. 이런 사태 앞에서도 통합진보당 구당권파 내부에서 다른 목소리가 전혀 존재하지 않았던 현실은, 운동에서 정치로 나아가지 못하는 오늘날 우리 제도권 진보의 자화상을 그대로 보여 주었다. 세번째 에세이는 이 사태의 진단을 통해 우리 진보의 정체성과 재구성을 고민해 본다.

네번째 에세이 '소통의 상실'은, 승자 독식 구조의 시장이 만들어낸 '서로 다름'이 만연하는 가운데 자신만의 가치가 너무나 소중해 자신의 신념을 타자와 공유하지 못하는 우리의 자화상을 그리고 있다. 우리는 소통이 화두인 시대에 살고 있다. 누구나 손에 핸드폰을 들고 있고 누군가에게 문자를 보내고 대부분의 사람들이 그 문자를 기다린다. 그러나 경쟁구조 속에서 급작스레 번져 나간 신념의 사유화는 진정한 공적 소통의 장애가 되어 버려, 자기와는 조금이라도 다른 신념을 가진 이들을 이해하려 들지 않는 현상이 사회 전반에 걸쳐 확산되고 있다. 정치적으로 이런 소통의 상실은, 한편으로는 정치로부터의 철회(정치적 무관심)로, 또 다른 한편으론 타자의 다른 신념을 전혀 인정하려 들지 않는 지나친 분파주의로 드러나고 있다. 너무나 많은 말들을 서로를 향해 내뱉으면서도 그 말들이 서로에게 이르지 못하고, 모두가 휴대폰을 들고 있는 탓에 공중전화는 더 이상 쓸모가 없게 되어 버린 것이다.

다섯번째 에세이인 '유토피아의 상실'은, 우리 사회를 함께 참여하는 민주적 사회로 건설하려는 총체적 열망의 상실을 조금은 철학의 힘을 빌려 그리고 있다. 이런 유토피아의 상실은 단순히 참여민주주의에 대한 거부를 의미하는 것이 아니라, 우리 앞에 주어진 삶의 조건을 더 이상 바꿀 수 없다는, 정치적 열정의 상실을 의미한다. 이런 열정의 상실은 우리가 바람직하다고 여기는 세계와 우리가 살아가는 현실의 불일치를 극복할 수 없다고 믿게 만든다. 이런 믿음은 참여민주주의를 불가능한 것으로 단정 짓고 오로지 제도권을 중심으로 돌아가는 대의민주주의만이 작동 가능한 것이란 주장으로 나타나고 있다. 이런 주장 속에서 활동적이어야 할 시민들의 정체성은 단순한 유권자로 전락하고 시민참여의 핵심이 승자와 패자를 가르는 투표로 귀결되고 있다.

어떤 이들은 지금까지 언급한 것 중 대부분을 우리가 지니고 있었던 적이 없기 때문에 '상실'보다는 '부재'가 옳다고 할 것이다. 이런 주장이 옳을 수도 있다. 그러나 무엇보다 민주주의에서 시작해 유토피아까지 이 모든 것을 우리가 살고 있는 세계에 지으려는 노력이 있었다는 것은 사실이고, 그리고 이런 노력이 상당한 성과를 내고 있었던 것도 사실이다. 그러므로, 필자가 의미하는 상실은 '온전한 것의 잃어버림'이 아니라 '온전한 것을 만들어 가려는 노력의 잃어버림'을 의미한다.

사실 우리만이 이런 상실을 겪고 있는 것은 아니다. 공적 가치의 분화와 시장의 확장에서 생겨난 '서로 다름'이란 삶의 조건은 이제 대부분의 민주적 국가들이 공통적으로 겪고 있는 문제이기도 하다. 예를 들어, 유럽연합은 이런 문제를 국가 간 협력을 한 차원 높여 풀고자 하는 고도화된 노력이기도 하다. 하지만 유럽연합에서조차 각국은 이런 문제를 우선 각자의 방식으로 풀어 내기 위해 노력을 기울이고 있다. 공통의 문제이지만 각 국가에서 그 문제가 발생하는 맥락의 차이가 엄연히 존재하기 때문이다.

제2부에선 자유인으로서, 그리고 자유인의 또 다른 표현인 지식인으로서 이런 문제를 어떻게 다루어 내야 하는지를 그리고 있다. 필자는 우리 사회에서 빚어진 총제적인 상실이 만들어 놓은 정치의 빈자리를 시민들이 메워야 한다고 주장한다. 필자가 강조하는 시민은 우리가 흔히 말하는 국민과 다른 존재이다. 여기서 시민은 랑시에르가 말하는, 정치의 극장에서 무지와 수동성이란 구경꾼의 자세를 벗고 적극적으로 자신들이 본 것들을 바탕으로 말하고 해석하는 해방된 관객을 의미한다. 앞서 한 차례 언급했듯, 필자는 이런 능동적 행위자들을 '자유를 확장하는 시민게릴라'라는 개념으로 내놓는다. 이를 위해 2부의 첫번째 에세이는 왜 시민이어야 하는가에서 시작한다. 이

어지는 두번째 에세이에서는 정치적 자유를 존중하는 자유로운 시민들의 정체성 찾기에 나선다. 세번째 에세이에선 자유로운 시민들의 행동방식으로서 '자유를 확장하는 시민게릴라'라는 개념을 제시하고, 네번째 에세이에선 자유로운 시민게릴라의 이미지를 '나는 꼼수다' 및 '희망버스'의 사례를 통해 조명해 볼 것이다.

이 책은 자유주의자가 쓰지만 자유주의에 관한 이야기가 아니다. 오히려 이 책은 민주주의와 그 민주주의의 주인인 시민에 관한 이야기다. 이 책에서 필자는 현재 우리 사회가 겪고 있는 민주주의의 허약함이 정치적 자유에 대한 관심과 존중의 결핍 때문이라 주장한다. 이 정치적 자유는 2012년 대선의 결과에서 볼 수 있었던, 투표를 통한 민주주의의 뒷걸음질을 막는 데 가장 기초적인 가치일 뿐만 아니라, 진보와 민주세력이 걱정하는 사회적 약자들의 보호망을 확립하고 이들을 정치적 주체로 내세우는데 가장 정당하고도 효율적인 수단이다. 이런 정치적 자유는 제도권의 엘리트들이 심어주는 것이 아니라, 우리가 민주적 시민으로서 스스로 체화할 때 그 위력을 발휘한다. 그렇기에 이 책은 자유주의가 아니라 '어떻게 정치적 자유를 존중하는 시민을 만들고 그 시민이 어떻게 스스로 참여하는 민주주의를 지어 가는지에 관한 이야기'다. 한마디로 요약하자면 '자유로운 시민게릴라들이 만드는 참여민주주의 프로젝트'다.

이 책의 제목 『정치가 떠난 자리』는 프랑스 정치철학자 클로드 르포르의 '빈 자리'(empty place)란 개념과 연관이 있다.* 르포르는 시민들이 직접 말할 수 있는 기회를 상실한 당대의 대의민주주의의 공공장(public arena)을 '빈 자리'라 부른다. 그리고 그 빈 자리는 2008년 촛불집회에서 본 것처럼 시민들이 정치의 전면에 나서는 아주 찰나의 순간이 메운다고 말한다. 정치가 떠난 자리엔 언제나 이런 빈 자리가 생겨난다. 함께 세상을 짓고 공유하기 위한 노력이 사라진 그 빈 자리엔 무지하고 수동적인 구경꾼이 된 시민, 바로 우리들이 고독하고 소외된 채 남는다. 그러나 대의정치라는 현실적 제약 속에서 이런 정치의 빈 자리를 자기 목소리를 내지 못한 채 물끄러미 바라보며 이 텅 빈 공간을 또 다시 채울 찰나의 순간을 마냥 기다릴 수는 없는 노릇이다. 이런 수동적 구경꾼의 자세야말로 우리가 함께 지어야 할 세계에 대한 무책임의 표현일 것이다. 결국 이 빈 자리를 메울 수 있는 것은 우리 시민들의 또 다른 모습, 자기가 바라본 것들을 스스로 말하고 해석하고 나아가 행동으로 옮길 수 있는 '성숙한 시민'뿐이다. 그러므로 정치가 떠난 자리엔 일상의 삶에서 그 빈 자리를 향해 스스로 다가서는 용기를 지니고, 그 빈 자리를 향해 다가오는 다른 시민들과

---

* 클로드 르포르(Claude Lefort, 1924~2010)는 프랑스의 철학자이자 활동가이다. 프랑스 현상학자 메를로 퐁티(Maurice Merleau-Panty)의 영향을 받았으며 그리스 철학자 코넬리우스 카스토리아디스(Cornelius Castoriadis)와 함께 소비에트 연방을 비롯한 사회주의 세계의 관료주의를 비판한 것으로도 유명하다. 나아가 자체조직화(self-organization)의 형태로서 현대사회의 정치형태에 대해 연구한 것으로 잘 알려져 있다. 르포르는 『현대사회의 정치형태』(The Political Forms of Modern Society: Bureaucracy, Democracy, Totalitarianism, MIT Press, 1986)에서 이 '빈 자리' 개념을 내놓았다.

즐거운 연대를 통해 그 텅 빈 공간을 메울 수 있는 정치적으로 자유롭고 독립적인 시민들이 필요하다.

    자유인으로서 지식인으로서가 아닌, 이론가로서 철학자로서 이 문제를 어떻게 다루어야 하는지는 이론적 틀과 함께 일종의 프로그램을 제공하는 또 다른 프로젝트가 될 것이다. 자유인으로서, 지식인으로서 필자가 이 책을 통해 내놓는 대안은 기본적으로 '성숙한 시민'과 '강한 시민사회 만들기'에 있다. 이론가로서 철학자로서 우리 사회 민주주의의 재구성이란 큰 틀 내에서 성숙한 시민사회를 제도권정치 체계와 어떻게 결합시킬지는 또 다른 프로젝트를 통해 곧 내놓을 예정이다.*

    정치를 상실한 공적 현실에서 우리에게 필요한 것은 기존의 방식을 통해 그것을 다시 찾으려는 소극적 노력보다는 함께 정치를 새롭게 짓는 또 다른 적극적인 정치적 상상력이다. 그 정치적 상상력은 한 사람의 지혜로 만들어질 수 없으며, 민주사회에서 그런 상상력이 한 사람의 지혜로 만들어지는 일은 바람직하지도 않다. 이 책은 한 명의 자유인으로서 조그만 정치적 상상력을 내놓고 지식인으로서 새로운 세계를 짓는 공동의 책임을 나누려는 작은 노력이다.

---

* 필자는 『정치의 귀환 : 우리 민주주의 새로 짓기』(가제)라는 책을 통해 구체적인 시민정치와 그 시민정치의 제도권정치와의 결합을 제시하고자 한다.

1부

정치의
상실

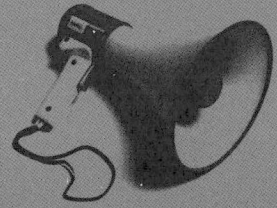

/

1부에서는 오늘날 우리 정치현실을 민주주의, 자유주의, 진보, 소통, 유토피아의 상실이라는 측면에서 그려 낸다.

 우리는 시민이 정치에 참여할 때 민주주의가 가능하다고 말한다. 하지만 대의민주주의에서 시민의 정치참여의 한계는 어디까지일까? 시민은 선거일에 열심히 투표하는 것으로 참여의 의무를 다하는 것일까? 그리고 그 투표가 민주적 정치참여의 핵심이라 단언할 수 있는 것일까? 투표가 끝난 뒤 평범한 사람들은 정치에서 소외되는 이 현실은 어떻게 변명할 수 있을까? 대의민주주의에서 실질적인 정치는 진정 정치엘리트의 몫이어야 하는 것일까? 평범한 사람들은 엘리트 정치에 요구만 하는 '구경꾼'으로 남아도 괜찮은 것일까? 만약 우리가 수동적 구경꾼의 모습을 벗어 던지려 한다면, 도대체 어떤 일부터 해야 하는 것일까?

 우리는 자유민주주의 사회에 살고 있다고 말한다. 말 그대로라면 우리가 누리는 민주주의는 자유주의를 한 축으로 둔 정체이다. 하지만 자유주의자를 자처하는 보수주의자들은 시장의 자유를 위해 정치적 자유를 무시하고, 역설적으로 공동체의 자유를 위해 시장의 기반인 개인의 자유를 무시하고 있다. 게다가 이런 현실을 직시하고 바로잡아야 할 진보마저 정치적 자유를 외면하고 무시한다. 보수도 진보도 외면한 정치적 자유주의. 왜, 어떻게 이런 일이 일어나게 된 것일까? 어떻게 해야 소외된 자유주의의 자리를 제대로 찾아 줄 수 있는 것일까?

 2012년, 우리는 '통합진보당' 사태를 통해 제도권 진보정치의 몰락을 보았다. '진보'와 '민주주의'라는 가치를 버리고 '세력'을 택하는 모습은 평범한 사람들이 경멸하고 외면하던 구태정치의 그것과 다름이 없었다. 그렇다면, 이런 경멸을 극복하고 다시 신뢰를 찾기 위해 진보는 어떤 모습을 갖춰야 하는 것일까? 다시 말해 진보를 어떻게 재구성해야 하는 것일까? 그리고 진보가 지향해야 할 세계는 어떤 모습이어야 하는 것일까?

　현재 우리는 서로 다른 신념과 가치 아래 너무나 경쟁적인 사회에서 살고 있다. 어쩌면 이런 상이한 신념들을 통합하는 유일한 가치가 경쟁에서의 승리인지도 모르겠다. 승자가 모든 것을 독식하는 시장경쟁구조. 이런 경쟁 속에서 자기 것을 지켜내는 데 급급해 각자의 신념마저도 사유화하고 있는 것은 아닐까? 그리하여 자신의 신념만이 너무 소중한 나머지 타자의 신념을 모른 체하며 자신의 말만을 떠들고 있는 것은 아닐까? 지금 우리에게 신념이 다른 이들을 인정하고 경쟁이라는 관점을 떠나 협력하고 소통할 힘이 남아 있는 것일까?

　그 무엇보다, 우리는 우리 시민들이 이 모든 난관을 극복하고 함께 사는 세계를 지을 수 있다는 '유토피아적 신념과 열정'을 지니고 있는 것일까? 눈앞의 현실을 어쩔 수 없는 조건이라 말하며 우리가 바람직하다 여기는 세계를 너무 쉽게 포기하고 있는 것은 아닐까? 바람직한 세계는 존재할 수 없는 세계일까? 가능한 것의 한계는 현실적인 것인가?

　이 모든 것이 우리가 잃어버린 정치에 대한 질문이지만, 이 모든 것은 우리가 찾아야 할 정치에 대한 질문이기도 하다. 이제 이 질문을 마주하러 가자.

첫번째 에세이
/
민주주의의 상실
도망자 민주주의의 시대, 구경꾼들의 민주주의

민주주의를 정부의 형태가 아닌…… 존재의 방식으로 인식할 필요가 있다. 그 존재의 방식은 오로지 일시적으로만 성공을 거둘 수 있는 운명이라는, 쓰디 쓴 경험으로 조건 지어져 있다. 그러나 이 존재방식은 정치적인 것의 기억이 살아남는 한 다시 생겨날 수 있는 가능성을 지니고 있다. 민주주의의 경험을 통해 우리가 목격한 것은 이런 정치적 존재방식이 일정 기간 동안 사라질 수 있으며, 사라진다는 것이다. 민주주의는, 폴리비우스가 명확히 표현하듯, '(일상의) 시간 속으로' 사라진다. 민주주의는 찰나의 정치적인 순간, 아마도 정치적인 것의 기억이 되살아나 재창조되는 바로 그 순간일 것이다. ─ 셸든 월린

대의민주주의 속에 묻힌 참여민주주의

우리는 일상의 생활에서 늘 민주주의란 말을 접하고 산다. 이제 아주 자연스레 우리 삶의 일부분이 되어 버린 듯 보이는 민주주의. 우리 역사에서 민주주의란 말이 일상에 자리 잡은 지가 채 30년이 되지 않는다는 점을 생각해 보면 이런 일상화는 놀라울 정도다.

원래 민주주의는 인민이 통치하는 정체를 규정하는 말로 고대 그리스에서 생겨났다. 많은 글들이 고대 그리스에선 민주주의가 많은 사랑을 받았던 것처럼 그리고 있지만, 한편으로 민주주의에 대한 경멸이 널리 퍼져 있기도 했다. 우리가 잘 알고 있는 플라톤은 민주주의

를 어리석은 자들이 자기 맘대로 떠들어대고 힘을 모아 지배하는 중우정치로 표현했다. 그가 현자들이 지배하는 정치를 주장한 데는 이런 어리석은 자들의 지배에 대한 환멸이 깊이 자리 잡고 있었다. 플라톤과 더불어 고대 그리스를 대표하는 철학자인 아리스토텔레스에게 민주주의는 가난한 자들이 주도하는 일종의 타락한 정체였다. 당대의 영향력 있는 역사가들 역시 이런 관점을 공유하고 있었는데, 투키디데스는 혁명을 빈자들의 복수심이 폭발한 결과이며 정치적 악이라고 규정했다.

하지만 한편으로 '민주주의'를 향한 이런 경계는 실제로 많은 평범한 사람들이 정치에 참여하고 있었다는 증거이기도 하다. 실제 아리스토텔레스 역시 (빈자가 아니라) 중산층이 많이 정치에 참여할 수 있다면 이는 바람직한 일이며 이런 지배형태야말로 이상적인 것이라 주장했는데, 그가 평생 사랑했던 아테네가 바로 이런 모습을 갖추고 있었다. 아테네와 같은 도시국가에서 평등한 시민권을 얻은 사람들은 추첨을 통해 정치에 참여할 수 있는 기회를 얻었다. 물론 하나의 정체가 움직이기 위해선 전문적인 지식을 지닌 자들이 필요했던 탓에 일부 중요한 공직은 선출되기도 했다.* 이를 두고 직접 민주주의에 회의적인 사람들은 고대 그리스에서조차 선출된 대표자들이 있었

---

* 이런 점에서 많은 민주주의 학자들이 지적하듯 민주적인 대표자 선출 방식은 추첨이다. 선거는 원래 귀족적 선출방식으로 대의민주주의 하에서 민주적인 것처럼 여겨지고 있다.

기 때문에 한 번도 온전한 형태의 민주주의는 존재하지 않았다고 주장한다. 하지만 민주주의의 대가 존 키언이* 명쾌하게 설명해 주듯 고대 그리스에는 대표라는 개념 자체가 존재하지 않았다. 만약 이 개념이 고대 그리스에 존재하고 제대로 작동했었더라면 플라톤이 어리석은 자들의 정치에 분노할 이유도, 아리스토텔레스가 빈자들이 정치를 장악하는 상황을 우려할 이유도 없었을 것이다. 원래 '대표'라는 개념은 한편으론 중세 스페인에서 왕과 영주 간의 갈등, 또 다른 한편으론 가톨릭 내부의 갈등 때문에 생겨났다. 스페인에서 알폰소 4세가 통치하던 시기 왕과 귀족들 간의 갈등이 절정에 이르자 이를 해결하기 위해 최초로 넓은 지역 및 다양한 이익에 기반을 둔 대표자들을 선출해 국가적 문제를 결정하게 되었는데, 코르테스(Cortes)라 불리는 국가 차원의 입법의회가 바로 이 대표자들이 모였던 최초의 기구였다. 한편 중세교회 내에서는 교황과 주교위원회가 누가 기독교인들의 일체(unitary body)를 대표하는가를 두고 반복해 논쟁을 펼치는 가운데 대표라는 개념이 형성됐다. 양자 모두의 사례에서 대표란 개념은 정치적·종교적 권력투쟁 한가운데서 억제와 통제를 위해 의도적으로 만들어진 것이었다. 이 개념이 민주주의에 들어와 정착되는 데엔 더

---

* 존 키언(John Keane)은 오스트레일리아 태생의 민주주의 정치철학자다. 시드니대학교 정치학과 교수이며, 런던에 있는 민주주의 연구소(The Center for the Study of Democracy)의 설립자이기도 하다. '대표'라는 개념의 기원에 대한 설명은 키언이 동료들과 편집한 『대의민주주의의 미래』(The Future of Representative Democracy, CUP, 2011)를 참고했다.

많은 시간이 걸렸다. 이를 보면 원래 고대 민주주의에는 인민의 입장이 누군가를 통해 대표될 수 있다는 그런 발상 자체가 존재하지 않았음을 쉽사리 이해할 수 있다.

근대국가들이 인민의 동의를 얻는 통치방식을 취하면서 고대 그리스 이후 활기를 잃었던 민주주의가 다시 재등장하게 되었다. 그러나 고대 그리스의 도시국가들에 비해 규모가 커진 근대국가에서 모든 이들이 추첨을 통해 참여하는 민주주의가 더 이상 작동할 수 없었고, 인민의 이름으로 정치투쟁이 펼쳐지며 비로소 대표라는 개념이 정치에 등장하기 시작했다. 이 개념이 정치에 들어왔을 때, 그 혼란과 좌절은 장 자크 루소의 『사회계약론』에 고스란히 드러나 있다. 루소는 대의정치를 정착시키고 있던 영국 인민을 바라보며 인민은 다만 투표하는 순간만 자유롭다고 탄식했다. 투표하는 날 외에 평범한 사람들이 대표자들을 통제할 수 없음이 너무나 명확해졌기 때문이다.

루소만이 이런 좌절을 느꼈던 건 아닐 것이다. 오늘날 일상에서 민주주의를 항상 접하고 있는 많은 평범한 사람들이 루소와 같은 좌절을 느낀다. 많은 기대를 품고 대표자를 선출하지만, 대표자들이 선출한 이들의 기대를 충족시키며 활동하는 경우는 드물기만 하다. 투표가 종료되는 순간부터 대표자들은 인민의 통제를 벗어나고, 몇 년이란 일정 시간이 지난 다음 새로운 선거가 다가와야 그나마 고개를 숙이고 인민에게 통제받는 모양새를 취한다. 그러나 국가의 규모의 확장이라는 근대의 조건은 이제 인민이 통치하는 일 그 자체를 가능하지 않게 만들어 버렸고, 인민은 오로지 대표자를 통해서만 자신의 이익을 말할 수 있는 존재로 전락해 버렸다.

참여에서 절차와 제도로

근대사회 이후 자리 잡은 대의민주주의는 구성원들의 직접적인 '참여'라는 민주주의 원래의 이상 대신 제도화와 절차를 민주주의의 핵심으로 삼았다. 제도적으로 일정한 절차를 정하고 그 정해진 절차를 잘 지켜 내는 것을 민주성의 핵심으로 본 것이다. 많은 사람들이 이런 절차주의를 비판하지만, 이런 절차를 통해 민주주의의 이상을 담보하려는 시도는 사실 매우 의미 있는 작업이기도 하다. 예를 들어, 어떻게 제도를 마련하고 제정하느냐에 따라 일상에서 평범한 사람들의 통제에서 벗어나 있는 대표자들도 통제할 수 있는 가능성이 열리기 때문이다. 아주 쉬운 예를 들자면, 삼권분립이 이에 해당하는 대표적인 사례다. 근대국가에서 대의민주주의가 자리 잡은 이후 대부분의 지식인들이 가장 걱정했던 세력은 입법부의 대표자들이었다. 자의적으로 어떻게든 법을 만들 수 있는 대표자들이 법을 해석하는 일과 행사하는 일까지 하게 되면 그야말로 무소불위의 권력이 되기 때문이었다. 그래서 법을 만드는 자들이 법을 집행하고 판단하지 못하도록 만든 제도적 분권은 의회의 대표자들을 통제하려는 의도가 깔려 있었다.

이론적 차원에서 절차적 민주주의를 가장 잘 표현해 낸 예를 찾아보자면, 존 롤스의 『정의론』(*A Theory of Justice*)을 들 수 있다. 『정의론』에는 공정한 절차가 공정한 결과를 낼 것이라는 기대가 고스란히 반영되어 있다. 사실 공정한 절차가 반드시 공정한 결과를 내지는 않는다. 그러나 우리가 지혜를 모아 최대한 공정한 절차를 만든다면, 그 절차의 과정 자체가 반드시 옳아서 혹은 결과가 항상 옳아서가 아니라 관련 당사자들이 서로가 받아들일 수 있어서 공정성을 담보하게 될 것이라는 롤스의 지혜는 절차주의와 연계해 발달한 민주주의의 정신을 그대로 표현하고 있다. 예를 들어, 케이크 하나를 자른다고 상상해 보자. 롤스는 케이크를 자르는 사람이 맨 마지막에 고르도록 하면 케이크를 최대한 공정하게 자를 것이라 말한다. 이를 제도적으로 해석하면, 제도를 만들고 집행하는 자들이 혜택을 마지막에 누리도록 만든다면 제도가 최대한 공정하게 만들어질 것이란 의미이기도 하다. 근대민주주의의 진화가 이런 절차화와 맞물려 있었음은 누구도 거부할 수 없다. 18대 대통령 선거에 나섰던 문재인 후보의 슬로건, '기회는 평등할 것입니다. 과정은 공정할 것입니다. 결과는 정의로울 것입니다'는 바로 이런 공정한 기회와 절차가 공정한 결과를 만든다는 절차적 민주주의의 정신을 고스란히 반영하고 있었다.

그래서인지, 근대 이후 많은 민주주의자들이 마치 민주주의의 모든 것이 절차를 얼마나 잘 만드느냐에 달려 있다고 생각한다. 이런 절차화는 자연스레 제도화와 맞물린다. 문제는 이런 제도화의 중심에 항상 정치엘리트들, 대표자들만 있다는 점이다. 일반인들이 직접 참여해 어떤 절차가 만들어지는 경우는 보기 드물 뿐만 아니라, 더욱 복잡하고 다층적으로 변화하는 사회에서 일반 시민들이 그런 전문성을 갖추기도 힘들다. 이런 이유로 많은 이들이 제도화와 절차화는 대표자들의 몫이라고 말한다. 그러나 정작 현실을 좀더 깊이 들여다보면, 실제 대표자들조차 특별히 자신이 개별적으로 관여한 사안을 제외하곤 자신이 통과시키고 있는 법과 정책의 내용이 무엇인지 이해하지 못하는 경우가 태반이며 그 내용을 상세히 아는 이들은 아주 드물다.

하지만 민주주의의 절차화 및 제도화도, 대표자들의 무지도 필자가 말하는 민주주의의 상실에 해당되는 건 아니다. 문제는 민주주의를 이런 절차화의 한 단면으로 바라보고 민주주의를 제도권 대표자들의 정치로 환원하는 데 있다. 이런 경향은 주로 정치를 제도권으로 끌어들이는 데 지나치게 집착하는 이들에게서 나타난다. 정치를 제도화하는 일은 마땅하고도 중요한 일이다. 그러나 이 일을 너무 강조하다 보면, 정치의 외연이 제도권 밖으로 확장되는 일을 경계하거나 막아서게 된다. 실제로 오늘날의 상당수 민주주의자들이 제도권정치에 집착하여 평범한 시민들의 직접적인 참여 자체를 꺼리곤 한다. 사실 우리 사회는, 불안정한 민주주의와 맞물려 어떤 방식으로든 시민들이 적극적으로 정치참여 욕구를 잘 표현하고 있는 드문 사례다. 디지털 기술의 성장과 시민들의 직접적 참여의 의지가 잘 맞물려 있어 디지털 민주주의라는 새로운 모델의 가능성을 대체로 잘 구현해 내고 있는 편이기도 하다.

이런 우리 사회에서 민주주의의 상실을 말하는 것이 옳으냐고 반문할 수도 있을 것이다. 그래서 필자가 언급하는 민주주의의 상실은 정치엘리트 사이에서 표현되고 있는 것임을 우선 명확히 해야겠다. 우리 사회에서 민주주의의 상실은 두 가지 측면에서 나타나고 있다. 첫째, 정치권력을 소유한 이들이 민주주의를 파괴하는 현상이다. 특히 2008년 이후 지난 5년간 우리 사회에서 정치권력이 자행한 민주주의 파괴는 '부끄럽다'는 말 외엔 표현할 길이 없다. 민주주의를 독재나 전체주의와 명확하게 구별시켜 주는 권력의 투명성을 지워 버린 채 비밀사찰기관을 동원하여 민간인을 감시하고 정치인을 사찰하여 정치를 감시와 통제의 영역으로 몰아넣는 행위는 그 어떤 이유로도 용납할 수 없는, 민주주의의 본질 그 자체를 파괴하는 행위였다.

우리 사회와 도망자 민주주의

그러나 필자가 더욱 걱정하는 민주주의의 상실은 민주주의의 파괴에 맞서야 할 지식인들과 대항정치세력 내에서 드러나고 있는 상실이다. 예를 들어, 보수적 지식인들 사이에서 민주주의의 상실은, 토론과 논쟁이라는 민주주의의 가치 대신 '고소장'이라는 새로운 형식으로 나타났다. 고소장을 쓰며 쾌감을 느낀다는 한 보수 지식인의 자랑스러운 고백이 진정 사실이라면 이는 지식인의 위기를 넘어 타락이라 보아도 좋을 것이다. 필자는 이런 행위야말로 절차적 민주주의의 꽃이라 할 수 있는 법의 지배를 악용한 대표적인 사례라고 생각한다. 법의 판결에 상관없이 정치적 대항세력을 일단 법적으로 고소하고 몇 년

씩 이어지는 지루한 법적 과정에서 오는 피로감으로 입을 막는 것은 후진적 민주주의에서 자주 나타나는 현상이다.

그러나 무엇보다 더 우려스러운 바는 대항지식인들이 민주주의에서 멀어지고 있는 현상이다. 예를 들어, 우리 사회에서 민주주의자를 자처하는 일부 지식인들이 2008년 비폭력 촛불집회를 강하게 비판한 사례는 참으로 아이러니했다. 민주주의자들이 진정한 의미의 민주주의의 순간을 비판했던 조금은 이해하기 힘들었던 우리 민주주의의 자화상이었다. 이런 민주주의자들의 비판은 시민들의 직접적인 참여가 아무런 가시적 성과를 낳지 못한 데 대한 좌절감의 표현이었을 수도 있다(시민들의 직접적 참여가 아무런 가시적 성과를 낳지 못한 것이 이런 참여 자체의 문제인지 이런 참여가 전혀 반영될 수 없을 만큼 대표자를 중심으로 돌아가는 제도적 구조의 문제인지는 진지하게 고려해 볼 필요가 있다).

어쩌면 민주주의자들의 이런 참여민주주의에 대한 아쉬움과 좌절감이 가장 잘 표현되어 있는 개념이 바로 셸든 월린의 '도망자 민주주의'일 것이다. 월린은 민주주의를 단순한 제도화 속으로 환원하는 당대 민주주의 이론과 현실에 반대하며 이 개념을 내어 놓았다. 일단 월린이 말하는 민주주의는 정부의 형태가 아니다. 오히려 월린은 민주주의를 존재방식으로 바라보고 정치공동체의 구성원들이 정치의 참여를 향해 함께 몰입해 들어가 정치적인 것을 폭발시키는 순간을 민주주의라고 말한다. 이런 관점에서 보면, 민주주의는 구성원들이 정치에 적극적으로 참여하는 진정한 행위자로 변모하는 바로 그 정치적인 순간에 일시적으로 존재한다.

그렇다면, 월린이 말하는 정치적인 순간이란 구체적으로 어떤 것일까? 어떻게 구성원들은 정치적인 것들의 순간을 되살릴 수 있을까? 민주정체에서 그 대표적인 정치적인 순간의 예를 찾아 보라 한다면 당연히 시민불복종을 들 수 있을 것이다. 그렇다면 이런 순간은 어떻게 찾아오는 것일까? 대개의 경우 불복종의 형태를 띠는 정치적 순간은, 자신이 삶을 누리고 있는 정체가 다급한 위기에 처했다는 주장이 동료시민들 사이에 큰 공감을 얻는 순간에 찾아온다. 각 민주정체의 구성원들은 자신들이 정체를 건설했거나 구원했던 기억을 지니고 있다. 미국혁명과 프랑스혁명, 독일통일, 1989년 전후 동유럽 국가들의 혁명 등이 그 예다. 우리 사회에선 1987년 6월 민주화운동을 통해 군사독재에 종지부를 찍고 새로운 민주정부를 위한 새로운 헌법을 구성한 순간이 이에 해당된다. 이런 기억을 되살려 구성원들은 위기 속에서 정체를 구원하기 위해 직접 행동하기로 결심하고 정치의 전면에 나서게 된다. 2008년 촛불집회 당시 87년 민주화 운동이 새로이 수차례 조명되었는데, 바로 이런 행위가 정치적 순간의 기억을 복원하는 작업이다.

이런 시민불복종의 순간은 '일상의 순간 속 초일상의 순간'으로 표현되는데, 법의 지배 아래 있다는 점에서 일상의 순간이지만, 헌법에 위배되는 특정한 법이나 제도, 정책을 긴급하게 수정하거나 폐지하려고 한다는 점에서, 또는 법이 정한 절차를 통해 부당한 일을 막지 못할 때 이것을 주권자의 힘으로 바로잡으려 한다는 점에서 비일상적이며 초법적인 행위를 하기 때문이다. 한나 아렌트는 이를 두고 '변화 자체는 언제나 초법적인 행위'라고 말한다. 이런 주권자들의 초법적인, 초일상적 정치 행위를 정치철학자 안드레아스 칼리바스는 다음과 같이 설명한다. '일상의 정치는 정치엘리트가 독점한다. 반면 민주적인 초일상의 정치는 의식 있는 대중의 정치참여와 초일상적인, 제도적이며 자발적인 집단적 개입의 공간을 연다. 이 초일상의 순간에, 잠자던 인민주권이 깨어나 자신이 자기의사결정과 자치정부에서 최고의 권력임을 재확인하고, 일상의 입법과 제도화된 정치를 규율하는 근본적인 규범, 가치, 제도를 실질적으로 다시 정비하거나 바꾼다.'*

'도망자 민주주의'를 내세운 월린도 지적하듯, 민주정체의 구성원들이 직접 모습을 드러내며 정치에 참여하는 이런 정치적 순간은 현실에서 극히 드물다. 칼리바스의 설명에서 알 수 있듯 평범한 사람들이 정치행위자로서 집단적으로 자신을 드러내는 경우는 혁명이나 시민불복종과 같은 극히 드문 초일상의 순간뿐이다. 정체가 위기와

---

* 안드레아스 칼리바스(Andreas Kalyvas)는 뉴욕 뉴스쿨 정치학과 교수로 초일상의 정치 분야를 급진적 민주주의의 한 부분으로 정립하는 데 많은 기여를 했다. 이 인용문은 칼리바스의 『민주주의와 초일상의 정치』(Democracy and the Politics of the Extraordinary : Max Weber, Carl Schmitt, Hannah Arendt, Cambridge University Press, 2008)의 서문에서 발췌한 것이다.

변화의 시기를 지날 때 거리에서 혹은 광장에서 자신의 목소리를 내며 변화와 개혁에 참여한 평범한 시민들은 이런 초일상의 순간이 지나면 허무하게도 일상의 정치 속으로 그 모습을 감추어 버린다. 그리고 마치 아주 긴 동면에 들어간 듯 그 모습을 드러내지 않는다. 이 '도망자 민주주의'에 따르면, 평범한 사람들이 주체적인 정치행위자로 민주주의를 민주주의답게 만드는 순간, 민주주의가 민주주의로 넘치는 순간은 아주 일시적일 뿐이다. 민주주의는 그렇게 잠시 찾아왔다 마치 도망자처럼 급박하게 사라져 버린다.

월린이 제시한 '도망자 민주주의'는 민주주의의 본질인 참여 자체가 대의민주주의 속에서 도망자가 되었다는 의미다. 이를 두고 민주주의를 허무주의로 만들었다는 비판을 가할 수도 있지만, '도망자 민주주의'는 소극적인 관점에서 보면 그만큼 대의민주주의가 참여에서 멀어졌다는 비판이며, 적극적인 관점에서 보면 일상의 정치에서 평범한 사람들이 능동적이고 적극적인 정치행위자로 변모할 수 있도록 그 길을 찾아야 한다는 새로운 전망의 요구라고 할 수 있다.

이 도망자 민주주의라는 개념에 근거해 보면, 2008년 촛불집회에 심한 비판을 가했던 영향력 있는 일부 대항민주주의자들은 진정한 민주주의가 일시적으로 찾아온 그 정치적인 순간을 비판했던 것이다. 이런 비판은 정당을 중심으로 한 제도권정치에 지나치게 의존하는 대항민주주의자들의 민주주의 자체에 대한 다면적 이해의 부족이 낳은 것이나 다름이 없었다. 아이러니하게도, 일부 대항정치세력이 월린의 원래 의도와는 전혀 다른 의미로, 스스로 민주주의로부터 도망가는 자들이 되어 이해하기 힘든 형태의 새로운 '도망자 민주주의'를 만들어 냈던 것이다.

우리 민주주의의 모델: 구경꾼들의 민주주의

이렇듯 민주주의에서 도망쳐 버린 우리 사회 대항민주세력이 제시하는 민주주의 모델이 엘머 에릭 샤츠슈나이더의 '책임정당모델'(the Responsible Party Model)과 버나드 마넹의 '청중민주주의'(audience democracy)를 닮아 있음은 더욱 당혹스럽다.*

샤츠슈나이더의 책임정당모델은 60년 전, 너무도 미국적인 맥락에서 등장한 이론이다. 일반적인 큰 틀에서 이 모델은 정당이 정책을 만들고 이를 유권자에게 제안해야 하며 궁극적으로는 선거가 주요정책을 결정하는 장이 되어야 한다는 이론이다. 좀더 구체적 맥락에서 요약해 본다면 이 모델은, 미국사회에서 정치가 자본주의와 민주주의가 빚는 갈등의 균형을 잡는 역할을 하는 것이라 보고 그 균형추를 잡

---

* 엘머 에릭 샤츠슈나이더(Elmer Eric Schattschneider, 1892~1971)는 정당정치 연구에 평생을 바친 미국의 다원주의 정치학자다. 우리나라에는 진보성향의 정치학자로 알려져 있지만, 현재 미국의 학계에서는 자유주의적 입장을 대표하는 다원주의 학자로 분류된다. 다원주의의 대표적 두 경향 중에 로버트 달이 미국정치에서 이익집단을 강조했다면 샤츠슈나이더는 정당을 강조했다. 버나드 마넹(Bernard Manin, 1951~)은 현재 뉴욕대학교 교수로 재직 중인 정치학자로, 대의민주주의의 원칙들을 설명한 『선거는 민주적인가』(후마니타스)라는 번역서가 나와 있다. 마넹의 유명한 청중민주주의 모델도 이 책에 실려 있다.

는 역할을 정당이 해야 한다는 이론이다. 특히 이 책임정당 모델에서 정당정치는 양당제의 형태를 취하는데 자본주의를 대표하는 공화당과 민주주의를 대표하는 민주당의 대립구도가 이런 미국정치의 근본적 갈등을 대변하고 있다고 보기 때문이다.** 흥미로운 것은 이런 미국적 맥락에서 나온 이론이, 우리나라 진보진영에서 정당정치를 중심으로 한 제도주의를 지지하는 많은 대항정치세력이 이론적으로 의존하고 정치적으로 지향하는 민주주의 모델이라는 점이다(왜 하필, 60년 전 미국에서 나온 모델에 한국의 정치지형을 끼워 맞춰야 하는가는 너무 복잡한 질문이니 이 에세이에서는 접어 두도록 하겠다). 기본적으로 이런 대다수 정당 모델들이 보편적으로 취하고 있는 가정은, 유권자들의 정당에 대한 충성을 전제로 정당이 유권자들의 입장을 대변해 활동한다는 것이다.***

** 샤츠슈나이더가 미국정치학회 정당위원회(the American Political Science Association Committee on Political Parties) 의장으로 있을 때 책임정당모델에서 양당제 이론이 구체화되었다. 관련하여 1950년에 출간된 이 위원회 보고서, 「좀더 책임 있는 '양당'제를 향하여」(Toward a More Responsible 'Two Party' System)를 보라.

*** 일부 급진적 입장을 취하는 지식인들은 책임정당 모델에 입각해 있는 우리 사회의 진보주의자들을 향해 '본질주의적 의회주의'라고 비판하기도 한다(「민주주의의 주체, 민중인가 시민인가」, 『한겨레』, 2008. 2. 27). 그러나 이는 개념적으로 잘못된 비판이다. 의회정치는 유권자들이 정당에 관계없이 신뢰받는 인물, 지역과 연고가 있는 인물, 유명한 인물 등을 선출하고 선출된 이는 자신의 양심에 따라 행위한다. 반면 정당정치는 정당과 정당이 대표하는 계급 혹은 집단 간의 충성도를 전제로 하고, 선출된 이의 행위는 정당에 의해 제약된다. 의회정치는 정당정치가 자리 잡기 이전에 주로 나타나는 현상으로 책임정당 모델에 입각해 있는 진보주의자들이 주장하는 내용과는 다르다.

한편, 마넹의 청중민주주의 모델은 미디어를 통한 의사소통에 능숙한 새로운 엘리트들, 다시 말해 이미지 관리에 탁월한 미디어 전문가들이 된 정치엘리트들의 개개인의 능력에 의존하는 통치를 말한다. 이 말이 이해가 가지 않는다면, 2012년 한국정치를 뒤흔들었던 안철수 현상을 떠올려 보면 된다. 안철수 씨는 성공한 사업가, 청년 멘토, 도덕적이고 참신한 인물이란 탁월한 미디어 이미지를 통해 기존의 정치에 염증을 느끼며 새로운 정치를 원하는 이들, 특히 청년층에게 엄청난 지지를 얻었다. 잘 관리된 미디어 이미지로 정당의 뒷받침 없이도 보수와 진보를 넘어서는 대중적 지지를 얻으며 큰 영향력을 발휘한 것이다. 이 모델은, 미디어 시대의 유권자들이 정당에 기반을 두고 투표하는 경향을 벗어나 인물을 두고 투표하기 시작했다는 점에 초점을 맞춘다.

이처럼 명확한 차이가 있지만 이 두 모델 간에는 명확한 공통점이 있다. 우선 정치엘리트와 평범한 시민들을 가르고 정치엘리트의 역할을 평범한 시민들의 역할보다 더 강조한다. 책임정당 모델은 정당엘리트들을, 청중 모델은 의회나 정당보다는 국가수반(대통령이나 수상)의 역할을 강조한다. 이런 관계에서 통치와 변화의 주축은 평범한 시민들이 아니라 정치엘리트들이다. 샤츠슈나이더는 『절반의 인민주권』에서 이런 엘리트주의에 대한 반대를 향해 현대민주주의의 현실을 똑바로 바라보라며 다음과 같이 쓴다.

민주주의는 '정부가 무엇을 해야 할지 인민들이 매일매일 결정하는 체제가 아니다.……민주주의는 경쟁하는 정치지도자들과 조직들이 공중이 의사결정과정에 참여할 수 있는 방식으로 공공정책의 대안을 확정하는 경쟁적인 정치체제이다'

인민에게 참여의 기회를 열어 주는 주체가 인민 자신이 아니라 정당이어야만 한다는 샤츠슈나이더의 민주주의는 "민주주의란 위로부터 내려온다"(democracy from above)는 입장에서 한발도 벗어나지 않는 이론이다. 혹자는 그래도 그의 이론에서 민주주의가 사회적으로 궁핍한 자들의 이익을 적극적으로 표현한다는 점을 들어 아래로부터의 민주주의가 아니겠냐고 말할 수도 있겠다. 그러나 샤츠슈나이더가 학문적으로 속하는 다원주의는 '현대민주주의의 시민들은 스스로 통치하지 않으며 통치할 능력도 없다. 시민들은 투표를 통해 선거라는 정치갈등 과정에 참여하며, 정부와 정책은 경쟁의 산물이다'라는 전제에 서 있고, 샤츠슈나이더가 바로 이 입장의 가장 중요한 한 축을 이루고 있다.* 무엇보다 아래로부터의 민주주의와 위로부터의 민주주의를 구별하는 핵심은 누구의 이익을 포함하는가가 아니라 누가 의사결정의 주체이고 행위 및 변화의 주체인가이다. 샤츠슈나이더

---

* David T. Sehr, *Education for Public Democracy*, SUNY, 1997.

에게 인민은 요구하는 집단이고 정당은 그 요구를 들어 주는 집단에 가깝다. 그리고 그 요구란 것도 사실은 엘리트들이 정해 주는 주제 내에서 이뤄진다.

정치의 중심이 엘리트라고 믿었던 샤츠슈나이더는 인민이 민주주의를 작동시킬 능력이 있느냐는 비판을 향해 '좋은 텔레비전을 사기 위해 텔레비전이 어떻게 만들어지는지 알 필요가 없듯이' 좋은 민주주의를 만들기 위해 굳이 평범한 사람들이 민주주의에 대해 잘 알 필요가 없다고 말한다. 개인 기호에 따른 소비상품인 텔레비전을 집단적 삶의 방식으로서 민주주의와 동일시하는 처음부터 잘못된 이 비유는 듣기에 따라 능력 없는 인민의 편을 들어 주는 말처럼 들린다. 그러나 이 말은 은연중에 정치는 엘리트들이 알아서 해줄 것이라는 의미를 담고 있을 뿐만 아니라 민주주의를 작동시키는 엔진이 성숙한 공중(the well-informed public)이라는 전제를 무시하는 것이기도 하다. 샤츠슈나이더의 민주주의에선, 인민의 쪽에서 볼 때 사안에 관련된 사람들조차도 요구만 할 뿐 자기 손으로 무언가 구체적으로 만드는 일에 적극적일 필요가 없다. (대의정치의 일상에서 대표자들이 거의 모든 정책을 만든다는 점을 고려할 때) 평범한 사람들이 해야 하는 일은 단지 하나, 때가 되면 투표장에 가서 대표를 뽑는 일이다. 그리고 이를 목소리 없는 사람들의 정치참여라고 말한다. 청중민주주의 모델을 마련한 마냉은, 우리가 목격하는 현실을 두고 '새로운 엘리트의 부상과 다른 엘리트의 퇴조'라고 정직하게 기술한다. 그러면서도 정치가 엘리트들만의 리그가 되는 것은 불가피한 현실이지만 평범한 사람들이 엘리트들을 선거를 통해 바꿀 수 있는 이상 그리 실망하지 말자고 위로한다.

이 두 모델이 정치엘리트들을 선호하면서 똑같이 공유하고 있는 전제 하나는 평범한 시민들을 일종의 '구경꾼(spectator) 유권자'로 보는 것이다. 이 모델들에서 평범한 인민들은 정치를 언제나 수동적으로 지켜보기만 한다. 정치가 다루어야 할 중요한 사안과 내용을 전달하는 역할을 맡는 이는 정치엘리트들이고 일반 시민들은 이들이 제안하는 사안과 내용을 수동적으로 받아보고 점검하고 이에 반응하는 역할을 한다. 이는 민주주의의 핵심을 '선거나 투표'로 환원할 때 나타나는 현상으로 시민들은 나쁘게 말하면 투표기계이고 좋게 말하면 선거에 나오는 정치엘리트들의 공약에 관심을 갖는 이들이다.

분명 선거는 민주주의의 중심적인 축이며 참여의 핵심적인 통로다. 그러나 우리는 선거가 승자와 패자를 가르는 습성이 있다는 것을 기억해야 한다. 정치참여를 투표로 제한하고 시민들의 정체성을 유권자로 바라볼 때, 한 정체 내에서 일부 유권자들은 언제나 패자로 남게 되는 경우가 생겨난다. 예컨대, 우리 정체 내에서 사회당이나 진보당을 지지하는 5%는 영구적인 패자의 정체성을 지니게 된다. 나아가 투표는 승자의 의지가 패자의 의지를 모조리 흡수하는 특이한 구조를 지니고 있다는 것 또한 잊지 말아야 한다. 예를 들어 51%의 승자들이 49%의 패자들의 의지를 모조리 흡수해 버리고 51%의 의지가 100%

의 인민의 의지로 전환될 수 있는 것이 투표의 현실적 구조다.

민주주의의 가장 중요한 의사결정 수단이 당대 민주주의 관점에서 보면 반민주적 성격을 지니게 되는 이런 구조적 결함만이 문제는 아니다. 분명히 하건대, 투표를 잘못된 제도라고 비판하는 것이 아니다. 최종의사결정방식으로서의 투표는 불가피하며 참여의 통로로 상당한 정당성을 지니고 있다. 그러나 투표는 민주적 가치가 확고히 자리 잡지 않은 안정적이지 못한 민주정체에선 반민주적으로 작동할 가능성도 높다. 76%에 이르는 엄청나게 높은 투표율을 기록했던 2012년 18대 대통령 선거는, 민주적 가치의 중요성을 상대적으로 잘 체화하지 못한 인민이 투표를 통해 어떻게 민주주의를 퇴행시킬 수 있는지를 명확하게 보여 주었다. 이런 일은 민주적 전환기의 국가에서 흔히 일어나곤 한다. 투표가 민주주의에서 의사결정의 중요한 수단이 되려면 보수와 진보라는 이념을 넘어 기본적으로 제도권정치인부터 기본적인 민주적 원칙을 지키는 데 확고한 합의가 있어야 한다. 상황에 따라 민주적 절차를 주저함 없이 악용해 온 우리 정치문화는 아직 우리가 안정적인 민주주의 단계에 진입하지 못했음을 선명하게 보여 준다.

대부분의 안정된 민주정체는 대개 강한 시민사회를 지니고 있다. 정치의 외연이 제도권을 넘어서 시민들까지 널리 확장되어 있는 편이다. 안정된 민주정체일수록 정부의 시민사회 감시기능보다 시민사회의 정부 감시기능이 잘 발달되어 있다. 이런 경향은 정치의 외연이

넓을수록 안정된 제도권정치를 확립할 수 있는 확률이 높음을 시사한다. 결정적으로 시민사회가 강할수록 민주적 투표가 이뤄질 확률이 높다는 것이다. 그러나 민주주의를 대표자를 선출하기 위한 선거라는 한 단면으로 환원할 때, (마냉의 표현을 그대로 빌리자면) 유권자들은 '적극적으로 자신들의 정체성을 표현한다기보다는 선거마다 제시되는 특정한 사안에 응답하는' 이들이 되고, 그리하여 (샤츠슈나이더의 표현 그대로 쓰자면) '절반의 주권을 가진 인민'이 되고 만다. 다시 말해, 정치를 제도권정치 내로 가두어 버리고 제도권 밖의 시민정치활동으로 그 외연을 확장할 수 있는 가능성을 축소해 버린다. 결과적으로 안정적이지 못한 민주정체에선 그만큼 민주적 가치를 접할 수 있는 기회가 제한되어 버린다.

그럼에도 제도에 집착하는 일부 진보주의자들은 구경꾼 민주주의의 두 모델을 오가며, 한편에선 정당정치의 중요성을 강조하고 또 한편에선 정치지도자들의 중요성을 강조한다. 하지만 진보대항세력이 이 두 모델 사이를 오가는 것은 그 자체로 모순이다. '책임정당모델'로 정당을 강조하면서도 마냉식의 '청중민주주의'가 강조하는 개인적으로 탁월한 정치지도자를 강조하는 것은, 마냉의 모델이 정당모델이 더 이상 제대로 작동하지 않는 현실을 직시한 데서 나왔다는 아주 단순한 사실을 망각한 것이다. 만약 이 두 모델을 합쳐 의회에서 정당투쟁을 이끄는 탁월한 정치지도자를 의미하는 것이라면, 그야말로 이런 결합이 베버가 내세운 카리스마적 지도자로의 단순한 회귀일 수도 있음을 기억해야 한다. 이런 카리스마적 지도자에 대한 의존은 한국정치의 고질적인 병폐이며 대항민주세력이 추구해 온 제도화된 민주주의의 의미를 오히려 퇴색시킨다는 점도 기억해야 한다. 무엇보다, 카리스마적 리더십은 후계자의 문제로 늘 고통 받는다.

필자는 진보적 정당주의자인 박상훈 박사의 『정치의 발견』이, 인민의 정체성을 유권자로 바라보며 엘리트주의 입장에서 샤츠슈나이더와 마냉, 마냉과 베버 사이를 오가는 대표적인 사례라고 본다.* 『정치의 발견』은, "인민은 정치의 장에 들어가는 순간 미개인이 된다"고 냉소했던 엘리트주의의 절정인 슘페터까지 동원하며 끊임없이 통치자를 비롯한 정치엘리트의 역할과 책임, 중요성을 강조한다.** 이런 입장에서 '권력을 선용해야 한다'는 시혜적인 관점의 제안까지 내놓는다. 필자가 아는 한, 박상훈 박사가 지지하는 민주주의 제도화의 중요한 목적은 통치자의 권력 선용의지와 상관없이 모든 권력 사용을 합리적으로 제한할 수 있도록 설계하는 것이다. 권력을 선용하는 지도자를 만나면 좋은 일이고, 그렇지 않아도 시스템이 체제를 지지하고

---

* 우선 이 비판이 진보적 정당주의자들이 우리 학문과 현실에 해왔던 기여와 성과를 거부하기 위한 것이 아님을 분명히 해둔다. 오히려 진보적 정당주의자들이 학문적이고 정치적인 논쟁의 한 축이 된다는 것은 그 만큼 지금까지의 기여와 성과가 컸기 때문이다. 이 비판은 정치의 외연을 제도권 밖으로 확장할 필요가 있음을, 그리고 그런 확장이 제도권정치만큼 관심을 기울여야 할 대상임을 강조하고자 내놓는 것이다.
** Joseph A. Schumpeter, *Capitalism, Socialism, and Democracy*, 3rd Edition, Haper Perennial, 1962.

권력을 통제하도록 만드는 것이 제도화의 목적이다. 바로 부시의 미국이 그랬다.

한편으로 『정치의 발견』은, 시민들은 할 만큼 했다는 입장을 취하면서도 촛불집회를 비롯해 시민들이 정치 전면에 참여하는 데엔 지속적으로 부정적인 입장을 내 보이며 투표만 잘 해도 된다고 은연 중에 다독인다. 『정치의 발견』 곳곳에선, 순간적으로 찾아오는 시민의 대규모 참여가 이 책의 전반에서 옹호하고 있는 정당을 중심으로 한 대의정치를 무너뜨릴 수도 있다는 두려움이 느껴진다. 그래서인지 시민이 일상의 정치에 참여할 수 있도록 하자는 주장을 광장민주주의, 집회민주주의로 제도권정치를 대체하자는 주장으로 왜곡하고 촛불을 지지하는 이론을 신화화라고까지 과장한다. 촛불 이후, 광장민주주의는 '초일상의 정치'로 규정되었고 초일상의 정치는 초일상의 정치로 남아야 한다는 입장이 촛불을 지지했던 이론가들 사이에서 이미 인식되고 있었다.*** 이런 맥락에서 촛불 이후 시민참여에 대한 주장은 광장과 집회를 일상화하자는 것이 아니라 제도권의 정치에 영향력을 좀더 확고히 발휘할 수 있는 방식으로 시민의 정치참여를 확대하자는 것이었다.

시민참여가 정당정치를 파괴할지도 모른다는 이런 두려움은 『한겨레』(2012. 10. 8)에 실은 「게이트 오프닝」이라는 글에도 고스란히 드

*** 예를 들어, 김만권, 『참여의 희망』(한울)을 참고하라.

러난다. 이 글에서 박상훈 박사는 2012년 불어 닥친 정당개혁에 대한 시민들의 요구를 지나치게 염두에 두고 반응하는 정당들을 향해 '게이트 오프닝'의 문제를 제기한다. 당이 당원들을 중심으로 돌아가야 한다는 주장은 너무나 당연하다. 그러나 이런 주장이 한국정당의 보수적 기원과 그 지나친 폐쇄성 앞에 얼마나 설득력을 지니는지는 의문이다. 참여민주주의자들을 향해 '작동 가능한 민주주의'라는 현실을 직시하라 주장하면서 한편으로는 제대로 작동하지 않는 정당정치를 작동시켜야 한다는 규범을 내세우는 것은 그 자체로 이중잣대의 모순이다.

그러나 많은 진보적 정당주의자들이 '약한 정당정치를 강화하기 위해선 일단 희생을 감수해야 한다'는 식의 발상과 논리를 은연중에 내세운다. 그래서인지 때로는 시민단체의 활동까지 경계하고 심지어 대통령 선거에서 국민참여경선도 거부한다. 그 주된 이유 중 하나가 시민의 자발적 참여라는 게 사실상 알고 보면 거의 동원이라는 것이다. 정당주의자들에게 최선의 방식은 당비를 납부하는 당원들이 후보를 선출하는 것이다. 물론 당원에게 당원이 아닌 사람들과는 다른 권리가 있어야 하고, 무작위한 동원은 잘못된 것이다. 그러나 『경향신문』(2011. 10. 4)에 따르면 2011년 10월 한국사회에서 '지지하는 정당이 없는 사람들'의 비율이 73.6%에 이르고 있다. 심지어 '내 의사를 대변할 정당이 생겨나면 정당에 가입할 의사가 있느냐'는 질문에 '아니오'라고 답한 사람이 56.4%에 달한다. 이것도 정당주의자들이 강조하는 현실이다. 정당정치가 평범한 사람들의 신뢰를 얼마나 얻지 못했으면, 자신의 이익을 대변해 준다 해도 정당에 가입하지 않겠다는 이들이 56.4%이다. 이런 현실에서 당비를 내는 진성당원들의 의사만으로 대통령 후보를 내는 것은, 지지하는 정당이 있어 소액의 당비를 내는 소수자들이, 지지하는 정당이 없는 다수자에게 제한된 후보를 내놓은 뒤 이 중에 선택하라고 강요하는 역설을 낳는 것은 아닐까? 이런 강요 외에는 정당정치를 강화할 길은 없는 것일까?

2012년 대통령 선거가 끝나고 박상훈 박사가 『프레시안』(2013. 1. 4)에 실은 글의 논조는 여전히 변함이 없다. 이 글은 야당이 패배한 이유를 조직으로서 정당의 실패로 든다. (새누리당이 조직으로서 좋은 정당이라 승리한 것인지는 의문이지만) 옳은 분석이다. 그리고 좋은 정당을 만들자며 독일과 스웨덴의 강한 정당정치를 예로 제시한다. 그런데 정작 그 정당정치를 떠받치고 있는 독일과 스웨덴의 시민사회가, 그리고 시민이 얼마나 강한지에 대해서는 단 한 마디도 없다. 오히려 처음부터 정당이 훌륭한 민주적 시민들을 만들어 낸 듯이 주장한다. 그러나 역사를 조금만 살펴봐도 앞뒤가 전혀 다르다. 예를 들어 쉐리 버만의 경우 바이마르 공화국이 실패한 이유가 너무 강한 시민사회 때문이었다고 주장한다.* 이 주장의 옳고 그름을 떠나 독일이 강

---

* Sheri Berman, "Civil Society and the Collapse of the Weimar Republic", *World Politics*, vol. 49, n. 3, April 1997.

한 시민사회의 전통을 지니고 있음을 어느 누구도 거부하지 않는다. 16,000여 개에 이르는 강력한 시민단체를 비롯하여 시민 세 명 중 한 명이 사회복지시설, 교회, 학교 등에서 공동선을 위해 자신의 여가를 보내는 곳이 독일이다.

박상훈 박사가 한때 성인 세 명 중 한 명이 정당의 당원이었다고 예를 드는 스웨덴도 국가와 맞설 만한 강한 시민사회가 존재하는 모범적인 사례다. 스웨덴은 그 강한 시민사회의 기원이 중세시대까지 거슬러 올라가며, 시민들의 자발적 참여가 정치에서 얼마나 중요한지를 보여 주는 대표적 모델로서 연구서도 나와 있다.[*] 강한 시민사회가 좋은 정당정치를 만드는 데 기여하고 있는, 아래로부터 만들어 가는 민주주의와 위에서 내려오는 민주주의가 서로 잘 조화된 대표적인 사례다. 2008년에는 사적 영역과 공적 영역이 서로 공정한 조건 아래 작동하고 경쟁하기 위해 정부와 시민사회 간 협약이 맺어지기도 했다. 우리에게 이런 강한 시민사회가 존재한 적이 있던가? 독일과 스웨덴은 오히려 강한 시민사회를 만드는 것이, 그리고 그 강한 시민사회의 토대인 건강한 시민을 먼저 형성하는 일이 정당의 미래에도 이익이 됨을 보여 주는 좋은 사례다.

그러나 한국의 정당주의자들은 정당 이외의 정치참여는 거의 관

---

[*] Lars Trägårdh ed, *State and Civil Society in Northern Europe: The Swedish Model Reconsidered*, Berghahn, 2007.

심을 두지 않거나 외면한다. '왜 시민이 정치에 진정으로 참여하는 길은 당비를 납부하는 당원이 되는 길밖에 없는 것일까?' 왜 정치참여의 길은 정당을 위한 투표로만 향해야 하며, 왜 정당을 통해서만 정치갈등이 조직되어야 하며, 왜 정당만이 제대로 된 민주주의를 만들어 내는 최선의 길일까? 촛불집회, 반값등록금에서 보듯 시민들을 쫓아가기에 급급한 우리 사회의 정당이 정치갈등을 제대로 조직화할 능력을 갖추고 있기는 한 것일까? 이런 현실에서 정당정치를 강화하는 길은 왜 오로지 정당정치에 무한한 신뢰를 보내는 것뿐일까? 오히려 정당정치를 강화하기 위해선, (18대 대통령 선거에서 나타난 민주주의 역행이 증명하듯) 민주주의를 지향하는 유권자를 길러내기 위해선, 동원되지 않는 자발적 시민 그리고 민주적 가치를 잘 알고 있는 성숙한 공중(the well-informed public)을 길러 내야 하는 것은 아닐까? 다시 말해 현재 우리 정당들이 자체적으로 바뀌길 기대하는 것보다 건강한 시민을 길러 내서 정당정치를 강화하는 것이 오히려 더 빠른 길은 아닐까? 진보주의자들이 주장하는 계급정당도 강한 시민이 있을 때 더 빨리 형성할 수 있지 않을까? 왜 아래로부터 만들어 가는 민주주의의 가능성을 이토록 배제하는 것일까?

한국사회의 대항세력이 이끄는 민주주의 모델이 이런 엘리트주의의 기반에 서 있는 현실, 위로부터의 개혁에만 집착하는 현실, 그리고 참여의 욕망을 드러내는 평범한 시민들을 향해 (주류 정치학 교과서가 그렇게 말한다며 심지어 대통령 국민참여경선에 대해서조차) 직접적인 참여가 결코 좋은 결과를 내지 못한다고 에둘러 변명하는 현실은 우리 정치의 한 단면을 분명하게 드러내고 있다. 바로 '민주주의의 상실'이다.

해방된 관객들의 민주주의

많은 사람들이, 우리가 살고 있는 시대의 민주주의가 불가피하게 도망자 민주주의의 성격을 갖게 되고 그리하여 일상의 정치에서 엘리트들이 주체가 되는 것은 어쩔 수 없는 현실이라고 말한다. 진정 우리는 이 현실을 어쩔 수 없는 가능성의 한계로 규정하고, 있는 그대로 받아들여야만 하는 것일까? 현실적인 것이 가능한 것의 한계를 짓는 것이라, 평범한 시민들은 투표기계나 수동적인 구경꾼으로 남을 수밖에 없는 것일까? 그리고 정치적 참여를 위해선 가끔씩 찾아오는 정치적 순간만을 기다려야 하는 것일까? 일상에서 제도권정치의 바깥에 서라도 보다 적극적인 역할을 할 수는 없는 것일까? 만약 이런 의지가 있다면, 어떻게 해야 좀더 적극적인 행위자로 변모할 수 있는 것일까?

자크 랑시에르는 바로 이런 작업을 『해방된 관객』이란 저서에서 펼쳐 놓는다. 랑시에르는 정치공동체를 극장에 비유한다. 관객이 없는 극장이 없듯이 평범한 사람들이 없는 정치공동체도 없다. 여기서 문제는 관객, 즉 구경꾼들의 본질이 무지 및 수동성과 연결되어 있다는 것이다. 대개의 구경꾼들은 무대에 공연이 오르기까지 공연 자체의 내용에 대해 거의 모르는 무지한 상태다. 예를 들어 공연이 어떻게 만들어지는지 대부분의 관객들은 알지 못한다. 또한 객석의 관객들은 거의 어떤 행위도 하지 않는다. 공연을 보기 위해 그들이 해야 할 일은 의자에 자신을 파묻고 최대한 움직이지 않고 무대를 응시하는 것이다. 이런 점에서 관객은 본질적으로 무지하고 행동하지 않는 수동적 존재며, 무대의 마지막에 자신의 느낌에 따라 박수를 치거나 객석을 떠나면 된다. 현재 일부 대항민주주의자들이 제안하고 있는 민주주의의 모델 속에서 평범한 구성원들의 모습이 이렇다.

이런 상황을 타파하기 위해 어떤 이들은 '관객이 없는 극장'을 제안한다. 모든 이들이 드라마 속으로 들어가 행위하는 배우가 되는 것이다. 행동하는 힘의 부활, 우리가 고대 그리스에서 목격했던 극장을 재현할 수 있다면 무엇보다 좋은 해결책이 될 것이다. 그러나 이런 제안은 사실상 현실성이 결여되어 있다. 월린이 정확히 묘사하듯, 우리는 '도망자 민주주의'의 시대에 살고 있다. 모든 이들이 배우가 되는 순간은 극히 드문 혁명과 시민저항의 순간에 찾아온다. 일상의 정치에서 모든 이들이 배우가 되는 일은 사실상 가능하지 않은 삶의 조건 속에 우리는 살고 있다. 앞에서 설명했듯 극장은 그 자체로 관객들이 무지와 수동성을 갖게 하는 속성이 있다. 현대의 대의민주주의도 마찬가지다. 사실상 의사결정권을 일정 기간 넘겨 주는 평범한 사람들은 정치의 일선에서 자연스럽게 물러난다. 게다가 대다수의 대의민주 정체들이 자신들의 대표자를 뽑는 일에 참여하도록 의무를 부여하거나 강요하지도 않는다. 이런 현실에서 대의민주주의의 시민들은 무지해지고 수동적이 되는 경향이 있다. 그렇다면 대의민주주의 극장이 안고 있는 이런 속성을 어떻게 해야 떨쳐낼 수 있을까?

이를 위해 랑시에르는 '본다'(viewing)는 개념 자체의 수동성에 도전한다. 그는 우선 관객들이 자신이 처한 사회적 위치를 스스로 의식하여 깨달을 수 있도록 해야 한다고 조언한다. 그런 다음엔 자신이 처한 상황을 바꾸기 위하여 행동할 수 있는 욕망을 가질 수 있도록 하고, 최종적으로는 결속된 행동을 취할 수 있는 에너지를 갖게끔 하자고 제안한다. 만약 이렇게만 할 수 있다면, 청중으로서 시민들은 자신의 무지를 떨쳐내고 능동적인 관객으로서 변모할 수 있을 것이다.

그렇다면 이런 변모, 바라보는 자에서 행동하는 자로 거듭나는 일은 어떻게 시작해야 하는 것일까? 랑시에르는 보는 자의 수동성과 행동하는 자의 능동성 사이의 간격을 메우기 위해선 먼저 우리가 관객을 바라보는 시선부터 바꾸어야 한다고 말한다. 이런 시선의 전환을 위해 랑시에르는 보는 것과 행동하는 것을 가르는 이분법의 타파, 다시 말해 보는 것에서 행동하는 것의 가능성을 찾는다. 랑시에르는 '본다'는 것을 단순히 바라보는 행위가 아니라 펼쳐진 무대를 적극적으로 해석하는 행위로 여기자고 제안한다. 예를 들어 관객 각자는 무대를 바라보며 자신이 새로이 찾아 알게 된 것과 이미 알고 있는 것을 비교해 가며 자신의 무지를 스스로 깨달아 가고, 아직 자신이 모르는 것을 알고자 하는 욕망을 더해 간다. 랑시에르는 관객이 이렇게 모르는 것을 채워 가는 과정을 인간의 학습과정을 통해 설명한다. 인간이 무언가를 배우는 과정은 관찰하고, 그것을 다른 것과 비교하는 방식으로 전개된다. 예를 들어 하나의 기호를 다른 사실과 비교하고, 하나의 기호를 또 다른 기호와 비교하는 방식이다. 이를 통해 인간은 필요한 기호를 차례로 배워 나가는데, 이런 배움은 결국 아직 개인이 알지 못하는 것과 알고 있는 것과의 관계가 지속적으로 맞물리는 과정에서 나온다. 이를 위해 개인이 가장 먼저 해야 할 일은 눈앞에 있는 것을 관찰하고, 자신이 본 것에 대해 말하고, 자신이 말하는 것을 확인하는 것이다. 이를 극장의 관점에서 본다면, 이제 관객은 무지한 구경꾼이 아니라 적극적인 해석과 비판을 하는 평론가들이 되는 것이다.

이런 점에서 '본다'는 행위는 '무지'가 아니라 '앎' 혹은 '지식'과 연결되어 있다. 소크라테스가 모든 악은 '무지'에서 시작한다고 보고 그 무지를 인정하고 앎을 추구하는 데서 좋은 삶을 추구할 수 있다고 설파했던 것처럼, 랑시에르는 구경꾼들을 능동적인 행위자로 변모시키기 위해 관객의 본질을 '무지'에서 탈피시켜 적극적인 해석의 행위자로 바꿔 놓는다. 그는 우리가 말하고, 바라보고, 행위하는 이 모든 것들이 지배와 복종의 구조 속에 있다는 것을 이해해야 한다고 말한다. 누가 말하는지, 누가 행동하는지, 누가 바라보기만 하는지는 권력관계를 짓는 필연적인 요소이다. 랑시에르는 바라보기가 말하기이며, 말하기가 행동하기라는 논리를 따라 바라봄을 행위로 연결시킨다. 그리하여 관객들이 관찰하고, 선택하고, 비교하고, 해석하는 행위 자체를 행동하는 것으로 이해하자고 제안한다. 눈앞에 펼쳐진 무대를 관찰하고, 그 무대에서 자신이 본 것들에 대해 말하고, 그리고 그 무대를 두고 자신이 말한 내용을 스스로 확인하면서 관객들은 무지를 스스로 극복함과 동시에 지배와 복종의 구조에 저항하게 된다.

 이런 점에서 관객은 개개인이 비판적 주체이다. 그렇기에 극장에선 하나의 공연을 두고도 다양한 해석이 펼쳐지고 이를 통해 다양한 이질적인 개인들의 행위가 펼쳐진다. 이때 극장을 하나의 공동체로 탈바꿈시키기 위해 우리가 해야 할 일은 개인들의 수많은 다양한 해석을 서로 연결 짓는 일이다. 이런 연결 짓기는 한 사람이 자신이 알고 있는 것을 내보이고 자신이 모르는 것을 다른 이들의 해석에서 배워 가는 공동체적 지식의 확장이 된다. 그리고 이런 연결 짓기 속에서 관객들은 서로가 공유할 수 있는 권력을 찾아낸다. 랑시에르는 이 관객들이 공유한 결속된 권력이 그들이 같은 정치공동체의 구성원이라는 데서 오는 유대감이나 단순히 이들이 서로 상호작용하는 데서 생겨나는 것이 아니라고 말한다. 일상이란 극장에 들어선 관객 개인이 다른 관객을 평등한 지적 대상으로 바라보는 가운데 그들과 자신의 말과 해석을 나누며 행하는 지적인 모험 속에서 공유된 권력이 형성됨을 이해해야 한다고 강조한다. 그러므로 해방된 공동체는 이야기하는 자들(narrators)과 해석하는 자들(translators)의 공동체다.

 이처럼 랑시에르는, 구경꾼이란 상황을 수동적인 조건으로만 여기지 말고, 이를 적극적인 행위로 탈바꿈시킬 때 우리가 무지한 구경꾼에서 벗어나 비판적인 관객의 모습으로 해방될 수 있다고 주장한다. 이런 랑시에르의 관객은, 좋은 민주주의를 만들기 위해 시민들이 좋은 민주주의에 대해 굳이 알 필요가 없다는 신념 속에 존재하는 무지한 관객과는 근본적으로 다른, 강한 민주주의의 핵심적 조건인 성숙한 시민(the well-informed public)과 연결되어 있다.

랑시에르의 비판적 관객이 정치엘리트들에게 주는 교훈은, 이제 더 이상 정치를 엘리트들이 주도하는 드라마로 바라보아서는 안 된다는 것이다. 랑시에르는 우리가, 극작가들이 청중들에게 사회적 관계를 설명하고 자본주의 같은 억압의 지배에 맞서 투쟁하는 방법을 알려 줄 수 있는 시대에 살고 있지 않다고 단호히 말한다. 이런 상황에서 지식인들이 우선적으로 해야 할 일은 지식인과 평범한 사람들 간에 놓여 있는 지식의 불평등을 벗어던지는 것이다. 지식인으로서 알고 있는 정치적·사회적·경제적 지식을 평범한 사람들에게 가르치려 들어서는 안 된다. 오히려 평범한 사람들이 정치적으로 벌어지는 사건에서 자신이 지켜본 것을 스스로 생각하고, 표현하고, 확인할 수 있도록 하는 것이 지식인의 일이다. 이런 관점에서 모든 지적 행위는 우리가 알고 있는 것과 모르고 있는 것 사이의 경로를 누비는 행위가 되고, 이를 통해 평범한 이들과 지식인들은 그들 사이에 놓여 있는 고착화된 지적 위계질서를 타파해 나갈 수 있다. 이는 엘리트와 평범한 사람들을 가른 다음 정치를 엘리트의 몫이라 여기는 은연중의 이분법과, 이런 이분법에 깊이 내재해 있는 청중을 무지하고 수동적인 존재로 바라보는 자세를 엘리트들이 스스로 떨쳐 내야 함을 의미한다.

랑시에르는 '해방된 관객'이라는 발상을 통해, 청중들을 이 세상의 한 부분을 구성하는 자기만의 이야기를 지닌 이들로서 바라볼 때, 다시 말해 청중들을 행동할 수 있는 가능성을 이미 품고 있는 존재로 여길 때, 민주주의의 확장도 사회적 변화도 가능하다고 주장한다. 정치에 직접 참여할 수 없는 '도망자 민주주의'라는 현실적 조건 속에서 정치엘리트에 수동적으로 반응하는 텅 빈 극장의 수동적 구경꾼으로 남을 것인지, 아니면 정치의 극장 안으로 스스로 들어가 비판적인 관객으로서 변모할 것인지는 각자의 선택이겠지만, 우리가 지향해야 할 민주주의 모델이 어떤 시민상을 선택할 것인지는 우리가 가능하다고 믿는 정치적 상상력이 결정할 것이다.

어떤 사람들은 이런 수동적이고 무지한 구경꾼에서 스스로 해석하고 비판하는 관객으로의 전환을 두고, 결국엔 시민이 청중으로 남는다는 점에선 결국 똑같은 것이 아니냐고 비판할 수 있을 것이다. 필자는 이런 주장이 상당 부분 옳다고 생각한다. 이런 점에서 필자가 지지하는 '해석하고 비판하는 관객'은 대의민주주의에서 시민들이 정치적 주체로 자립하기 위한 일종의 과도기적 자화상이라 불러도 좋다. 대의민주주의 속에서 시민들이 이런 방식으로 성숙해 갈 때, 시민 스스로 정치의 궁극적 활동주체로서 민주주의를 이끌 수 있는 방법도 존재하리라 생각한다.

또 다른 비판자들은 이런 발상을 '인민에게 권력을 되돌려주자'는 식의 대중영합주의로 해석할 수 있을 것이다. 근본적으로 '해석하고 비판하는 관객들'이라는 발상은 대표자들이 중심이 되는 제도권 정치의 역할을 거부하지 않는다는 점에서 대중영합주의와는 전혀 다르다. 이 책이 내세우는 주장은 정치에서 시민들에게 권력을 돌려주자는 것이 아니라 시민 스스로가 권력을 만들고 공유하는 주체가 되어야 한다는 것이다. 그러기 위해서는 기존의 대의정치가 강조하는 유권자로서의 시민을 넘어 스스로 정치적 과제를 찾고 그에 상응하는 대안 및 정책을 만들고 제안할 수 있으며 때로 그 과제·대안·정책을 스스로 실천할 수 있는 성숙한 시민(the well-informed public)으로 변모해야 한다는 것이다.

겉으로는 그 누구도 평범한 시민들이 비판적 모습을 갖추고 정치의 전면에 참여하는 일을 반대하지 않는다고 말한다. 그러나 우리 사회 일부 영향력 있는 대항민주세력이 시민들을 수동적인 구경꾼으로 보는 관점에 입각한 모델에 민주주의의 기반을 두고 그것을 은연중에 지지하는 모습은 참으로 안타까운 일이다. 이는 여전히 민주주의를 '선거·절차·제도' 속에만 가두는, 민주적 상상력의 빈곤함을 드러내는 것이다. 이런 모습은 평범한 시민들의 참여를 지지한다고 외치면서도 실질적으로 정치의 전면에 나서는 일은 은연중에 꺼려하는, 이중적 모순에 갇힌 우리 민주주의의 자화상이다.

두번째 에세이

자유주의의 상실
반공과 진보 사이에서 길을 잃다

> 조금 전까지 자유주의나 민주주의는 공산주의의 온상이며 다 같은 한 통속이라고 외쳐 대고 있던 그 당사자들이 검찰관과 같은 태도로 이른바 '진보적' 지식인들을 꾸짖고는 공산주의라는 '후미에'*를 한번 밟아 보라고 하고 있어. 반공의 기치를 높이 들지 않는 자유주의자는 모두 정체불명의 기회주의자이거나 아니면 교묘하게 위장하고 있는 악질 공산주의자처럼 취급당하고 있지. 마치 기성 정치인이나 저널리즘은 일찍이 한 번도 기회주의적이지 않았던 것처럼 말야! 마치 반공의 기치를 내걸기만 하면 그것이 곧 민주주의라는 증거인 것처럼 말야!(만약 그렇다면 히틀러, 무솔리니, 프랑코, 도조 내지 그 아류들은 최대의 민주주의자겠지.)
> ―마루야마 마사오

해방 이후 자유주의 정체성 혼란의 기원

두번째 에세이를 여는 이 인용문은 일본의 대표적인 지성 마루야마 마사오가 「어느 자유주의자에게 보내는 편지」에서 일본정치의 현실을 지적하며 일갈한 한 구절이다. 놀랍게도 이 구절은 오늘날 한국의 보수적 자유주의, 특히 뉴라이트 운동의 한 국면을 그대로 묘사하고 있는 듯하다. 정태욱 선생이 지적하듯, 자유주의의 만연 속에서도 '자

---

* 후미에는 일본 에도시대 그리스도교를 색출하기 위해 밟게 했던 그리스도 혹은 성모 마리아 상을 새긴 널쪽을 의미한다.

유주의 패배'의 시대를 살고 있는 우리 사회에 대한 선견지명일까? 아니면, 목소리를 높이고 있는 일부 보수세력이 일본의 극우주의자들과 너무 닮아 있기 때문일까?

    그 답이 무엇이든, 우리 사회에서 자유주의가 제자리를 찾지 못한 채 헤매고 있음은 누구나 인정하는 현실이다. 이를 두고 최장집 교수는 『민주화 이후의 민주주의』에서 '한국에서 자유주의는 보수세력에 의해 오염되고 비판적 운동세력에 의해 버림받았다'고 묘사한다. 그렇다면, 도대체 어떻게 이런 일이 일어난 것일까? 이를 이해하려 한다면, 우리 사회에서 보수세력이 '자유주의'를 어떻게 이용해 왔는지 살펴볼 필요가 있다.

    이를 위해 우리 사회의 보수가 누구인지에서부터 시작해 보자. 다양한 정의가 가능하고 다른 견해도 있겠지만, 대체로 보수는 사회적으로는 전통 문화와 가치를 존중하고, 정치적으로는 안정성과 연속성 있는 기존의 통치방식을 선호하며, 경제적으로는 국가의 개입 없는 자유로운 시장을 지향한다. 하지만 우리 사회 기득권 보수세력은 이런 전통적 원칙의 보수와는 전혀 다르며, 보수세력 자체도 1987년 민주화 과정과 1997년 경제위기를 전후로 조금 다른 성격을 보인다. 87년 전후의 보수는 정치적 성향이 강한 보수로 정치적으로는 (자유민주주의와는 전혀 상관없는) 반공주의 독재개발체제를 지지했고 경제적으로는 국가가 재벌을 보호하는 (그리하여 실제로는 공정한 경쟁이라는 시장의 근본원리를 위반하는) 시장을 지지했다. 87년 민주화 이후 개발독재의 그림자에서 벗어나며 그 영향력이 조금씩 줄어들었던 보수주의의 새로운 변화는 1997년 경제위기를 전후로 일어났다. 이 시기를 전후로 밀어닥친 보수주의의 핵심적 변화는 그 중심이 개발독재 정치모델에서 신자유주의 시장모델로 넘어간 데 있다. 구제자금을 지원해 준 국제통화기금(IMF)의 압력으로 반강제적으로 도입된 신자유주의 시장모델이 기득권 보수세력의 이익과 맞아떨어질 수 있었던 것은 신자유주의에서 국가의 역할이 시장 밖으로 나온 행위자들을 다시 강력하게 시장으로 밀어 넣는 데 있기 때문이다. 우리 사회에서 개발독재에 대한 향수가 과격한 신자유주의적 시장주의자들과 만날 수 있는 접점이 있다면, 바로 국가가 시장에 반대하는 행위자를 처단해야 한다는 발상일 것이다.

필자는 이런 기득권 보수주의를 꾸준히 엮어 온 두 가지 요소가 정치적으로는 반공이념이고 사회경제적으로는 기존 기득권세력의 이권 보호라고 생각한다. 이 두 요소는 서로 완벽하게 상호 보완의 역할을 해왔다. 북한에 대한 정치적 적대감에서 비롯한 체제 승리에 대한 갈망이 기존 기득권 보수세력의 이익을 국가가 보장하는 방식으로 빠르게 현실화되는 가운데, 기득권 보수세력의 이권에 대한 반대는 대개 공산주의자들이란 명목으로 처단할 수 있었기 때문이다. 이런 특수한 역사적 배경을 등에 업고 보수는 기존 기득권에 반대하는 모든 세력, 특히 진보세력을 '빨갱이'라는 원색적인 말로 매도해 왔다. 이는 민주화가 상당히 진행되고 진보적 시민운동이 자유적·민주적 원리를 받아들이며 진행된 2000년대에 들어서도 마찬가지이다.

오늘날 우리 사회에 만연한 신자유주의는 시장 그 자체에 대한 깊은 신뢰에 토대를 두고 있다기보다는, 앞서 언급했듯 국가가 시장에 반대하는 행위자를 처단해야 한다는 발상에 근거를 두고 있다. 자유주의가 가장 우선적으로 내세우는 정치적 자유라는 근본가치에는 아무런 관심도 없는 이런 보수주의자들이 시장과 자유주의라는 이름을 걸고 자신들의 이익을 방어하는 것이 기득권 자유주의의 불편한 현실이다. 이런 점에서 보수세력이 주도하는 자유주의는 '집단중심 자유주의', '자본중심 자유주의'라고 불러도 좋을 것이다.

지배 보수세력의 '진보' 타이틀 쟁취전

이런 보수세력이 '진보'라는 용어를 '빨갱이'라는 말과 사실상 동일시해 왔다는 점을 생각해 보면, 몇 해 전 뉴라이트가 주도했던 자유주의진보연합이란 단체의 결성을 통한 '진보'라는 이름의 탈환전은 어이없어 보인다. 진보라는 말이 너무 부러웠던 것일까? 자신들이 지닌 보수라는 정체성에 최소한의 자존심도 없었던 것일까? 하지만 이들이 '진보'라는 말을 차지하기 위해 투쟁했던 이유와 관련 맥락을 들여다보면 도대체 이해할 수 없는 이 탈환전에 대한 다른 이해가 가능하다.

자유주의진보연합은 창립 선언문에서 세계 역사의 관점에서 볼 때 자유주의만이 진보의 길을 열었음을 지적하며, 우리 사회에서 급진세력이나 개인이 차지하고 있는 '진보'라는 말을 되찾아야 한다고 선언한다. 이를 두고 문정인 교수는 『한겨레』(2009. 7. 26)에 실린 「뉴라이트의 해괴한 '진보' 탈환전」에서 뉴라이트가 '진보'라는 용어에 집착하는 이유를, 이들이 추앙하는 이승만과 박정희의 보수 모델이 기존의 자유지상주의에 근거를 둔 정통 보수 모델과 내재적 모순관계에 있기 때문이라고 지적했다. 이런 지적은 옳고도 타당하다.

하지만 필자는 기득권 보수주의자들이 '진보' 라는 용어에 집착하는 직접적 이유가 자유주의진보연합 「창립선언문」에서 밝히고 있듯이 우리 사회에 형성되어 있는 '보수=수구꼴통 / 진보=자유민주'란 이분법적 구도를 깨뜨리려는 이데올로기 전략 때문이라고 생각한다. 뉴라이트 자유주의진보연합은 자유와 인권의 수호자를 자처하며 진보가 독차지하다시피 한 자유와 인권의 경쟁자로 나서는 한편, 자신들이 변화를 두려워하지 않는다는 이미지를 심으면서도 오랜 기조인 반공주의를 고스란히 남겨 둔다. 그리고 한발 더 나아가 진보세력을 공산주의나 주체사상에서 벗어나지 못한 '낡은' 관념에 집착하는 세력으로 몰아붙이며 자신들이야말로 낡은 관념과 결별한 진정한 진보라고 선언한다. 이 선언의 절정은 '진보의 적'과 맞서 싸우겠다는 결의에 찬 공표인데, 이 선언 안에서 기존의 진보세력은 졸지에 '진보의 적'이 되어 보수와 진보의 역전이 일어나고 있다. 이런 뉴라이트의 움직임이 더 효과적일 수 있었던 까닭은 이데올로기 조작에서 핵심적인 역할을 하는 거대 보수언론들과 함께 움직였기 때문이다.

특히 이 거대 보수언론들이, 기득권 보수세력이 내세우는 자유주의의 주도권을 잡기 위해 활용한 대상이 '애국주의'라는 점은 눈여겨 볼 만하다. 사실 애국주의만큼 한 정치공동체의 평범한 구성원들에게 특정 세력이나 정책에 대한 동조를 호소하는 데 있어 효과적인 수단은 없다고 해도 과언은 아닐 것이다. 대개의 사람들은 어떤 방식으로든 자신이 속한 공동체에 대해 자부심을 갖길 원하기 때문이다. 필자는 이런 애국주의가 두 가지 방식으로 표현될 수 있다고 생각한다. 첫째는 전통적·물질적인 방식으로 표현되는 애국심으로, 한 정치공동체가 이룬 급격한 경제발전이나 자신이 물려받은 문화유산을 최고라고 여기는 방식이다. 둘째는 민주적 애국주의로 자신이 속한 공동체가 이룬 민주적인 정치문화의 성취, 경제적 풍요를 공정하게 나누는 사회분배제도 등을 통해 정치공동체에 대한 자부심을 느끼는 것이다. 아직까지 이런 공정한 분배제도 및 정의로운 정치문화를 형성하지 못한 채 이제야 그 필요성이 조금씩 부각되고 있는 우리 사회에서, 보수세력이 물질적 애국주의 속에 내세우는 경제적 기적과 이념적 승리는 많은 평범한 구성원들이 자부심을 느낄 수 있는 매력적인 요소다. 그리고 이를 부각하는 데 전념하는 이들이야말로 누구보다 나라를 사랑하는 세력으로 비칠 수 있다.

그러나 보수세력이 거대 보수언론과 합작하여 내세우는 이런 물질적 애국주의는, 표면적으로는 국가가 추구하는 목표에 다른 목소리를 내는 일은 반역이라는 메시지를 담고 있으며, 내면적으로는 보수적 이익에 반대하는 세력은 설령 민주적으로 세워진 정부라 할지라도 모두가 반역이라는 메시지를 담고 있다(이는 보수세력과 보수언론이 '잃어버린 10년'이란 표현 속에 '국민정부'와 '참여정부'를 어떻게 규정하고 있는지를 보면 쉽사리 이해할 수 있다).

이에 대한 비판자들은 어떻게 자유주의자들이 애국주의를 들먹일 수 있냐고 울분을 토할지도 모르겠다. 사실 자유주의자들도 애국주의자들이 될 수 있는 길은 존재한다. 현재 안정된 민주정체에 자리 잡은 자유주의의 핵심적인 정치적 가치는 동의(consensus)보다는 이의제기(dissent)에 있다. 이를 두고 사이먼 켈러는 '애국주의자들은 어떻게 생각하고, 그것이 왜 문제일까'를 고민하면서, '애국주의는 좋은 것일까, 나쁜 것일까? 그것은 여러분이 의미하는 '애국주의'가 무엇인지에 달려 있다. 어떤 이에게 애국주의는 자기 국가의 정책을 굽힘없이 지지하는 것을 말하고, 어떤 이에게 최상의 애국주의는 그 정책에 이견을 제기하는 것이다'라고 말한다.* 이런 입장에서 보면, 가치의 다원주의를 받아들이는 자유주의자들은 국가의 정책에 이견을 표현하는 방식으로 자신의 애국심을 표출할 수도 있다. 실제 이견은 자유주의자들이 애국심을 표현하는 최상의 방식으로 여겨지곤 한다. 그러나 보수세력은 자유주의자들이 표현할 수 있는 최상의 애국주의

---

* Simon Keller, "How Patriots Think and Why It Matters", in *Patriotism : Philosophical and Political Perspectives*, ed by Igor Primoratzand and Aleksandar Pavkovi, Ashgate, 2007.

가 '국가의 옳은 정책은 비판적으로 지지하고 잘못된 정책에 대해서는 이의제기와 반대에 있음'이라는 것을 철저히 감추며, 거대 보수언론을 등에 업고 가장 반자유적인 메시지를 가장 자유적인 메시지로 교묘히 포장해 냈던 것이다.

진보와 자유주의를 향한 경멸

이런 기득권 보수세력의 모순적인 자유주의자 행세에다, 모든 자유주의자들이 신자유주의자들과 결국엔 똑같다고 규정하는 일부 진보세력의 편견도 우리 사회에서 자유주의가 고립되는 데 한몫을 했다고 할 수 있다. 예를 들어 스스로를 진정한 진보세력이라 자처하는 이들이 노무현 정부를 신자유주의를 지지하는 짝퉁 진보로 규정하는 데서 시작된, 자유주의를 향해 내보이는 지독한 혐오와 경멸은 그 끝이 보이지 않는 듯하다. 예를 들어, 2012년 3월 『미디어오늘』에서 진보진영의 한 인사는 진보의 정체성이 반신자유주의에 있다고 규정한 뒤, '민주통합당과 참여연대, 경실련 등 시민단체들의 자유주의는 말할 것도 없다'며 호통을 친다. '진보의 가장 위험한 적은 보수주의자들이 아니라 짝퉁 진보로 행세하는 자유주의자들이다'라고까지 규정하며 자유주의와 진보를 적대적 관계로까지 규정한다.

필자는 원칙적으로 진보를 반신자유주의자로 규정하는 이런 범주 짓기가 개념적으로 모호할 뿐만 아니라 실천적으로 아주 위험한 것이라 반박한다. 개념적으로 반신자유주의가 진보의 기준이라고 한다면, 진보는 계급이 아닌 '신자유주의에 반대함으로써 성립하는' 일종의 모호한 가치연대로 변모한다. 계급문제와 상관없이 이 가치와 맞아떨어지기만 하면 되는 것이다. 예를 들어 2007년 17대 대선에 나섰던 전 유한킴벌리 사장 문국현 후보도 이에 해당된다. 문 후보는 신자유주의에 반대하는 자본가 계급이었다. 신자유주의에 맞선 반대가 진보의 본질이라면 문 후보 역시 진보의 자격을 갖출 수도 있다. 그래서인지, 당시 진보진영의 대표로 나선 권영길 후보가 연대를 제안한 적까지 있었다. 그렇다면 문 후보는 진보이며 권 후보의 연정 제안은 진보의 입장에서 옳은 것이었을까? 당시 이 제안은 내부에서 많은 논란을 일으켰다. 무엇보다 신자유주의는 반대하지만 FTA는 찬성했던 문 후보가 참여연대보다 더 진보적인 측면은 무엇일까? 당시 이 연정 제안이 많은 논란을 일으켰던 것은 정치에 관심이 있는 이들이라면 누구나 기억하는 일이다. 진보의 정체성을 반신자유주의라고 규정한 진보인사 역시 반신자유주의만 내세운다면 그 누구라도 연대할 수 있다고 말하지는 않을 것이라 생각한다. 진보를 '반신자유주의'라는 단일한 가치 아래로 묶는 일은 정치동원을 위해 좋은 일인지를 몰라도 진보의 정체성 규정에는 별달리 도움이 되지 않는다. 이런 선언이 진보의 정체성을 계급에서 가치로 전환시키는 것이란 점을 이 입장을 지지하는 진보는 진지하게 고민해 봐야 한다.

현실적으로도 마찬가지이다. 예를 들어, 참여연대나 유사 관련 시민단체에서 활동하고 있는 이들에게 자유주의자냐고 물어본다면 아마 많은 활동가들이 펄쩍 뛸지도 모를 현실에서 모든 이들을 하나의 범주에 묶는 이런 일방적 정체성 규정은 집단이 아니라 개인의 개별성에 방점을 찍어야 한다고 진실로 믿는 자유주의자들에게 참으로 불편한 발언일 수밖에 없다. "민주통합당, 참여연대, 경실련은 모두 자유주의자다"라는 말은 마치 "불법이민노동자는 다 범죄자들이다"라는 말과 별반 다르게 들리지 않는다. 필자는 이런 논리가 진보를 향해 "진보는 다 똑같다. 다 빨갱이다"라고 내뱉는 보수의 논리와 근본적으로 무엇이 다른지 알 수가 없다. 진보세력이 지향점 자체가 다른 세력과 혼동되지 않는 확고한 정체성을 원하듯, 집단 내에 존재하는 개인들에겐 '다 똑같다'고 감히 규정할 수 없는 정체성이 있으며, 여러 방향으로 규정될 수 있는 한 집단의 정체성을 일방적으로 규정하는 논리는 때로 의도하지 않은 폭력이 될 수도 있다. 설령 이런 주장으로 자유주의를 고립시킬 수는 있다고는 해도 우리 사회 민주세력의 외연을 확장하는 데는 아무런 도움도 되지 않을 것이다.

자유주의자 없는 자유주의 진보 담론

진보진영을 통해 바라볼 수 있는 자유주의의 상실의 또 다른 단면은 '자유주의는 진보적인가'라는 진보진영의 점검에서도 보인다. 필자는 통합진보당 사태로 인해 진보진영이 와해될 지경에 이르렀을 때, '진보의 재구성에 대한 논의의 필요성'을 담아 『프레시안』에 기고를 한 적이 있다. 하지만 그 문제를 제기한 필자는 스스로 진보라고 생각해 본 적이 없는 자유주의자다. 왜 자유주의자가 진보의 재구성에 대한 문제를 제기했느냐 물을 수도 있겠다. 사실 이유는 간명하다. 기득권 보수세력의 힘이 너무 강력한 우리 사회에서 이를 견제하고 균형을 맞춰 줄 수 있는 또 하나의 축이 진보의 이름 아래 모인 이들이라 보기 때문이다. 견제세력이 미약할수록 사회의 주축세력이 부패하기 쉽다는 것은 지난 5년의 경험이 증명하고 있다고 생각한다.

기고문이 들어간 이후 몇몇 매체에서도 진보의 정체성을 고민하는 글을 보았다. 예를 들어, 『경향신문』은 종북주의와 자유주의자들이 진보일 수 있느냐라는 문제를 제기했고, 주대환 씨는 한 인터뷰에서 진보의 목표가 사민주의여야 한다고 주장했다. 이를 보면 진보진영의 고민도 본격화된 듯 보인다. 하지만 이런 문제제기 중 자유주의도 진보적일 수 있냐는 고민은 조금 불편했다. 그 문제제기 자체가 불편했던 것이 아니라 그 담론 내에서 정작 자유주의자들의 목소리가 제대로 반영된 부분이 없었기 때문이다. 솔직히 10명의 부자들이 한 사람의 빈민도 참여시키지 않은 채 빈곤문제를 토론하는 장면이 떠올랐다.

최장집 선생이 중심이 되었던 '자유주의도 진보적일 수 있는가'라는 논의부터 차근히 본다 해도 자유주의자들의 정체성을 진보주의자들이 결정하려 드는 듯한 이 불편한 현실에 조금은 씁쓸함을 느낀다. 이런 부분은 비록 짧은 역사이긴 해도 자신들의 정체성을 제대로 표현해 내지 못한 우리 사회 자유주의자들의 책임이 가장 크다고 해야 할 것이다. 이제 우리 사회에서 자유주의자들은 누구인지, 그리고 무엇을 해야 하는지 자유주의자 스스로 공적으로 하나의 담론을 형성해야 할 것이다.

　이렇게 보니 보수에 의해 오염되고 비판적 세력이 버렸다는 자유주의에 대한 최장집 선생의 진단, 넘쳐나는 자유주의 속에 자유주의 패배의 시대를 살고 있다는 정태욱 선생의 진단이 정확하게 맞아떨어지는 듯하다. 진보의 여전한 외면 속에, 10여 년 전 권혁범 선생이 자유 앞에 안보를 내세우는 한국의 보수적 자유주의자들을 바라보며 "개발독재의 유령이 아닌가? 자유주의가 부족하다!"라고 외친 왜곡된 현실은 여전히 지속되고 있다.* 자유주의의 상실인 것이다.

민주적 원칙을 존중하는 자유주의자들

이제부터 필자는 자유주의의 상실을 목격하고 있는 자유주의자로서 우리 사회의 자유주의자들에게 몇 가지 제안을 드리고자 한다. 이 제안이 받아들여질 수 있다면, 자유주의자들은 필자가 2부에서 제안할 '자유로운 시민게릴라'로 자연스럽게 그 정체성을 확장할 수 있을 것이다.

　우선 보수가 오염시키고 진보가 외면하는 자유주의의 상실이란

---

* 「수요프리즘. 자유주의가 부족하다」, 『동아일보』(2004. 10. 5).

이런 상황 그 자체를 자조적으로 바라보지 말자는 것이다. 스스로에 대한 연민은 나르시스적 비애만 유발할 뿐 아무런 도움도 되지 않는다. 개인의 정치적 자유보다 애국주의가 더 중요한 뉴라이트들조차 자신들이야말로 자유주의자를 넘어 진정한 진보라고 뛰어들고, 한편으론 진보세력이 자유주의자들 자체에 지독한 거부감을 보이는 상황에서, 스스로에 대한 연민은 그 고립만 깊게 만들 뿐이다. 누군가에게 이런 처지에 대한 연민을 바라는 것도 한 사람의 독립적인 정치적 존재로서 자신이 처한 상황에 대한 무책임을 드러내는 일과 다름이 없을 것이다.

이런 상황에서 자유주의자들이 진보진영으로부터의 소외에 자괴감을 느끼지 않는다면 거짓말이겠지만, 그래도 자유주의자들은 스스로 이렇게 물을 수 있어야 한다. "진보라는 말이 정말 그렇게 매력적인가요?" 필자는 자유주의자 여러분에게 '진보'라는 이름에 집착하지 말자고 제안한다. 우리 정치의 근본적 변화를 원하는 자유주의자들이 진보세력과 그 궤를 같이 할 수 있고 그들과 함께 하고 싶다는 열망을 지닐 수 있다고 생각한다. 결국엔 개인이 선택할 문제이겠지만, 이런 열망이 진보라는 이름에 대한 집착의 형태로 나타나는 것은 바람직하지 않다. 오히려 시민사회가 상대적으로 국가에 비해 매우 약한 우리 현실에서 자유주의자들은 '성숙한 시민'과 '강한 시민사회'라는 과제에 방점을 찍고 행동하는 것이 더 바람직해 보인다. 성숙한 시민의 양성은 너무나 당연한 과제인 듯 보이지만 우리가 이 부분에 얼마나 많은 관심을 기울이고 있는지는 의문이다. 대체로 우리 사회의 정치적 이슈가 시민사회를 강화하는 다양한 정책보다는 정치지도자와 정당에 초점이 맞춰지는 탓에 시민 자체의 역량 강화에는 상대적으로 그 관심이 소홀했던 것이 사실이다.

구체적으로 필자가 생각하는 자유주의자들이 지향해야 할 성숙한 시민상은, 무엇보다 개별성을 인정하며, 개인 자신을 보살피고, 다른 동료시민들을 서로 돌보는 일이 자신을 보살피는 일과 같은 맥락에 있다고 생각하는 사람들이다. 자유주의자들은 존재의 개별성을 무엇보다 소중히 여길 줄 알아야 한다. 자신을 아끼지 않는 사람이 이웃을 보살피는 일이 쉽지 않기 때문이고, 동료시민들을 보살피는 일을 두고 순전히 다른 사람들을 위해서라고 생각하는 것은 오래 지속되지 않는 위선이기 십상이다.

그렇다면, 보수와 진보의 대립이 첨예한 상황에서 애매한 위치에 처해 있는 자유주의자들이 성숙한 시민상을 어떻게 실현할 수 있을까? 필자는 그 길이 확고히 자리 잡은 민주적 원칙을 존중하고 그 원칙에 근거해 행동하는 데 있다고 본다. 한 사회의 민주적 원칙은 특정 세력의 이익을 위해 존재하지 않는다. 예컨대 헌법이 명시하는 기본권은 모든 사회구성원을 위해 존재하는 것이기에 정치적 입장을 떠나 누구나 존중해야 할 원칙이다. 이런 민주적 원칙을 존중하는 이들이라면 그 누구든 함께 이야기하고 논쟁하고 협력하며 연대할 수 있을 것이다. 우리가 살고 있는 민주사회는 좌파와 우파라는 기준, 나아가 보수와 진보라는 기준만으로 설명하기엔 너무나 복잡하게 구성되어 있으며, 앞으로도 그렇게 구성되어 갈 것이다. 이런 현실에서 자유주의자들이 사회구성원들과 공감하며 분명하게 줄 수 있는 행동기준은, 자유주의가 오랜 시간 동안 민주정체와 교감하는 역사적 과정을 통해 형성해 온 민주적 원칙이라고 생각한다. 무엇보다 이런 민주적 원칙에 대한 존중은, 동료시민들이 자신과 동등한 자유를 누릴 자격이 있다고 믿는 모든 자유주의자들이 공통적으로 지니고 있는 정치적 자유에 대한 존중과 양립한다는 점에서 중요하다. 역사적으로 정치적 자유는 안정된 민주주의에서만 확고히 보장되어 왔다. 민주주의는 정치적 자유가 안심하고 숨 쉴 수 있는 안정된 보호막을 제공해 온 유일한 정체였다. 자유주의자 개개인마다 조금씩 다른 신념을 지니겠지만, 이런 민주적 원칙에 대한 존중은 정치적 신념이 다른 이들과 협력하며 함께 무엇인가를 지향할 수 있는 최소한의 토대가 될 것이다.

정치를 외면하지 않는 자유주의자들

이런 민주적 원칙과 교감하는 자유주의와 함께 필자가 자유주의자들을 향해 강력하게 제안하고 싶은 바는 '우리들의 자유를 향한 열망이 정치를 외면하지 않아야 한다'는 점이다. 많은 자유주의자들이 자유 그 자체를 정치를 외면할 권리와 동일시하는 경향이 있다. 그리고 자유주의적인 지식인들은 정치적 무관심도 자신의 자유라고 말한다. 당연하고도 마땅한 사실이다. 정치적 무관심이 개인의 선택이라면 존중되어야 한다. 그러나 무관심의 권리는 민주주의가 안정되게 자리 잡힌 곳에서만 작동한다는 사실을 잊지 말아야 한다.

어떤 자유주의자들은 우리 정치가 아무런 대안을 내놓지 못하는 상황을 탓할 수도 있다. 앨버트 허쉬만은 어떤 사회구조는 사람들이 불만을 정치에서 물러남(Exit)으로써 표현하게 하는 반면, 어떤 사회구조는 불만을 저항(Voice)으로 드러나게 한다고 말한다.* 이렇게 불만이 서로 달리 표현되는 결정적 요소는 불만을 해결하는 대안의 유무다. 불만을 향해 대안을 내놓는 정체에선 사람들이 저항을 하고, 그 대안이 보이지 않는 곳에선 정치에서 물러난다는 것이다. 이렇게 보면 민주정체가 조용하다는 것, 특히 불안정한 민주정체가 저항 없이 조용하다는 것은 대안이 없는 정치현실을 역설적으로 드러내는 것일 수도 있다. 그리고 이런 논리를 따라 정치로부터 철회를 선언하고 정치적 무관심을 정당화할 수도 있다.

그러나 이런 정치로부터의 철회, 정치적 무관심의 권리가 자유주의자들이 오랫동안 추구해 왔던, 정치적 억압성을 배제하는 것인지도 생각해 볼 문제다. 실제 정치를 외면할 권리는 역사적으로 자유주의가 범해 온 가장 큰 오류와 그 궤를 같이하고 있다. 현대민주주의가

---

* Albert O. Hirschman, *Exit, Voice and Loyalty: Responses to Decline in Firms, Organizations, And States*, Harvard UP, 1970. 허쉬만(Albert O Hirschman)은 물러남, 퇴장을 정치적인 차원에서는 조금 극단적으로 이주 혹은 이민의 형태로 표현한다. 그러나 실제로는 정치참여를 거부하는 것으로 표현되는 경우가 많다.

인민주권을 국가에 넘겨 주는 과정에서 자유와 행복을 철저히 사적인 영역에 귀속시킴으로써 인간 개별 존재들을 정치와 분리시켜 비정치적 존재로 전락시켜 버렸다는 것은 잘 알려진 사실이다. 조르조 아감벤은 이런 인간 존재의 비정치화가, 개인들이 국가의 교묘한 억압을 겪으면서도 저항하지 않거나 저항하지 못하도록 하여 '헐벗은 삶'(bare life)을 사는 데 한몫을 했다고 말한다.*

정치를 거부하거나 정치에 무관심할 권리가 있다는 것은 당연히 인정해야 하지만, 무엇보다 이런 무관심과 거부가 우리 사회같이 민주주의가 잘 자리 잡히지 않은 곳에선 권력남용을 견제할 세력의 약화를 불러와 민주주의 자체를 파괴할 수도 있다는 점을 잊지 말아야 한다. 불행히도 정부가 민간인과 정치인을 여전히 사찰하는 하는 것이 2013년 우리 민주주의의 현주소다. 2012년 18대 대통령 선거 과정에서 우리는, 더 많은 시민들이 투표에 참여하는 것을 두려워하여 투표시간 연장을 거부하는 세력이 정치권력을 쥐는 것을 목격했다. 이런 맥락에서 정치적 무관심을 부르짖는 것은 무책임한 주장일 뿐만

---

* Giorgio Agamben, *Homo Sacer: Sovereign Power and Bare Life*, Stanford UP, 1998. 아감벤(Giorgio Agamben, 1942~)은 이탈리아의 철학자이다. 한나 아렌트의 영향을 받은 아감벤은 본문에 언급한 '헐벗은 삶'을 표현하는 호모 사케르라는 개념과 더불어 '예외상황'(state of exception)에 대한 연구로 유명한데, 특히 인간의 삶이 정치적으로 가장 황폐해질 수 있는 이런 예외상황의 일상화에 대한 연구는 억압적인 전체주의뿐만 아니라 현대민주정체에서 정치적 위기 시 나타날 수 있는 법적 존재로서의 인간 상실에 대한 경종을 울리고 있다. 『호모 사케르』, 『예외상태』 등의 번역서가 나와 있다.

아니라 동시에 자신의 자유를 방기하는 것이며, 역설적으로는 다른 시민들이 자유를 지키기 위해 쏟아 붓는 노력에 무임승차하겠다는 말이나 다름이 없다. 2012년 한국사회에서 정치적 무관심은 "내 이웃의 자유가 파괴되어도 내 상관할 바 아니다"라는 주장을 넘어 맥락을 무시하고 조금은 느닷없이 "나는 나를 파괴할 권리가 있다"고 말하는 것과 큰 차이가 없다.** 무엇보다 자유주의자들은 다른 구성원들이 노력해서 자신에게 주는 자유를 즐기는 이들이 아니라, 자신이 형성해 가는 자유에 삶의 입지를 세우는 이들이다. 지금 우리 사회에선 정치 참여 거부나 무관심의 권리를 지키기 위해서라도 정치에 관심을 기울이고 참여해야 한다.

이런 무관심의 권리를 넘어 어떤 자유주의자들은 국가로부터 모든 간섭의 배제를 외치곤 한다. 실제 국가와 관련해 자유주의자들이 겪는 딜레마는, 국가가 언제든 홉스가 『리바이어던』에서 제시하는 절대권력의 '괴물'로 변할 수 있는 가능성을 지니고 있다는 점이다. 하지만 어떤 자유주의도 국가 없이 실현된 적이 없다는 역사적 경험은

** 만약 여전히 이렇게 생각하는 이들이 있다면 마르틴 니묄러의 「다음은 우리다」라는 시 한 편이 도움이 될 것이다. "나치는 우선 공산당을 숙청했다/나는 공산당원이 아니었으므로 침묵했다//그 다음엔 유대인을 숙청했다/나는 유대인이 아니었으므로 침묵했다// 그 다음엔 노동조합원을 숙청했다/나는 노동조합원이 아니므로 침묵했다//그 다음엔 가톨릭교도를 숙청했다/나는 개신교도였으므로 침묵했다//그 다음엔 나에게 왔다/그 순간에 이르자,/나서 줄 사람이 아무도 남아 있지 않았다." 이렇듯 자유가 위기일 때 무관심의 다음 희생자는 바로 '우리'인 것이다.

자유주의자들이 간과하지 말아야 할 정치적 조건이다. 심지어 자유지상주의를 대표하는 로버트 노직조차 국가의 간섭이 전혀 없는 상태보다는 최소한의 국가가 있는 상태가 자유를 보전하기에 낫다고 말한다.* 예를 들어 신자유주의적 자본이 투자 선결요건으로 자신들이 투자한 해당 국가의 정부 보호를 요청하는 것은 잘 알려진 사실이다. 이런 현실이 쉽게 받아들여지지 않을 때, 자유주의자는 세계시민주의로 그 행동의 범위를 넓힐 수 있다. 하지만 자유적이고 민주적인 체제만이 세계시민주의라는 이상을 인정하고 실천하는 권리를 보장하는 정치적 현실을 보면, 민주적 국가의 형태를 띤 정체는 자유주의나 세계시민주의란 삶의 방식에 아직까지 필수적인 요소인 듯하다. 이렇게 보면, 자유주의자들이 시민사회를 더욱 존중한다고 하여 국가 및 제도권정치를 적대시하는 일은 바람직하지 않을 수도 있다. 오히려 국가와 시민사회를 서로가 비판적으로 견제하고 협력하는 세력으로 인식하는 것이 우리 민주주의를 새롭게 짓는 데 도움이 될 것이다.

민주정체의 토대가 되는 자유주의자들

우리 사회의 자유주의는 보수와 진보 사이에서 길을 잃고 말았다. 1980년대 후반까지 진행된 개발독재 시대를 돌아보면 지금 자유주의

---

* Robert Nozick, *Anarchy, State, and Utopia*, Basic Book, 1974.

자를 자처하고 있는 기득권 보수주의자들은 독재를 옹호하고 자유주의와 민주주의를 적대시했던 세력이다. 이제 이들이 자유주의를 앞세워 새로운 보수주의 운동을 펼치며 자유의 이름으로 민주적 과정과 가치를 무시하고 있다. 한편 신자유주의에 질려 버린 일부 진보주의자들은 자유주의라는 용어 자체에 대한 극심한 거부감을 보이며 진보의 정체성을 지키기 위해 자유주의자들과 어떠한 정치적 협력도 하지 말아야 한다고 주장한다. 이렇듯 보수세력의 자유주의 없는 자유주의와 진보의 자유주의에 대한 지독한 경멸 사이에서 자유주의가 우리 사회에 차분히 뿌리 내릴 시간도, 공간도 없었던 것이 사실이다. 이런 점에서 성숙할 여유가 전혀 없었던 우리의 자유주의는, 보수와 진보라는 정치적 지형에서 길을 잃은 아이와 같은 모습이다. 이런 점을 고려해 본다면, 자유주의야말로 '상실'이 아니라 '부재'라는 표현이 더 어울릴지도 모른다. 이런 상황에서 자유주의의 성숙은 정치에서 멀어지는 것이 아니라 정치로의 회귀에 있다. 그 정치로의 회귀에서 민주적 원칙을 존중하고 이에 따라 행동하고 동료시민과 협력하는 성숙한 '시민'의 모습을 보여 주는 일이 자유주의자들이 지금 당장 취할 수 있는 최선의 태도라는 것이 필자의 제안이다.

그리고 필자는 정치적 자유주의자들에게 건강한 민주정체를 구성하는 중요한 축인 시민사회에 헌신함으로써 우리가 지어 갈 새로운 민주주의의 토대가 되자고 제안한다. 제도권 권력을 충실히 견제하고 사안에 따라 성실히 협력하며 시민의 권력을 구축하는 데 헌신하자고 제안한다. 그리고 제도권정치가 주는 혜택에 연연하지 말자고 제안한다.

　이런 제안들은 우리가 이 땅의 민주주의를 위해 거름이 되어 희생하자는 것이 아니다. 어차피 정치적 자유주의자들이 원하는 권력은 제도권이 아니라 개별 시민 한 사람 한 사람의 충만한 삶에 있다. 그렇기에 상대적으로 허약한 토대를 다지는 일에 헌신하며 우리 자유주의자들이 자기 삶의 충만함을 충분히 누릴 수 있는 새로운 민주주의를 스스로의 손으로 구축하자는 것이 필자의 제안이다. 그리고 우리 동료시민들 역시 그 충만함을 함께 누릴 수 있도록 함은 그들을 위해서가 아니라 연대하고 공유하는 삶 속에서 우리 자유주의적 삶의 충만함이 더해질 수 있기 때문이다. 그렇기에 정치적 자유주의자는 항상 민주주의를 지지해야 하고 늘 충만한 삶을 공유하고자 하는 자발적 시민이어야 한다.

세번째 에세이
/
진보의 상실
제도권 진보정치세력, 진보를 버리고 세력의 편에 서다

> 진보는 여러 가지 방식으로 정의할 수 있을 것입니다. 아주 거칠게 정의하자면, 남북문제에서는 군축, 평화공존, 평화통일을 지향하고, 경제에서는 자유지상주의, 시장만능주의가 아니라 자본주의의 모순을 직시하면서 시장에서 패자를 아우르는 정책을 추구하고, 양심, 사상의 자유와 표현의 자유를 위시한 각종 정치적 기본권의 확대, 강화를 지지하는 것이 진보입니다. 계급적으로 보면 진보는 강자나 부자의 편이 아니라 약자나 빈자의 편입니다. 특권을 가진 엘리트의 편이 아니라 보통 사람의 편입니다. ─ 조국

진보정치세력, 민주주의를 버리다

지금 우리가 누리고 있는 민주주의를 건설하는 데 진보세력이 커다란 기여를 했다는 점은 누구도 거부할 수 없다. 1987년 6월 민주화운동을 통해 군사독재정권을 무너뜨리고 대한민국이라는 정치공동체를 민주주의로 전환시키는 데 있어 진보세력의 역할은 너무나 의미있고 중대한 것이었다. 그러나 체제전환이라는 목표를 달성한 이후 '민주화'가 진행되는 과정에서, 진보세력은 불행히도 운동세력으로서의 이미지를 벗지 못한 채 정치세력으로서 자신들의 역할과 정체성을 명확하게 규정하지 못하고 공통의 지향점 없이 분열되어 버리고 말았다.

이 와중에 2012년 통합진보당 사태는 제도권 내의 진보세력을 넘어 정치세력으로서 '진보의 상실'이라 불러도 될 만큼 심각한 위기를 불러왔고, 일반 시민들의 진보에 대한 경멸을 유발하고 편견을 심화시키는 결과를 낳았다. 이 사건의 발단은 통합진보당 내 비례대표 선정을 위한 경선과정에서 제기된 부정의혹에 대한 자체조사였다. 이 자체조사가 통합진보당 내 계파 간 분열을 넘어 당 내부에서 기존에 주도권을 쥐고 있던 민주노동당 계열 (구)당권파의 폭력사태로까지 번져 나갔다.

이 진보의 와해를 불러 온 아수라장 속에서 구당권파는 진보의 정체성을 지키기보다는 자기당파 이익을 수성하는 데 집중하기로 작정한 듯 보였고 민주사회의 정당 내에서 일어날 수 있으리라곤 상상할 수 없는, 동료당원을 향한 폭력마저 일삼고 말았다. 아이러니하게도 폭력사태를 직접 일으킨 장본인인 구당권파들은, 사태를 수습하기 위해 소집된 당 중앙위원회에서 회의를 주재한 심상정 의원이 민주주의적 절차를 무시했기 때문에 이런 일이 일어났다고 주장했다. 그러나 이 사태에 얽힌 구당권파들의 입장과 행동은 결코 이들이 진정한 민주주의자들이 아님을 명확히 보여 주었다. 무엇보다 부정선거와 폭력사태의 중심에 있었던 구당권파는 이 사태를 수습하는 과정에서 투명성, 절차성, 비폭력성 등과 같은 그 민주적 가치들 중 그 어느 것 하나도 제대로 구현해 보이질 못했다.

민주적 투명성의 상실

민주적 관점에서 볼 때, 이 사태에서 통합진보당 구당권파가 정당정체세력으로서 내보인 첫번째 상실은 투명성이었다. 이 사태를 민주적으로 수습해야 할 이정희 통합진보당 대표는 정당이 투명해지면 대중정당이 되느냐고 물었다. 하지만 이 대표의 말은 그 자체로 반민주적인 것이다. 설사 대중정당이 아니더라도 민주사회의 모든 정당은 투명해야 한다. 현대사회에서 민주성의 가장 근본적인 본질은 바로 공개성에 있다. 미셸 푸코는 이 점을 유명한 원형감옥, 판옵티콘의 예를 통해 분명히 보여 준다. 푸코는 근대사회의 정치체제가 민주사회이든 전체주의사회이든 기본적으로 구성된 방식은 가운데 감시탑을 두고 있는 판옵티콘과 동일하다고 말한다. 이 두 정체가 서로 구별되는 차이가 있다면, 그것은 감시탑 안에 들어가 볼 수 있느냐의 여부다. 푸코의 설명에서도 쉽게 알 수 있듯 공개성은 민주주의의 본질이다. 민주주의에서 정당은 절차에서건 내용에서건 투명해야 한다.

이 투명성과 관련하여 정당이 내세우는 대표자들의 정치적 성향 역시 시민에게 명백하게 공개돼야 한다. 이 부분은 사상검열과는 전혀 차원이 다르다. 일반 개인은 누구나 양심의 자유에 따라 자신이 지니고 있는 신념을 지키고 믿을 권리가 있다. 그러나 일반인과 달리 시민이 선택하는 선출직으로서 대표자는 자신이 지닌 정치적 지향점이 무엇인지 분명하게 시민에게 밝힐 의무가 있다. 대표자가 밝히는 이런 정치적 지향점이야말로 시민의 선택에서 중요한 부분을 차지하기 때문이다. 하지만 이 통합진보당 내 부정선거 문제가 제기된 내내 구당권파는 자신들이 내세운 대표자들의 정치적 성향을 지속적으로 모호하게 표현하며 둘러댔다. 이런 부분에 구당권파들은 투명하지도 솔직하지도 않았으며 그 어떤 명확한 입장도 취하지도 않았다.

민주적 절차성의 상실

민주적 관점에서 통합진보당이 내보인 또 다른 상실은 절차성이었다. 이 사태를 통해 구당권파의 숨겨진 실세로 밝혀진 이석기 현 국회의원은 당내 부정선거를 두고 어떤 나라의 선거도 100% 완벽하지 않다고 했다. 이석기 의원의 발언은 그 자체로 모든 이들을 의아하게 만들었다. 흔히 절차적 민주주의의 약점을 비판하지만, 민주주의에서 절차가 의미가 있는 것은 그 자체로 민주적 내용을 담보하기 때문이다. 예를 들어 온전한 절차를 밟지 않은 의사결정은 날치기가 되어 정치적 비판을 넘어 도덕적 비난의 대상이 되고, 올바른 절차를 밟지 않은 선거는 법적으로도 무효가 된다. 당시 구당권파는 당내 폭력사태가 사회적 비난의 중심에 서게 되자 폭력사태의 원인으로 심상정 의원이 자신들에게 충분한 발언 기회를 주지 않았다는 점을 지적했다. 결국 절차의 문제였다.

의사발언 기회의 공정한 분배 문제에 이성을 잃고 폭력을 행사할 정도에 이르렀던 장본인들이, 선거과정의 부정과 부실에 그토록 관대했던 것은 상식이 있는 사람들이라면 누구도 이해 못할 어불성설이었다. 당시 비당권파들은 이런 절차의 문제가 잘못된 부분을 짚었던 것이다. 이런 절차들이 잘못된 부분을 잘 짚어 절차를 하나씩 견고하게 만들 때 우리는 제도화가 잘되었다고 말한다.

우리가 이러한 절차의 잘못된 점을 찾아 원칙에 따라 교정하고, 때로 필요에 따라 합당하게 처벌하고, 그 오류를 온전히 기록하는 일은 단순히 현재의 일을 판단하고 처리하기 위해서만은 아니다. 현재의 실수는 언제나 미래에 우리가 어떤 일을 하지 말아야 하는지 명확한 지침을 준다. 우리가 오늘 저지른 실수를 관대히 넘어갈 때 오늘의 실수를 진실로 반성하지 않을 수 있으며, 미래에 똑같은 실수를 반복하거나 더 큰 실수를 저지를 수도 있다. 이것이 우리가 기억하고 싶지 않은 일도 기억하는 이유다. 이런 점에서 조그만 잘못이라도 찾아 끊임없이 교정하고 수정하는 작업은 제도화 과정의 일부이자 미래에 일어날지 모를 동일한 과오를 방지하는 역할을 한다. 그래서 모든 절차가 100% 완벽할 수 없을지 몰라도 100%를 목표로 해야 하며, 드러난 모든 실수는 인정하고 교정해야 하는 것이다.

비폭력의 상실

또 하나 구당권파가 상실했던 것은 '비폭력'이라는 민주적 가치였다. 잘 제도화된 민주주의가 절대 같이 갈 수 없는 요소가 무엇이냐고 묻는다면 그것은 폭력이다. 실제 정치적 폭력에 가담한 사람들이나 집단의 반응을 보면, 자신들이 연루된 폭력을 정당화하는 전형적인 두

방식을 볼 수 있다.* 첫째, 폭력이나 물리력의 행사가 불가피했다는 것이다. 이들은 올바른 일을 하기 위해 어쩔 수 없었다고 변명한다. 폭력이 정의의 논리와 결합할 때, 그 폭력을 행사하는 이들은 오로지 자신들이 옳은 일을 하고 있으며, 옳은 일을 위해선 어쩔 수 없이 폭력을 써야 하는 상황이며, 자신들이 그러한 상황에 처해 있다고 믿는다. 폭력을 정당화하는 두번째 방식은 선과 악을 명확히 구분하며, 자신이 속한 집단의 잘못은 없거나 미미하며 모든 잘못은 외부 요인이나 세력 때문에 일어났다고 주장하는 것이다. 우리는 선하지만 우리와 맞서는 이들이 악의 존재이며, 이 모든 폭력이 사악한 외부인 때문에 일어났다는 변명이다.

구당권파는 폭력의 원인을 심상정 의원이 자신들에게 공정한 의사발언 기회를 주지 않았기 때문이라고 일관되게 주장했다. 그러나 폭력이 일어난 당시 회의를 지켜본 대부분의 객관적 증언과 증거자료를 보면 당권파의 조직적 방해로 정상적인 회의를 할 수 없는 지경이었다. 실제 모든 동영상이 당시의 모습을 그대로 전하고 있다. 그럼에도 구당권파는 끊임없이 폭력은 나쁜 것이지만, 그 원인은 자신들이 아닌 외부에 있다는 모양새를 취했고 끝내 공개적인 사과를 사실상 거부했다.

---

* Gyanendra Pandey, *Remembering Partition: Violence, Nationalism and History in India*, Cambridge UP, 2001.

필자는 폭력이 일어났던 당시의 생생한 동영상과 구당권파의 주장을 번갈아 보면서 주디스 버틀러의 로드니 킹 사건에 대한 글을 떠올렸다.** 1991년 로스앤젤레스에서 경찰관들이 로드니 킹이라는 흑인을 집단적으로 무자비하게 구타한 사건이 일어났다. 그리고 이 장면이 텔레비전을 통해 여과 없이 보도되며 전세계적인 주목을 끌었다. 당시 백인들로 이뤄진 배심원단은, 경찰이 내려치는 곤봉을 막기 위해 로드니 킹이 본능적으로 손을 들어 머리를 감싸는 장면을 지적하며 여전히 킹이 경찰을 공격할 수 있는 여지가 남아 있었기 때문에 경찰이 어쩔 수 없이 자기방어를 위해 계속 내려칠 수밖에 없었다는 변호인단의 말을 받아들여 무죄를 선고했다. 버틀러는 이 판결을 두고 지금껏 과학의 가장 객관적 근거로 믿어 왔던 '가시성'(visibility)에 의문을 제기했다. 그리고 한 인간에 대한 무자비한 집단 공격이 경찰의 자기방어를 위한 불가피한 행위로 해석될 수 있다면, 그것도 그 장면을 눈으로 직접 확인하며 그렇게 해석할 수 있다면, 이제 본다는 것은 더 이상 객관적 사실 판단의 잣대가 아니라고 단언했다.

버틀러는 소수 흑인남자들의 검은 몸에 대한 다수 백인들 사이

** Judith Butler, "Endangered/Endangering: Schematic Racism and White Paranoia", in *Reading Rodney King/Reading Urban Uprising*, Routledge, 1993. 주디스 버틀러(Judith Butler)는 버클리대학교 비교문학과 교수이며, 후기구조주의 및 여성주의를 연구하는 미국 태생 (정치)철학자다. 현재 유럽대학원(European Graduate School)에서 '한나 아렌트 철학교수'로 재직 중이기도 하다.

에 공유된 공포야말로 배심원들이 이 폭력을 주관적으로 해석하게끔 만들었다고 지적한다. 아준 아파두라이는 왜 다수자들이 소수자들을 두려워하는지 분석하면서, 다수자들이 소수자들이 되기 싫어하는 이유가 자신들이 다수로서 소수를 어떻게 억압하고 있는지 스스로 잘 알고 있기 때문이며 그런 입장에 처하는 것을 두려워하기 때문이라고 말한다.* 이런 아파두라이의 주장과 함께 버틀러의 해석을 받아들인다면, 구당권파가 자신들이 행사했던 폭력을 TV 화면을 통해 확인하면서도 그 원인을 외부로 돌렸던 이유는 자신들이 다수자로서 쥐고 있던 당내 권력을 상실하는 것에 대한 공포 때문이었다고 할 수 있을 것이다. 구당권파의 아이러니는 자신들이 사회적 소수자로서 거부하던 다수자의 폭력적 억압방식을, 자신들이 당내 다수자로서 당내 소수자들을 제압하는 데 그대로 사용했다는 데 있다. 구당권파는 누구든 다수자가 될 때 자신의 이익에 반하는 소수자들을 향해 억압적인 세력으로 변할 수 있음을 보여 주었다. 게다가 구당권파가 당내 소수자들을 향해 행사한 폭력은 진보가 정당 내부에서조차 폭력의 고리를 끊지 못하는 후진적 세력이라는 잘못된 인상과 편견만 일반 시민들에게 남겨 놓았다.

---

* Arjun Appadurai, *Fear of Small Numbers: An Essay on the Geography of Anger*, Duke UP, 2006. 아파두라이(Arjun Appadurai)는 사회문화 인류학자로서 시카고대학교, 뉴스쿨에서 교수를 지냈으며, 현재 뉴욕대학교에 재직 중이다.

다른 목소리의 상실

이 사태를 통해 진보로서 통합진보당의 구당권파가 보인 또 하나의 상실은 '당내 다른 목소리의 존재'였다. 이 사태가 진행되는 동안 불행히도 평범한 시민들이 제대로 확인할 수 있는 구당권파의 모습은 언론에 노출된, 지도부에 있는 제한된 이들뿐이었다. 하지만 이 지도부에선 자유로운 사회가 가장 중요시하는 민주적 가치인 '다른 목소리'의 존재를 전혀 찾아볼 수 없었다.

집단 속의 개인은 저마다 다른 존재이고, 정치집단에서 개인은 자기만의 다른 견해로 구별된다. 그러나 언론에 노출된 이정희, 이석기, 김미희, 김재연, 이상규와 같은 지도부의 발언은 하나같이 똑같았다. "부정선거는 없었다", "사태해결은 당원총투표로 해야 한다", "비상대책위원회를 인정할 수 없다", "폭력사태는 잘못되었지만 그 원인 제공은 심상정 대표의 비민주적 처사 때문이다", "일반 국민의사보다는 우리 당원이 더 중요하다". 다른 관련 지도부의 의견도 마찬가지였다. 서로 다른 각각의 개별 지도자들이 어떻게 이토록 똑같은 입장을 지니고 똑같은 말을 되풀이할 수 있는지 조금 의아할 정도였다. 사실 '당파 이익 지키기'라는 말로도 설명이 안 될 만큼 이들 지도부의 말은 한결같았다. 특히 이들 발언에서 인상적이었던 부분은 자파의 당원 동지에 대해 묻어나는 뜨거운 애정이었다.

이 뜨거운 애정은 평범한 동료애로는 도저히 설명할 수 없을 만큼 깊고도 강해 보였다. 사회적 소수자로서 어려운 시간을 함께 건너

왔기에 우리는 서로 배신하지 않는다는 서로간의 강력한 결속력이 한눈에 보였다. 이렇게 표현해도 좋다면, 이들은 서로 사랑에 빠져 있는 듯했다. 철학자 강신주 선생은 진보의 가치가 '사랑'(love)이라 말한 적이 있다. 구당권파 내 구성원 간의 깊고 넓은 감성적인 유대는 서로를 뜨겁게 지키고 사랑하는 한 집단을 만들어 낸 듯 보였다. 이 사람들이 하나의 공적 집단만 아니라면 부러운 결속력이고 뜨거운 애정이었다.

그렇지만 『인간의 조건』(The Human Condition)에서 한나 아렌트는 강신주 선생과는 달리 사랑은 정치의 기반이 될 수 없다고 말한다. 그 이유로 사랑에 빠진 사람은 눈이 가려진다는 점을 든다. 이 눈 멂은 사랑하는 사람들 사이에 서로를 인정하고 객관적으로 바라볼 수 있는 거리를 없애 버린다. 누구나 알고 있듯, 깊은 사랑에 빠진 연인들은 서로의 자아를 지우고 상대방에게 몰입한다. 이렇듯 사랑은 나를 지울 뿐만 아니라 때로는 상대방에게도 자아를 지우라고 요구한다. 흔히 많은 연인들이 꿈꾸는 사랑이 바로 상대방이 자아를 지우고 '나'에게 몰입하는 것인데, 이런 사랑에 빠져 버린 연인들에게 상대방의 실수는 그저 사소한 일일 뿐이다. 사랑하는 사람의 과오는 그렇지 않은 사람들의 과오보다 작아 보인다. 그렇기에 사랑은 관계를 맺는 사람들 간에 객관적인 거리가 필요한 정치에선 적절한 기반이 될 수 없다.

이런 점에서 구당권파는 정치세력으로 객관적으로 자신을 바라보지 못하고 있었고, 모두가 앵무새처럼 똑같은 목소리를 내고 있었다. 이는 개별성이란 인간 존재의 근원 자체의 상실을 의미하는 것으로, 가장 인간적인 가치인 사랑이 그 개별성을 지우는 원인이었다는 점은 정치에 임하는 사람이라면 오래도록 생각해 볼 만한 일이다. 단 한 사람도 같은 사안을 두고 다른 목소리와 입장을 내지 못하는 진보. 그렇다면 극단적으로 '진보와 다른 목소리를 허용하지 않는 독재의 본질적 차이는 무엇일까?' 누군가 이렇게 되물을 수 있지 않을까?

운동과 정치 사이

진보의 기본적 자세가 민주적 원칙을 존중하는 것임을 수긍한다면, 통합진보당 사태 당시 구당권파들이 보여 준 행위 및 신념은 민주적 원칙들과 전혀 양립할 수 없는 것이었다. 그런데도 당시 구당권파는 자신들의 행위만이 올바르며 심지어 정의롭다고 믿는 듯 행동했다. 그러나 정의는 혼자만의 신념으로 실현할 수 있는 것이 아니다. 정의는 폭넓은 타자가 공감할 때 가능하다. 억울한 점이 있더라도 문제를 절차적으로 해결하는 것이 훨씬 더 바람직했다. 당시 이슈가 당내 비례대표 선출의 절차성에 있었던 만큼 또 다시 민주적 절차를 극단적으로 팽개치는 폭력의 행사는 사태를 나락으로 떨어뜨리는 행위였다. 공공정당으로서 이런 기본적인 문제조차 민주적 절차에 따라 해결하지 못하는 모습에 많은 사람이 좌절과 울분을 토했을 때조차, 구당권파는 진보정치의 미래를 내다보기보다는 자신들이 쥐고 있던 당권을 결사적으로 지켜 내기에 급급한 집단으로 비쳐졌다.

　민주적 절차가 무시되며 이 사태가 당 지도부의 정치적 책임의 문제로 번져났을 때, 구당권파를 대변했던 이정희 전 대표는 노무현 전 대통령의 사례까지 들어 가며 무죄추정의 원칙을 주장했다. 하지만 정치적 책임은 법적 책임과는 달리 무슨 죄를 지어서 지는 게 아니다. 예를 들어, 1992년 후기대 입시문제지 도난 사건으로 당시 좋은 평가를 받고 있던 교육부 장관이 뜻하지 않게 사임한 일이 있었다. 교육부 장관의 사임은 명백한 절차상의 오류와 관리에 대한 책임 때문이지 유출자 개인이 저지른 범죄에 가담해서 그런 것이 아니었다. 조직의 수장으로서 조직의 부실로 인해 빚어진 일에 대해 책임을 진 행위였던 것이다. 통합진보당 부정선거가 드러났을 때도, 이정희 전 대표에게만 사퇴하라고 한 게 아니라 당 공동대표 전원이 책임지고 물러나자고 한 것이었고 계파를 가리지 않고 부정선거 의혹과 연루된 비례대표 전원이 사퇴하자고 한 것이었다. 이정희 전 대표는 절차상의 오류가 확인되지 않았다고 주장하면서도 미디어 인터뷰에서는 "국민에게 잘못되었다"라고 말했는데, '정치인 이정희'가 책임지는 부분은 바로 "국민에게 잘못되었다"라고 스스로 말하는 바로 그 부분이었다. 한편 노무현 전 대통령 사례와 이 사태를 동일하게 본 것은 평소 이정희 대표가 보였던 탁월한 논리를 고려해 본다면 참으로 의아한 일이었다. 노 전 대통령은 검찰의 수사를 받았고, 검찰이 법이 그어 놓은 여러 사안을 위반하며 여기저기 흘린 정보에 언론이 동조하며 일어난 일이었다. 반면, 통합진보당은 당내 구성원 모두가 동의한 자체 조사단의 보고서를 받고 벌어진 일이었다. 다시 말해 노 전 대통령 사태는 명확한 법의 틀 내에서 진행되던 사안에 대해 검찰과 언론이 법을 위반하며 일어난 사건이었던 반면, 통합진보당 사태는 처벌이라는 법의 테두리 안에 명확히 들어가 있는 사안이 아니었다. 예를 들어 통합진보당 당내 선거과정의 절차적 문제로 누구를 법적으로 처벌해야 한다는 주장은 전혀 나오지 않았었다. 법과 정치는 다르다. 법은 지은 죄에 대한 책임을 지는 것이지만 정치는 죄가 아니더라도 절차와 행동이 심각하게 잘못되었다면 책임을 져야 한다. 설사 이정희 대표의 말대로 부정이 아니라 부실이었대도 마찬가지다. 정치는 부실에 대해서도 책임을 져야 하는 것이다.

　이정희 대표가 드러낸 정치적 책임과 법적 책임의 혼동처럼, 제도권 진보정치가 자주 드러내는 인식의 오류는 운동과 정치를 동일시하는 경향이다. 근본적으로 정치는 운동과 다르다. 운동은 정치 및 사회 변화 그 자체가 지향점이지만, 정치는 어떤 방식으로든 관리와 변화가 동시에 진행되어야 한다. 좀더 근본적으로 운동은 신념을 같이하는 사람들끼리 할 수 있는 일이지만, 정치는 운동보다 좀더 큰 틀이 필요하고 신념이 다른 사람들도 함께해야 한다. 특히 통합진보당과 같이, 서로 입장이 다른 세 개의 분파, 구민주노동당, 국민참여당, 진보신당 탈당파(새진보통합연대) 세력이 연합한 경우라면 더더욱 그러했다. 하지만 이 사태 내내 통합진보당의 구당권파가 보여 준 행태는 오직 자신들과 똑같은 신념을 공유한 사람들끼리의 운동권식 정치를 하고 있다는 비판을 피할 길이 없었다.

　이런 신념이 다른 집단 사이에서 신뢰는 필수적이다. 실제 이정희 대표는 몇 차례나 통합진보당 내 신뢰를 강조하는 발언을 했다. 이 신뢰문제와 관련하여 구당권파 역시 할 말이 많을지도 모른다. 그러나 마하트마 간디는 갈등하는 다수와 소수가 있다면 신뢰를 먼저 주어야 하는 쪽은 다수라고 말했다. 소수자에게 신뢰까지 먼저 내놓으라는 것은 그 자체로 어불성설이기 때문이다. 간디는 신뢰를 보여 주는 가장 근본적인 행위를 자기희생이라 보았다. 자신이 지닌 것을 먼저 내려놓을 때 상대방에게 신뢰를 보여 줄 수 있다는 의미다. 당시 통합진보당 내 다수는 구당권파였다. 간디의 논리대로라면, 신뢰를 형성해야 했던 주체도, 조금은 억울해도 사태에 대해 더 큰 책임을 져야 하는 주체도 일단은 구당권파였다.

　운동은 자신들이 지향하는 변화를 관철시키는 것이 최대의 미덕이겠지만, 정치의 미덕은 그보다는 좀더 어려운, 자신들이 지향하는 변화를 최대한 많은 구성원들의 동의를 얻어 내며 실현하는 것이다. 통합진보당 사태는 운동의 차원을 벗어나지 못한, 정치를 하기에는 미성숙한 제도권 진보의 모습을 고스란히 보여 주었다. 이 사태가 진보의 민주성에 의문을 제기함으로써 진보의 정체성뿐만 아니라 일반 시민들이 진보에 품고 있던 기본적 신뢰마저 무너뜨렸음은 변명할 여지가 없다. 더 나아가 이런 진보의 상실이 18대 대선의 결과에까지 영향을 주었다는 사실 역시 누구도 거부하진 않을 것이다. 진보의 미래를 걱정하는 모든 이들은 앞으로 닥쳐올 정치적 과제들을 민주적 절차를 통해 꾸준히 해결하는 자세를 취함으로써 진보가 민주적 원칙과 자세를 담보하고 있음을 가시적으로 보여 줄 수 있어야 할 것이다. 이런 자세는 제도권 진보가 운동에서 정치로 도약하는 데도 큰 도움이 되리라 생각한다.

오늘 우리 사회의 진보는 누구인가?

통합진보당이 총체적으로 민주주의의 상실을 내보이며 진보가 급격히 와해되는 현상을 보였을 때, 여러 매체를 통해 진보의 재구성 문제가 제기되었다(두번째 에세이에서 밝혔듯이 당시에 필자도 『프레시안』을 통해 이 문제를 제기했었다). 진보를 장기적인 관점에서 생각하며 재구성해 보자는 발상이었다. 필자의 입장에서 이런 진보의 재구성을 위해 가장 먼저 시작해야 할 일은 '진보의 정체성 찾기'라고 본다. 애초부터 무엇이 진보의 정체성을 구성하는지도 모르면서 진보의 미래를 구상하려 한다면 그 작업은 조금 난감한 일이 될 것이다. 그렇다면 무엇이 진보이고 누가 진보일까? 필자가 이 문제를 제기하는 것은 필자가 이 말에 답할 능력이 있어서가 아니라 진보의 정체성에 대한 최소한의 합의를 위한 공적 담론의 필요성 때문이다. 푸코가 역설하듯 민주주의의 경계는 언제나 변한다. 그리고 변하는 민주주의의 경계에 서 있는 정치적 존재는 그 경계의 변화를 따라 자신의 정체성을 꾸준히 새롭게 규정해 나갈 필요가 있다. 군사독재에 대한 저항에서부터 시작된 우리 사회 진보는 우리 민주주의 자체의 경계 변화로 인해 조금은 모호한 정체성을 지니고 있었던 것이 사실이다. 이제 진보진영 자체 내부의 지형이 변화하는 상황에서 진보의 정체성을 다시 한 번 살피는 일은 한층 더 의미가 있을 것이다.

진보주의는 자유주의 좌파인가?

그렇다면, 우리 사회에서 진보는 과연 어떻게 정의할 수 있을까? 이와 관련하여 조국 교수는, 『진보집권플랜』에서 "진보는 여러 가지 방식으로 정의할 수 있을 것입니다. 아주 거칠게 정의하자면, 남북문제에서는 군축, 평화공존, 평화통일을 지향하고, 경제에서는 자유지상주의, 시장만능주의가 아니라 자본주의의 모순을 직시하면서 시장에서 패자를 아우르는 정책을 추구하고, 양심, 사상의 자유와 표현의 자유를 위시한 각종 정치적 기본권의 확대, 강화를 지지하는 것이 진보입니다. 계급적으로 보면 진보는 강자나 부자의 편이 아니라 약자나 빈자의 편입니다. 특권을 가진 엘리트의 편이 아니라 보통 사람의 편입니다"라고 말한다.

그러나 이런 정의는 너무 모호하다. 필자는 지난 10년 동안 자유주의자로서 몇 권의 책을 쓰는 동안, '각 구성원의 평등한 정치권의 보장과 공동체 전체 구성원의 기본적 삶을 확고히 보장하는 사회적 자원의 분배'라는 자유주의의 기본 발상 아래 남북문제, 시장, 정치적 자유, 사회안전망 구축과 관련해 조국 교수가 규정하는 진보의 정체성의 내용과 거의 유사한 주장을 펼쳐 왔다. 그런데 필자는 스스로를 진보라고 규정해 본 적이 없다. 실제로도 많은 진보주의자들이 자유주의와 거리를 둔다. 필자의 지식 내에서 볼 때, 조국 교수의 진보 규정은 자유주의 좌파의 틀을 결코 넘어서지 않는다. 필자 역시 존경하는 선배 학자에게 이런 말을 던지는 것이 조심스럽지만, 적어도 자유주의자의 눈에 비친 조국 교수의 진보는 자유주의의 일부며 그 틀에서 한 발짝도 나가지 못했다고 말할 수 있다.

아쉽게도 너무나 자유주의적인 사상과 입장을 지니고서도 자유주의를 비판하며 스스로를 진보라고 부르고 심지어 좌파라고까지 규정하는 사람들을 자주 볼 수 있다. 만약 이런 진보주의자들이 자유주의와 거리를 두면서도 조국 교수의 입장을 진보라고 받아들일 수 있다면, 그것은 그 자체로 자기모순일 뿐만 아니라 근본적으로 진보의 정체성에 대한 진지한 고민이 결여되어 있음을 보여 주는 증거라고 생각한다.

진보는 도덕주의인가?

한편 우리 진보진영 내에는 도덕주의자들을 진보라고 생각하는 경우도 있다. 좀더 직접적으로 말하자면 진보는 도덕적이어야 한다고 믿고 실제 많은 진보주의자들이 도덕성에 집착한다. 완전히 분리되어 있다고 볼 수는 없지만 정치적 원칙에 대한 고수는 도덕적 원칙에 대한 고수와 다른 문제다. 실제 마키아벨리는 정치와 도덕이 서로 다른 것임을 강조하며 근대정치의 시작을 알렸다. 그럼에도 기득권 보수진영에 만연해 있는 부패의 문제 때문인지 도덕성은 진보진영에서 큰 문제다. 이런 도덕에 대한 집착이 심지어 진보운동을 하는 사람들은 배가 고파야 한다는 암묵적 신념으로까지 이어지는 이해할 수 없는 일도 자주 보이곤 본다. 다 함께 더 나은 삶을 누리자고 진보운동을 하는 것이라면, 왜 함께 굶주리는 것이 진보의 도덕적 신념이 되어야 하는 것일까? 이런 의지로만 진보운동을 하는 시대는 지났다. 진보활동을 해서 여유 있는 삶을 누릴 수 있어야 진보의 정치가 더욱 확장될 수 있다. "자본주의 아래 부유하게 사느니 사회주의 아래 가난하게 사는 것이 낫다"는 모택동을 향해 "빈곤은 사회주의가 아니다"라고 반박했던 등소평의 주장을 심각하게 고려해 보아야 한다.

원칙적 차원에서 보자면 도덕은 진보를 규정할 수 있는 요소가 아니다. 필자가 아는 한 도덕은 보수와 진보를 구별하는 근본적인 기준이 될 수가 없다. 부도덕해서 보수나 우파가 되는 것은 아니다. 보수와 우파에도 도덕적인 사람들은 있다. 그렇다면 이런 사람들은 진보인가? 현실적으로 보자면, 도덕성으로 진보를 규정할수록 정치세계에서 진보가 져야 하는 부담만 늘어날 뿐이다. 도덕적 부패는 진보든 아니든 견제되지 않는 모든 정치세력 내에서 암적 존재처럼 자라난다. 통합진보당 내 확고한 견제세력이 없던 일부 구당권파들의 행태가 이를 증명한다. 이 말은 진보가 도덕성에 관심을 두지 말아야 한다는 뜻이 아니라 도덕성이 진보의 독특한 정체성을 규정하는 핵심요소도 아닐뿐더러 그럴 필요도 없다는 뜻이다.

주체사상이 진보일 수 있는가?

우리 사회에서 진보를 논하며 가장 혼란스런 부분은 '민주적 원칙과 양립할 수 없는 시대착오적인 주체사상'을 여전히 진보의 일부로 볼 수 있는가의 문제다. '민주적 원칙과 양립할 수 없는 시대착오적인 주체사상'이라고 길게 풀어 표현하는 데는 이유가 있다. 언급했다시피 필자는 통합진보당 사태가 일어나고 『프레시안』과 『오마이뉴스』 등에 기고를 했다. 두 기고문에서 주체사상을 믿는 이들이 왜 민주주의자 혹은 진보일 수 없는지에 대해 강조하다 보니 '종북세력'이라는 용어를 불가피하게 썼다. 이 용어를 쓰면서도 맘 한 구석이 불편했다(이런 불편한 마음을 『한겨레』에 기고한 글에서 표현하기도 했다). 당시의 상황에서 종북세력이라는 말은 '구당권파'나 '자주파' 모두를 의미하는 것이나 다름없었기 때문이다. 하지만 당권파에도 비자주파가 있을 수 있고, 자주파 내에도 주체사상과 거리를 두는 비주사파가 존재한다. 더 맘을 불편하게 한 건 이런 집단의 차이뿐만이 아니었다. 이 집단 안에는 필자와 같은 자유주의자들이 가장 소중히 여기는 개인들이 있다. 그리고 이 집단 안팎의 개인들 중엔 한때 주체사상을 믿었으나 이제는 확고하게 거리를 두거나 비판적인 사람들도 있을 것이다. 그럼에도 통합진보당의 중앙위원회 폭력사태로 인해 절정에 다

다른 분노 앞에 그 개별적 존재들이 이 용어 하나에 아무런 구별 없이 모두 묶여들 수밖에 없다는 생각이 들었다. 자유주의자로서 이로 인해 관련된 개인이 받을 수 있는 상처를 심각하게 고려하지 않을 수 없었다. 그리고 무엇보다 이 용어가 반공주의 보수세력에 의해 남북 간의 평화를 주장하는 이들까지 싸잡아 왜곡할 단초를 제공할 수도 있다는 우려도 심각하게 들었다. 박원순 서울시장이 종북세력이라서 축출해야 한다는 정미홍 씨의 어처구니없는 트윗에서 볼 수 있듯 실제 기득권 보수세력은 이 용어를 악용해 남북화해를 주장하는 사람들을 매도하고 있다. 이런 현실을 고려해 오랜 고민 끝에 정체성이 각자 다른 개인들을 무작위로 지칭할 수 있는 '세력'이란 말을 배제하고 주체사상 그 자체를 비판의 대상으로 삼기 위해 '민주적 원칙과 양립할 수 없는 시대착오적인 주체사상'이라고 표현했다.

    이 문제와 관련하여 누군가는 사상의 자유를 문제 삼을 수도 있을 것이다. 당연히 사상의 자유는 주어져야 한다. 자유주의자로서 필자는 누군가가 이 사상을 믿는 것을 문제 삼지 않으며 믿는 행위 자체를 정치적으로 처벌해야 한다고 생각지도 않는다. 핵심은 정치의 일부로서 이 사상을 내세우고 싶다면 당당히 사회 전면에 내세워 시민들의 공감을 얻을 수 있어야 한다는 것이고, 한편으로는 이런 주체사상이 민주적 관점에서 진보의 한 축이 될 수 있는지를 명확하게 점검해야 한다는 것이다. 필자는 이 사상이 남북의 적대적 관계를 떠나 민주적 시민의 공감을 도저히 얻을 수 없는 사상이며, 이런 점을 진보가 솔직하게 인정하고 앞으로 재구성될 진보의 정체성에 그 여지를 남겨서는 결코 안 된다고 생각한다.

분단이라는 독특한 맥락에서 형성된 통일문제와 강제적 자본주의의 노동문제가 운동의 주제로 대립하고 얽히며 생겨난 이 문제는 풀기 어렵지만 짚고 넘어가야 할 사안이다. 무엇이 진보가 관심을 기울여야 할 주제가 되어야 하는가? 통일은 장기적으로 반드시 풀어 나가야 할 정치적 과제이지만, 불행하게도 더 이상 우리의 힘만으로 풀 수 있는 문제가 아니다. 미국, 러시아, 중국, 일본 등의 이해관계가 동시에 얽혀 있는 통일문제는, 이 분야의 전문가라면 누구나 더 이상 우리 힘만으로 해결할 수 있는 사안이 아니라는 데 여지없이 동의한다.

그러나 우리 사회에서 통일의 문제 자체가 진보의 정체성 규정을 어렵게 하는 요인은 아니다. 오히려 문제는 소수 진보 내부에 존재 해 온 주체사상에 대한 시대착오적 인식이다. 이정희 통합진보당 대표의 남편인 심재환 변호사는 CBS라디오 '김현정 뉴스쇼'와의 인터뷰에서 주체사상파를 진보의 일부인 양 언급했다. 현실만 놓고 본다면 이제 주체사상은 맑스-레닌주의의 한 분파로 보기에도 적절하지 않다. 주체사상은 이제 그냥 주체사상일 뿐이다. 어떤 사회주의나 공산주의 역사에도 존재하지 않는 봉건적 3대 세습을 이어 가고 있는 왜곡된 체제의 근간이 되는 사상을 옳다고 믿으며 스스로를 진보적 민주주의자라 규정할 수 있다면, 그것은 자기정체성에 대한 심각한 모순이며 분열이다. 우리는 진보의 정체성이 민주적 원칙과 양립할 수 있어야 한다는 점을 심각하게 고려해야 한다. 시민들에 의한 정치 지도자의 지속적 순환은 민주주의에서 핵심적 요소다. 상식적으로 이런 기본적 원칙조차 무시하는 사상이 진보의 한 축으로 지속적으로 자리를 잡고 영향력을 행사한다면 진보의 민주적 정체성을 파괴할 뿐만 아니라 장기적으로 있어야 할 진보 및 민주주의의 재구성에 아무런 도움도 되지 않을 것이다. 원칙적으로도 현실적으로도 바람직하지 않다는 뜻이다.

진보는 반신자유주의인가?

반신자유주의가 진보의 정체성이라는 주장은 한때 그리고 지금도 유행하고 있을 뿐만 아니라 그 영향력을 발휘하고 있는 진보의 정체성에 대한 규정이다. 이에 대해서는 이 책의 두번째 에세이인 「자유주의의 상실」에서 상세히 언급한 바 있다. 다시 한 번 상기해 본다면 이런 규정이 진보의 정체성을 계급 기반에서 '신자유주의에 반대한다'는 상당히 모호한 가치 기반으로 옮겨 놓는다는 점을 잊지 말아야 한다. 이런 식의 단일 가치를 전면에 내세워 기준으로 삼는 일은 개념적으로 오랫동안 다져져 온 진보 정체성의 확고한 기반인 계급을 흔들어 놓을 수도 있다. 17대 대통령 후보로서 진보진영과 연정까지 고려됐던 자본가 계급의 문국현 후보가 대표적인 예다. 문국현 후보를 두고 자신 있게 진보라고 규정할 수 있을까? 이런 방식의 규정은 진보의 외연을 확장하는 효과를 낳을 수 있지만 진보가 오랜 동안 강조해 왔던 계급 기반을 무너뜨릴 수 있다는 점에서 과연 올바른 규정인지는 심각하게 고려해 볼 필요가 있다.

현실적인 차원에서도 이런 가치에 근거를 둔 규정은 문제가 있다. 정치세력을 굳이 국내로만 한정시키지 않는다면, 지구상의 독재자들이나 테러리스트 집단도 '반신자유주의'를 전면에 내세우는 경우를 흔히 볼 수 있다. 핵심적 가치를 공유하고 있으니 이들도 국내 진보가 필요에 따라 국제적 연대를 모색할 수 있는 진보세력의 일부라고 할 수 있을까? 하나의 가치 아래 정치세력의 정체성을 규정하는 일은 가시적인 정치동원에 적절할지는 모르지만, 오히려 장기적 안목에서는 그 정치세력의 정체성 자체를 모호하게 만들어 버릴 수도 있다. 가치에 기반을 두고자 한다면 다양한 가치들을 다면적으로 고려하는 것이 바람직하다는 생각이다.

사민주의가 진보가 합의하는 정체성인가?

현재 우리 사회의 진보는 그 분파나 세력이 수없이 다르게 갈라져 있다. 흔히 사람들이 농담처럼 진보지식인들은 지향점의 분열로 망한다고 말한다. 실제 노동, 환경, 여성과 같이 진보지식인들이 세부적으로 지향하고 달성하려는 목적 자체가 다르고, 같은 목적을 두고도 달성하려는 방식 자체가 상이한 것도 사실이다. 하지만 이런 목적 자체를 이루기 위해 가장 근간이 되는 사회기본구조가 어떠해야 하는지에 대해서는 스스로 진보라 자처하는 세력이 최소한의 합의를 둘 수 있다고 생각한다. 그 최소한의 합의 내용이 무엇인지는 필자가 말할 수 있는 사항이 아니며 공적 담론을 통해 공유해야 할 내용일 것이다.

다만 현실을 살펴보면 많은 진보주의자들이 사회민주주의(사민주의)를 지향하는 듯 보인다. 필자가 지지하는 자유주의는 사민주의와는 근본적으로 다르다. 그러나 주디스 슈클라가 말하듯 '인간에게 행해지는 잔인한 짓을 혐오하는 사람들의 모임'을 자유주의자라 규정할 수 있다면, 사민주의자들은 자유주의자들의 폭넓은 지지를 받을 수 있다.* 정치적 권리의 평등에 차별을 두지 않고 인간다운 삶의 질을 함께 누리는 사회기본구조의 설립을 목표로 하여 사민주의가 진행된다면 많은 자유주의자들이 이에 동조할 것이다. 한 차례 언급했듯 필자의 눈에는 (필자를 포함하여) 조국 교수가 가장 대표적인 예다. 조국 교수를 지지하는 사람들이 많은 현실을 보면, 사민주의는 자유주의자들의 지지를 얻어 낼 확률이 높다. 이 경우 근본적으로 자유주의자들과 사민주의자들의 연대를 진보세력으로 볼 것인지, 아니면 진보세력으로서 사민주의자들이 자유주의자들과 연대하는 것인지는 사회적 담론을 통해 풀어 갈 사안이라 생각한다.

---

* 라트비아 태생의 슈클라(Judith Shklar, 1928~1992)는 한나 아렌트와 더불어 정치적 억압을 피해 미국으로 망명한 유태인 여성정치철학자로 유명하다. 하버드대학교 정치학과에서 처음으로 평생교수직을 받은 여성이었으며 이후 일생을 그곳에서 보냈다. 존 롤스, 마이클 왈저, 리처드 로티와 같은 당대 최고의 정치철학자 및 철학자들과 깊은 학문적 교류를 나누었으며 이들에게 많은 영향을 미쳤다고 알려져 있다.

변화와 공존의 틀을 제공하는 진보가 필요하다

필자에게 우리 진보가 누구인지, 누구여야 하는지에 대한 답은 없다. 진보주의자들의 근본적인 목표가 사민주의의 형성인 듯 보인다는 견해는 필자의 개인적 관찰에서 나온 소견일 뿐이다. 무엇보다 스스로를 진보라 규정하지 않는 자유주의자가 진보의 정체성이 무엇이라 말하는 것은 그 자체로 어불성설이다. 근본적으로 필자가 제기하는 바는 진보진영 내에 진보가 누구인가라는 이런 정체성의 공적 담론이 필요하며, 이런 담론을 통해 진보가 지향하는 구체적인 사회기본구조의 틀을 짜는 작업이 있어야 한다는 점이다. 이런 작업은 필자와 같은 자유주의자들이 진보와 연대할 수 있는지 가늠할 수 있는 중요한 나침반이 될 것이라 생각한다.

그동안 진보는 비판에만 익숙한 세력으로 인식되어 왔다. 물론 진보진영 내부에 진보의 틀을 형성하기 위해 노력해 온 많은 분들이 있다는 것은 인정한다(2012년 세상을 떠난 이재영 씨가 바로 그런 인물이다. 고인의 명복을 빈다). 그러나 대외적으로 이런 진보의 노력이 잘 알려져 있지 않은 것은 문제다. 필자는 개인적으로 진보와 보수를 구별하는 근본적인 차별점은 도덕성의 차이나 인간에 대한 사랑과 같은 가치들이 아니라 확고한 민주적 원칙과 정책이 되어야 한다고 생각한다. 특히 차별화된 정책을 통해 원칙을 담아 내는 일이 중요하다. 평범한 사람들이 가치를 일일이 찾아 구분하는 일은 어렵지만, 피부에 와 닿는 차별적인 정책은 상대적으로 동료구성원들을 설득하는 데 용이하기 때문이다.

　한편으로 통합진보당 사태는 진보가 집중해야 할 정치적 대상이 무엇 혹은 누구이어야 하는지에 대해 심각한 고민이 필요함을 시사한다. 통합진보당 사태는 근본적으로 계급정당의 기반이 부실한 상황에서 진보가 제도권 권력의 확장이라는 조금은 무리한 목표를 설정한 까닭에 일어난 사태였다. 그리고 구당권파의 비민주적 행태와 폭력은 이런 제도권 확장의 중심에 서려는 집착이 가장 극단적인 방식으로 드러난 결과였다.

　무엇보다 진보는 계급투표가 이뤄지지 않는 우리 현실을 직시할 필요가 있다. 예를 들어 18대 대선에서 노동자들의 도시인 울산의 득표율은 계급투표가 전혀 이뤄지지 않는 현실을 다시 한 번 여실히 드러냈다. 울산에서 박근혜 후보는 59.8%를 득표한 반면, 문재인 후보는 39.8%를 얻었다.* 무려 20%의 득표 차이로, 양 후보 간 전국득표율 차이인 3%보다 무려 17%가 높은 수치다. 이런 상황에서 계급을 바탕으로 하는 진보정당이 제도권에서 권력을 확장하는 데는 명백한 한계가 있다. 만약 계급투표를 늘려서 건강한 진보정당을 만들고자 한다면, 미래의 진보는 제도권 권력에 기울이는 노력만큼 시민들의 역량 강화에 중점을 두는 것이 더 바람직해 보인다. 성숙한 공중(the well-informed public)은 자신이 처한 사회적 위치를 스스로 인

---

* 「18대 대선이 보여 준 부울경 읍, 면, 동별 민심은」, 『국제신문』(2012.12.24).

식하기에 계급정당을 지지하고 계급투표를 할 가능성이 높기 때문이다. 그리고 누가 권력을 차지하더라도 그 권력을 시민들이 스스로 견제할 수 있는 능력을 갖추도록 시민사회 자체의 역량을 강화하는 데 진보도 노력을 아끼지 않았으면 한다. 어떤 이들은 위로부터 권력을 장악해야 사회구조가 급속히 바뀔 수 있다고 말할지도 모른다. 그러나 여야를 가리지 않는 한국정당의 보수적 기원과 그 보수적 성향이 지속되는 상황, 계급투표가 전혀 이루어지지 않는 현실에서 진보정당의 형성을 통해 권력을 잡는 일은 시민사회의 역량을 서서히 강화시켜 사회구조 자체를 전환시키는 것만큼이나 오랜 시간이 걸릴 듯 보인다. 오히려 로버트 퍼트남**이 강조하듯, 건강한 '사회적 자본'(social capital), 다시 말해 강한 시민사회가 좋은 정치를 만든다는 논리를 생각해 본다면 진보가 변화를 위해 집중해야 할 대상은 정당을 중심으로 한 제도권 권력 강화가 아니라 시민 자체의 역량 강화여야 한다는 것이 필자의 생각이다.

    진보에 대해 고민해 볼 때마다 항상 느끼는 것은 인식과 현실, 다시 말해 운동과 정치의 괴리다. 일상성을 벗어난 사회변혁을 위한 운동은 일상의 정치 자체와는 다르다. 변혁을 위한 운동은 같은 신념을

** 퍼트남(Robert Putnam, 1941~)은 하버드 정책 및 행정 대학원 케네디스쿨 교수로, 국제정치학에선 국제적 합의가 국내적 이익이 있을 때만 성공적으로 이루어진다는 투레벨 게임 이론(two-level game theory)으로, 비교정치분야에선 시민사회의 중요성을 강조하는 사회적 자본 개념으로 세계적인 명성을 얻었다.

공유한 이들이 펼치는 일종의 결집된 집단 활동이지만 일상의 정치는 다른 신념을 가진 이들과 함께 공적 현실을 지어야 하는 일이다. 민주화 이후 공통의 목적을 상실한 상태에서 사회변화를 위한 활동을 하나의 신념 아래 운동으로 지속시키는 일이 점점 힘들어지고 있다. 우리 사회 자체 내에서 일어나고 있는 신념의 분화뿐만 아니라 진보진영 내에서 더욱 활발한 신념의 분화는 이제 진보의 활동이 운동에서 정치로 옮겨 가야 할 때임을 명확하게 드러내고 있다. 필자는 정치세력으로서 제도권 진보진영의 실패가 변화를 위한 활동을 운동에서 정치로 옮겨 놓지 못한 데 있다고 본다. 운동으로서의 진보에 대한 인식과 정치의 일부로서의 진보의 현실 사이에 놓인 간격을 진보세력이 잘 메워 나갔으면 하는 바람이다. 그렇게 할 때 잃어버린 진보를 되찾을 수 있다고 믿기 때문이며, 결과적으로 우리 사회의 민주세력이 강건해지는 길이라고 믿기 때문이다. 그리고 그렇게 할 수 있다면 변화의 틀을 넘어 그 변화 속에서 서로 다른 입장을 지닌 개인들과 세력들이 한 정치공동체 내에서 공존할 수 있는 기본 틀을 제공할 수도 있을 것이다.

네번째 에세이
/
소통의 상실
신념의 사유화 속에 공적 소통을 잃다

> 현대의 젊은이들은 모두 자신의 가치관을 가지고 있지만 이를 놓고 서로 논쟁하는 일은 불가능하게 되었다. …… 개인이 선택한 인생은 존중받아야 한다는 상호존중의 원칙은, 단순히 이성이 어떠한 가치관이 더 낫다는 것을 판단해 줄 수 없다는 인식론적 능력의 한계를 반영한 것일 뿐만 아니라, 다른 사람들이 선택한 가치관에 대해서 이의를 제기해서는 안 된다는 도덕적 입장으로 굳혀졌다.
> ─찰스 테일러

내 신념일 뿐이다!

요즘 우리 사회에선 가치다원주의라는 말이 자연스럽게 쓰이고 있다. 필자의 기억이 정확하다면, 가치다원주의를 드러내는 데 효과적이었던 '나는 나'라는 표현이 쓰이기 시작한 것이 1990년대 중반쯤에 접어들면서부터였으니 20년도 채 되지 않는 시간 동안 참으로 많은 변화가 일어난 듯하다. 하지만 어떤 새로운 사회적·정치적 신념체계들이 한 사회에 자리 잡을 때 새로운 신념이 거의 극단적인 수준에서 이해되곤 하는 현상이 일어나곤 하는데, 우리 사회도 예외는 아니었다.

관련하여 필자의 개인적인 경험부터 시작해 보자. 포스트모더니즘이 수용되던 초기, 필자의 한 친구는 어느 날부터인가 삶에서 아무것도 책임질 수도, 책임질 필요도 없다는 이야기를 하기 시작했다. 책임의 윤리란 우리 전통이 강요하는 사회적 압박이기 때문에 이런 책임의 강요에 저항할 필요가 있다는 논리였다. 사실 가족적 삶을 벗어나면 책임윤리라는 것이 상대적으로 약한 관료주의 국가에서 이런 이야기를 들으니 조금 막연한 심정이었지만 어쨌든 그럴 수도 있을 거라는 생각이 들었다. 그런데 이 친구와 대화를 나누는 동안 가장 막연했던 점은 자신의 신념은 자신만의 것이니 그것이 바람직하든 아니든 상관하지 말라는 논조였다. '그렇다면 왜 나에게 자신의 신념을 털어 놓고 있는 것일까?'라는 생각이 들었다. 누구도 관여할 수 없는 각자의 가치가 있다는 것이 논조의 핵심이었는데 그 주장의 근거가 포스트모더니즘이었다. 포스트모더니즘이란 것이 근대성에 대한 비판이라고 할 때, 근대가 만들어 낸 가장 분열적인 강한 가치다원주의를 옹호하는 친구의 아이러니한 모습을 보면서 필자는 할 말을 잃을 수밖에 없었다. 친구의 논리가 강한 가치다원주의와 다른 점이 있다면, 이사야 벌린*으로 대표되는 강한 다원주의자들이 자신의 선택에 대한 스스로의 책임을 강조하는 반면, 이 친구는 자신이 선택한 신념에 대해서조차 책임질 필요가 없다는 태도였다는 점이다.

필자는 자유주의자로서 가치다원주의를 옹호한다. 자유주의자

---

* 이사야 벌린(Isaiah Berlin, 1909~1997)은 러시아 태생의 철학자이자 정치이론가로 정치적 억압과 반유대인주의를 피해 부모들이 영국으로 건너온 탓에 영국에서 성장했다. 강력한 다원주의 옹호자였으며 뛰어난 글쓰기와 탁월한 언변으로 작가로서는 물론 교수로서도 명성을 떨쳤다.

의 입장에서 볼 때, 우리 사회는 가치다원주의를 둘러싸고 두 가지 극단적으로 다른 단면을 드러내 보이고 있다. 예를 들어, 국론의 분열이나 사상검증이라는 말이 거침없이 사회를 지배하는 것을 보면, 가치다원주의가 정말 형성될 수 있을까라는 의구심을 지울 수가 없다. 하지만 어떤 공적 사안이 대두되었을 때 자신의 이해관계에 근거해 자신의 주장만을 내뱉고 타자의 주장에 전혀 귀 기울이지 않는 모습을 보면 정말 최악의 방식으로 가치다원주의가 확산되고 있다는 느낌 역시 지울 수 없다.

가치다원주의를 둘러싸고 이런 상반된 극단적 현상이 곳곳에서 목격되는 것을 보면 분명 우리 내부로 가치다원주의라는 새로운 신념이 유입되고 있는 것은 확실하며, 이런 새로운 사회적 신념과 우리 전통의 발상들이 조우하고 충돌하는 가운데 조금은 혼란스런 모습으로 나타나고 있는 것은 아닐까라는 생각이 든다. 한 사회에 새로운 사상이 유입될 때 대개의 경우 기존의 전통적인 사상 체계에 도전하여 전통을 해체하는 기능이 있다고 한다면, 이런 새로운 사상을 극단화된 방식으로 받아들인 필자 친구의 태도 역시 전통과의 갈등에서 빚어지는 자연스런 반응이었을지도 모른다.

이런 상황을 지켜보며 필자는 우리 사회에서 가치다원주의가 '신념의 사유화'라는 말로 요약될 수 있는 독특한 방식으로 일어나고 있다고 생각한다. 이 신념의 사유화에서 나타나는 첫번째 경향은, 서구사회에서처럼 아무도 나의 신념을 비판할 수 없다는 발상에 근거해 서로의 신념을 비판하지 않아야 한다는 발상이다. 두번째 경향은 첫번째 경향과는 아주 반대의 경우로, 타자의 신념을 비판할 때 오로지 나만이 가진 신념을 기준으로 사용하거나, 혹은 아무런 근거도 없이 내가 비판하고 싶으니까 한다는 식의 태도다. 디지털 네트워크를 통해 확산되고 있는 소통에 대한 뜨거운 욕구는 그 자체로 모순적인 '신념의 사유화' 경향의 역설적 반향일지도 모른다. 문제는 이런 경향들이 시민들 간에 소통의 상실을 낳고 있다는 점이다. 구체적으로 이런 소통의 상실이 한편으로는 정치로부터의 철회를, 다른 한편으로는 극단적인 분파주의를 만들어 내고 있다. 이 에세이에서는 이런 문제에 적절히 대응할 수 있는 방식을 찾기 위해 현재 서구사회가 겪었던 가치다원주의 경험을 돌아보고, 나아가 그들이 겪었던 시행착오를 통해 우리의 시행착오를 반성하고 어떻게 소통의 길을 열어야 하는지 생각해 보려 한다.

불안한 가치다원주의

흔히 가치다원주의와 자유주의를 서로 동일한 것처럼 여기곤 하지만 엄격하게 이론적 입장에서 보자면 가치다원주의와 자유주의는 서로 상이한 것이다. 가치다원주의는 자유주의보다 장기적 안목에서 안정적인 권위 및 권력에 대한 합의에 훨씬 부정적이라는 측면에서 매우 분열적인 요소를 포함하고 있다. 그럼에도 그 실천에 있어서는 근대 자유주의가 형성된 이래, 가치다원주의는 자유주의가 내세우고 보호하고자 하는 최고의 미덕으로 자리매김해 왔다. 자유주의에서 개인과 가치의 다원성의 매듭짓기는 매우 혁신적인 발상이었다. 자유주의 사회를 구성하는 가장 기본적인 단위인 자유롭고 평등한 개인들이 저마다 다른 가치관과 인생관을 가지고 정치공동체가 맞닥뜨리는 공적 사안에 대해 자신의 의견을 제시할 수 있다는 사실은, 자유주의를 자유주의 이전 사회와 구분시켜 주는 가장 명확한 특징이라고 할 수 있다. 정치적 자유주의의 밑그림을 그려 냈던 존 스튜어트 밀은 다양하고 보다 나은 견해에 귀를 기울이는 견해의 개방성을 강조했는데, 이런 개방적인 분위기 속에서 다양한 견해들을 공유할 때 한 사회가 보다 창조적이며 혁신적이 된다고 주장했다. 이런 보다 나은 견해에 대한 개방적 태도는 한편으로 개인들이 자유롭게 정보를 교환하고 보다 낫다고 판단되는 정보를 받아들일 수 있는 이성적인 공적 인간임을 의미했다. 하버마스의 표현을 빌리자면 이성을 서로를 이해하기 위해 쓸 줄 안다는 뜻이었다.

하지만 밀 이전 시대의 대다수 서구인들은 가치다원주의를 사회의 안정적 유지에 매우 위협적인 존재로 여겼다. 이런 불안이 가장 극명하게 드러나는 정치이론이 바로 홉스의 사회계약론이다. 홉스의 사회계약론은 사회의 구성이나 기원을 모든 사람의 동의에서 찾았다는 점에서 완전히 새로운 것이었다. 게다가 세상의 모든 이들이 공유할 수 있는 유일한 기반을 자기를 온전한 상태로 보존하려는 욕망으로 보고 이런 욕망으로부터 정치권력을 끌어내리고 했다는 점에서 강력한 설득력도 갖추고 있었다. 특히 이런 자기보호의 욕망이 이성의 논리와 상반되거나 갈등하는 것이 아니라는 홉스의 합리적인 주장은 그 설득력을 배가시켰다.

홉스의 사회계약론에서 가치다원주의에 대한 불안은 강력한 정치권위가 없는 자연상태에서 서로 극단적으로 갈등하는 인간의 모습을 그려 내는 대목에서 찾아볼 수 있다. 홉스는 이러한 갈등의 시작이, 상대방이 나와는 전혀 다른 도덕적 기준을 가지고 있을지 모른다는 불안 및 그로 인해 나타나는 타인에 대한 신뢰의 부재에서 온다는 것을 선명하게 그려 낸다.

그렇다면, 일정 방향으로 강제할 수 있는 강력한 정치권위가 없는 상태에 있는 사람들이 각자 다른 도덕적 기준을 지니고 산다는 건 구체적으로 어떤 상황을 말하는 것일까? 예를 들어, 철수와 영희가 함께 농사를 지어 곡식을 걷었다고 가정해 보자. 두 사람은 곡식을 나누는 과정에서 서로가 더 많은 노력을 기울였다고 주장하며 보다 많은 몫을 가지겠다고 격한 말다툼을 벌이다 끝내 타협을 보지 못한 채 다음날 다시 만나기로 한다. 그러나 철수는 영희가 말다툼에서 보였던 태도를 떠올리며 어쨌든 대화로 서로의 몫을 나누고 싶은 자신과는 달리 영희가 모든 몫을 차지하고 싶어 하는 것일지도 모르며 이를 위해 극단적인 짓을 할지도 모른다는 불안에 휩싸인다. 하여 철수는 자신이 모든 몫을 차지하기로 결심하고 자신이 먼저 영희를 해하기로 결심한다. 반면 말다툼은 심하게 했지만 다음날 만나 원만하게 타협을 볼 수 있을 것이라 믿었던 영희는 철수의 갑작스런 공격에 모든 몫을 빼앗기고 심지어 목숨까지 잃고 만다.

　이 예에서 보듯 권위를 지니고 객관적인 판단을 해줄 3자가 없는 상황에서 자기이익과 자기 자신의 보호를 개인 각자의 도덕적 기준에 따라 행하게 될 때 인간의 삶은 엄청난 혼란을 맞게 된다. 홉스는 객관적 정치권위가 없는 곳에서 이런 다양한 도덕적 기준이 빚어내는 혼란을 만인 대 만인의 전쟁상태로 인식했는데, 이런 전쟁의 상황에서 나를 가장 잘 방어하는 길은 내가 상대방을 먼저 공격하는 것이라고 주장한다. 그리고 이런 전쟁상태에선 정의 같은 것은 존재하지 않는다고 단언한다.

　홉스에서 드러나는, 타인이 자신과 같은 도덕적 기준에 따라 행동하리라는 확신의 부재는 바로 가치다원주의에 내포되어 있는 근본적인 불안을 잘 드러내 놓는다. 실제 근대도덕이론의 기초를 닦은 칸트 역시 자연상태에서 각자의 판단에 따라 살아가는 삶의 방식이 인간의 삶에 위협적인 요소라는 홉스의 생각을 어느 정도 공유하고 있었다. 어쩌면 칸트가 내세운 보편적 도덕의 중요성과 도덕적 명령에 대한 무조건적 복종은 이런 불안을 잠재우기 위한 것인지도 모르겠다. 이런 가치다원주의 속에서 확고한 도덕적 기준의 부재를 니체는 『차라투스트라는 이렇게 말했다』에서 다음과 같이 그려 낸다. '많은 덕이 존재한다는 것은 화려한 일이지만 동시에 가혹한 운명이다. 많은 사람들이 그들의 사막으로 갔지만, 여러 덕 사이에서 벌어지는 싸

움이 되고, 싸움터가 되는 것이 너무나도 힘에 부친 나머지 스스로 목숨을 끊지 않았던가!'

서로 다른 신념, 우리는 논쟁할 수 있는가

하지만 자유주의자들은 가치다원주의가 가지고 있는 긍정적인 측면을 더 높이 평가해 왔다. 가치다원주의가 내포하고 있는 잠재적 위험성을 알면서도 모든 개인들이 자신의 삶의 진로와 목적을 스스로 결정한다는 이상을 포기하지 않았다. 그리고 그 다양한 견해들이 질서가 유지되는 한도 내에서 교환되기만 한다면, 사회의 발전에 훨씬 더 긍정적인 영향을 미칠 것이라고 생각했다. 밀은 근대자유주의가 취했던 이런 다른 가치나 견해에 대한 관용과 적극적 수용의 자세를 분명하게 보여 준다. 밀은 "단지 한 사람만이 반대 의견을 갖고 있는 경우라 하더라도, 인류가 그 한 사람에게 말을 못하도록 하는 것이 부당한 것은, 그 한 사람이 권력을 장악하여 전 인류를 말 못하도록 하는 것과 조금도 다를 바 없다"고 단언하며, "우리들의 의견을 반박하여 그 반증을 제시할 수 있는 완전한 자유야말로 우리들이 활동의 목적을 달성하기 위해 우리들의 의견을 진리라고 가정케 하는 조건"이라고 주장한다.*

특히 밀은 "인간은 자기의 오류를 토론과 경험을 통해서 시정할 능력이 있다"고 주장한다. 이런 밀의 인간의 의사소통 능력에 대한 신뢰에는, 인간이 각자의 신념이나 가치를 공적 토론의 장에서 논의하고 그 과정에서 발견된 오류들을 스스로 수정할 수 있을 만큼 공적이며 이성적이라는 믿음이 내재되어 있다. 이런 의미에서 근대자유주의에서 가치다원주의는 개인들 간의 보다 원활한 의사소통을 촉진하는 원천이라 볼 수 있다.

그러나 시장의 급속한 발전 및 확대와 맞물려 진행된 현대자유주의에서 가치다원주의는 역설적으로 의사소통을 차단하는, 밀의 믿음과는 전혀 다른 현상을 낳고 있다. 시장경쟁에서의 승리가 개인의 삶에서 가장 훌륭한 미덕이 되어 버린 지금, 시장에서 승리한 자가 모든 것을 독식하는 구조 속에서 현대의 젊은이들은 공적 현실을 외면하고 사적 이익의 추구에 몰두하며 자기 것을 지켜 내는 데 삶의 열정을 쏟아 붓고 있다. 그리고 공적 소통에서 벗어난 자신의 모습을 왜곡된 가치다원주의로 방어하고 있다. 공동체주의 철학자 찰스 테일러는 "현대의 젊은이들은 모두 자신의 가치관을 가지고 있지만 이를 놓고 서로 논쟁하는 일은 불가능하게 되었다"고 말한다.** 테일러는 이런 소통의 상실을 개탄하며 다음과 같이 말한다. "개인이 선택한 인생은 존중받아야 한다는 상호존중의 원칙은, 단순히 이성이 어떠한 가치관이

---

* 이 에세이에서 인용하는 밀의 모든 글은 『자유론』에서 발췌했다.
** 캐나다 태생의 테일러(Charles Taylor, 1931~)는 알레스데어 매킨타이어, 마이클 왈저, 마이클 샌델 등과 함께 당대 최고의 공동체주의자로 여겨진다. 이 인용문은 찰스 테일러의 *The Ethics of Authenticity*(Harvard UP, 1992)에서 발췌했다. 『자아진실성의 윤리』라는 제목으로 번역서가 나와 있다.

더 낫다는 것을 판단해 줄 수 없다는 인식론적 능력의 한계를 반영한 것일 뿐만 아니라, 다른 사람들이 선택한 가치관에 대해서 이의를 제기해서는 안 된다는 도덕적 입장으로 굳혀졌다."

신념의 사유화와 정치분파주의

필자는 이런 다원주의가 빚어 내는 소통의 상실이, 자유주의가 물질적으로 보장하는 사적 재산권의 보장이 정신적 영역까지 확장된 탓이라고 생각한다. 소위 '지적 재산권'의 존재에서도 알 수 있듯이 시장의 자본주의는 정신의 부분까지 소유권의 영역을 확대해 왔다. 그러나 정신적 영역의 소유권이라는 부분은 대개의 경우 책과 음반 등과 같이 상품의 형태로 나타날 때 가능한 것이다. 그러나 자본주의와 결탁한 현대자유주의 사회에서 많은 이들은 이제 상품으로 표현할 수 없는 자신의 신념까지 일종의 재산처럼 여기고 있는 듯하다. 필자는 이를 '신념의 사유화'라 부르고자 한다.

20세기 중반 이후 급격히 진행된 시장의 발전과 사적 이익의 확산 속에서 아무런 장애물 없이 형성된 신념의 사유화는, 근대자유주의가 원래 의도했던 가치다원주의의 진정한 의미인 구성원들 간의 보다 활발한 의사소통이란 목표를 오히려 제거해 나가고 있다. 현대자유주의 사회에서 개인들은 자신의 신념만을 소중히 하는 데 급급한 나머지 타인들과의 소통을 단절한 채 침묵하거나 파편처럼 자신의 말만을 고독하게 떠들어 대고 있는 듯 보인다. 너무나 많은 말들이 난무하지만 타인에게로 그 말들이 전해지는 경우는 드물다. 신념을 사유화시킨 개인들에게 자신의 것이 아닌 타인의 신념은 더 이상 진지한 관심사가 아니다. 신념을 사유화시킨 이들은, 말하지 않고 듣지 않거나 일방적으로 비난하고 책임지려 들지 않는다.

이런 현상이 정치적으로 표출될 때 나타나는 현상이 바로 완고한 정치적 분파주의다. 정당부터 시민단체까지 우리 사회 대부분의 정치세력에 널리 퍼져 있는 현상이다. 오로지 자신이 속한 분파의 신념만이 옳다는 완고한 자세로 인해 다른 정치 분파의 목소리에는 전혀 귀를 기울이지 않는다. 이런 입장은 비협상적 태도, 비타협적 태도로 드러난다. 일상의 차원에서 정치적 분파주의는 인터넷 공간에서 쉽사리 찾아볼 수 있다. 자신이 지지하지 않는 정치인 혹은 정당, 정치단체가 있다면 상대방이 합리적인 이야기를 해도 일단 들으려 하지 않는다. 그들의 실수는 조롱의 대상이 되고 때로 받아들이기 어려울 만큼 가혹한 비난의 대상이 되곤 한다. 자신의 정치적 신념이 너무나 소중해 상대방의 신념을 원색적이고 공격적인 말들로 비난하곤 한다. 이들 정치세력 및 분파들 간의 신념의 분리는 마치 더 이상 넘어설 수 없는 장애물처럼 보인다. 공적 사안에 대한 합리적인 논의가 이런 분파주의로 인해 파괴되는 것을 흔히 볼 수 있다. 우리가 새로운 민주주의 가능성을 엿본 디지털 민주주의의 미래를 위해서도 이런 정치적 분파주의의 확산은 결코 바람직하지 않다. 이런 분파주의적 행위는 자신도 모르는 사이 공적인 신념을 사유화하고 그것에 대한 비판을 거부하는 것을 넘어 상대방이 지닌 신념을 비하하여 공적인 담론의 장을 깨는 가장 비상식적이고도 사적인 행위임을 잊지 말아야 한다.

신념의 사유화와 정치로부터의 철회

극심한 정치분파주의와 더불어 신념의 사유화가 낳는 가장 극단적인 현상은 정치로부터 철회이다. 다양한 신념이 공존해야 할 세계에서 상이한 신념들 간의 의사소통의 차단은 매우 위험한 것이다. 니체의 말처럼 '천 개의 덕'이 존재하는 한 그것은 반드시 충돌하게 마련이다. 이런 갈등을 해결하는 방식은 의외로 평화로운 의사소통 혹은 강제력에 의한 제한이라는 두 가지 선택으로 제한되어 있다. 그러나 누구도 나의 신념을 침범할 수 없다는 신념의 사유화는, 다양한 입장의 공유와 이해가 필수적인 정치로부터의 철회를 낳기 십상이다.

소통의 상실에서 빚어지는 정치로부터의 철회 현상은, 개인이 알고 있는 것과 개인이 모르고 있는 것을 연결하는 작업이 개인들을 공적인 존재로 만든다는 랑시에르의 주장을 역설적으로 증명한다. 우리가 알고 있는 것을 공유하고 그 속에서 우리가 모르는 것을 알고 배워갈 때 우리는 그 속에서 공유된 권력을 찾을 수 있고 나아가 정치적인 존재가 된다. 신념을 사유화한 사람들은 이를 지키기 위해 자신의 신념이 의심받을 수 있는 공간을 회피하거나 거기에서 도망치게 되는데, 이런 탈출이 정치로부터의 철회를 유발한다.

이런 정치로부터의 철회를 유발하는 또 다른 한 축은 시장의 지배다. 이미 언급했다시피 시장경쟁에서의 승리가 한 사회에서 최대의 미덕이 될 때, 그리고 승자가 모든 것을 차지하는 구조가 될 때 시장은 공적인 것조차 사적인 것으로 만들어 버리는 힘이 있다. 『서울과기대신문』은 「정치무관심, 20대의 뒤통수를 노리다」(2012.12.3)라는 기사에서 "실제로 요즘의 20대는 정치보다는 스펙 쌓기나 연애 등 비정치적 영역에 시간과 관심을 쏟으며 탈정치화되는 경향이 있다"며 청년세대의 정치적 무관심을 스스로 지적한다. 그리고 청년실업이나 비정규직 문제와 같은 공적 문제를 개인 차원의 문제로 인식하는 경향도 함께 지적한다. 시장에서의 경쟁과 그 경쟁에서 승리하는 데 몰두하는 삶은 이렇듯 공적인 것을 사적으로 것으로 치부하고 공적인 세계에서 물러나 자신만의 사적인 세계를 짓는 데 열중하게 만든다.*

승자가 모든 것을 독식하는 시장구조가 정치로부터의 철회를 낳는 또 다른 방식은 정치에 대한 불신과 혐오의 의도적 조장이다. 시장에서 경쟁을 통해 이익을 독식하는 세력은 누가 정치권력이 되는지에 민감하게 반응한다. 누가 정치권력이 되느냐에 따라 너무나 많은 것을 잃을 수도 있기 때문이다. 그렇기에 시장 기득권세력은 국가권

---

* 민주화라는 정치적 격변기를 몸으로 겪은 세대들이, 이런 시장의 독점 한가운데에서 성장한 지금의 청년세대들이 정치적으로 보수화되어 가는 현실을 비판하고 심지어 청년세대가 이기적이기 때문이라 비난하기도 한다. 그러나 앞선 세대들은 지금의 청년세대들처럼 시장의 독점이라는 삶의 조건을 몸으로 겪어 본 적이 없다. 정치적 연대를 지속적으로 전혀 경험할 수 없었던 청년세대들의 정치적 무관심을 이기심으로 비판하는 것 역시 공적인 구조적 문제를 사적인 개인의 문제로 바꾼다는 점에서 바람직하지 않다고 생각한다.

력과의 결탁을 넘어 언론과 결탁을 맺고 심지어 언론기구를 사들여 자신에게 유리한 여론을 조장하기도 한다. 그리고 상황에 따라 시장에서의 독식을 반대하는 세력을 민주주의의 적으로 오도하고 사회의 말썽꾼으로 몰아붙인다. 경제성장의 원래 목적이 좀더 많은 사람들에게 더 나은 분배를 하기 위한 것임에도 성장과 분배가 함께할 수 없다는 식으로 여론을 조작하고 '공정한 분배'에 대한 주장을 '빨갱이'들의 논리로 몰아붙이는 우리 현실이 이를 여실히 증명한다. 그리고 마침내는 정치와 참여에 대한 불신과 혐오를 조장하여 정치가 시장을 감시할 수 있는 힘을 약화시킴으로써 자신이 기존에 독식하고 있는 이익을 지켜낸다. 이렇게 조장된 불신과 혐오는 고스란히 시민들의 정치로부터의 철회로 이어진다.

신념의 사유화를 고민하는 민주주의 모델

그렇다면 이런 현실을 해결해 줄 수 있는 대안은 없는 것일까? 어떤 이들은 이런 갈등을 국가와 같은 공동체가 적극적으로 간섭해서 가치를 통합시키거나 공적인 가치를 개인들에게 심어 주어 해결해야 한다고 주장한다. 더 강력하게는 국가가 사회적 규범을 장악하라는 주장도 서슴지 않고 내뱉는다. 하지만 다양한 가치와 신념의 중재자 혹은 해석자로서 국가를 부담스러워 하는 경향은 곳곳에서 찾아볼 수 있다.

예를 들어 홉스는 국가에 다양한 가치의 해석과 중재자로서의 역할을 부여했지만, 그 국가의 실체는 거대한 바다괴물인 리바이어던의 모습을 하고 있다. 니체는 국가야말로 새로운 우상이라 규정하며, "국가란 온갖 냉혹한 괴물 가운데서 가장 냉혹한 괴물이다. 이 괴물은 냉혹하게 속인다.······이 땅에서 나보다 더 위대한 것은 없다. 나는 질서를 부여하는 신의 손가락이다. 국가라는 괴물은 이렇게 외쳐 댄다"라고 비판한다. 국가가 가치에 맘껏 개입할 수 있을 때 일어날 수 있는 일은 우리의 상상을 넘어선다. 예를 들어 대한민국 국회는 립싱크 금지법이라는, 지구 위에 존재하는 민주국가에는 없었을 엉뚱한 정치적 상상력을 발휘한 적도 있다. 무대 위에서 노래하는 가수가 립싱크를 해야 하는지 말아야 하는지를 합리적인 여론을 통해 해결하는 것이 아니라 국가가 법으로 정해 주는 상황이 된다면, 국가는 그 어떤 가치라도 마음껏 규제할 수 있게 될 것이다. 역사적 경험이 증명하듯 국가가 사회적 가치를 통제하는 힘을 쥐기 시작하면 사회는 걷잡을 수 없이 경직되기 마련이다.

　이런 현실을 고려할 때 신념의 사유화라는 문제를 해결해야 하는 주체는 국가가 아니라 결국 각각의 신념을 쥐고 있는 개인들이며 이 문제를 인식하고 있는 개인들의 공동체적 연합이 되어야 함을 이해할 수 있다. 그렇다면 사적 이익을 추구하며 자신의 가치만이 너무나 소중해진 개인들을 공적 인간으로 전환시키는 일은 정치적으로 가능한 기획일까? 만약 가능하지 않다면 가치다원주의로 인해 분열의 방향으로 진행되고 있는 자유주의 사회는, 그리고 이런 방향을 향해 달려가고 있는 우리 사회 역시 사적 이익의 갈등이 원만하게 해결될 수 없는 분쟁의 장으로 전락하거나, 서로 갈등하지 않기 위해 등을 돌린 파편화된 개인들의 집합체로 전락할 수도 있을 것이다. 실제 다원주의적 개인들이 어떻게 정치 및 사회와 밀접한 연관을 맺도록 할 수 있을까라는 자유주의의 고민은 현대정치철학의 중심주제이다. 이런 주제는 정치철학의 거장인 존 롤스의 '정치적 자유주의'나 하버마스 사상의 전반에 흐르고 있는 '의사소통행위이론'에도 명확히 반영되어 있다. 두 거장의 이론적 고민 역시, 어떻게 분열적인 사적 개인들과 그들의 신념을 공적인 장으로 이끌어 내어 다원적 신념을 공정하게 조정하고 해석할 것인가에 맞춰져 있다. 필자는 우리가 앞으로 지어 갈 민주주의 역시 바로 이 점을 심각하게 고민할 필요가 있다고 생각한다.

정치적 순간과 공적 소통의 회복

근본적으로 시장이 중심축을 차지하고 있는 자유주의 사회에서 사적 개인을 공적 시민으로 변모시키는 일은, 우선 사적인 것으로부터 무엇이 공적인 것인지를 가려내는 작업과 개인들이 사유화할 수 없는 신념이 존재함을, 나아가 개인들이 스스로 행한 선택이 정치적 의미를 지니기 위해선 동료시민들과 협력적 관계를 맺어야 함을 명확히 밝히는 데서 시작할 수 있을 것이다. 이런 작업은 근본적으로 정치의 목적이 지배가 아니라 소통임을, 우리가 그런 소통을 목적으로 하는 정치적 존재임을, 그리고 이런 소통이 우리를 정치적 존재로 만드는 것임을 명확히 보여 줄 수 있을 때 가능한 일이다. 우리가 이를 이해하지 못한 채 자기 신념의 사유화에 갇혀 버린다면 정치공동체라는 행위의 극장에서 서로를 전혀 모르는 제각각의 낯선 구경꾼들로 남게 될 것이다.

　소통이 단절된 사회에서 공공사에 대한 광범위한 논의의 장이 열리는 때는 (첫번째 에세이에서 설명했듯이) 도망자처럼 사라진 정치적 기억이 되살아나서 민주주의가 새롭게 만들어지는 정치적 순간이다. 이 정치적 순간 속으로 걸어 들어간 개인들은 신념의 사유화를 털어 내고 각자의 목소리로 공통의 관심사를 찾아 논의의 장으로 나선다. 2008년 촛불집회가 대표적인 사례다. 우리는 촛불집회가 열린 거리의 곳곳에서 작은 공론장이 열리고 그 안에서 자신들의 목소리로 다른 구성원들과 소통하고자 하는 동료시민들을 무수히 목격했다. 그 현장에서 현재 심각하게 대두되고 있는 세대 간의 분열 따윈 전혀 찾아볼 수 없었다. 과거를 담당했던 노년층은 현재를 책임지고 있는 장년층과, 그 장년층은 미래를 책임질 청년층과 소통하며 과거, 현재, 미래가 하나로 모여드는 세대 간의 화합을 경험했다. 그러나 촛불집회처럼 개인들이 신념의 사유화를 털고 공공사에 대한 직접적인 참여를 통해 다양한 목소리를 모아 공적 현실을 짓는 민주적 순간은 '초일상'이란 찰나의 순간이다.

　결국 이런 신념의 사유화를 극복하는 근본적인 해결책은, 일상의 정치에서 구경꾼이 된 시민들을 비판적 관객으로 변모시키는 프로젝트와 관련이 있다. 아무런 관심 없이 물끄러미 자신 앞에 일어나는 정치적 사건이나 결정을 지켜보고 수동적으로 반응하는 것이 아니라, 스스로 주의 깊게 눈여겨 본 것들을 자신의 언어로 표현하고 해석하며, 이를 동료시민들의 말과 해석들과 연결하여 자신이 아는 것을 전하고 모르는 것을 배우는 가운데 공유된 권력을 찾아내는 시민이 필요하다. 공통의 관심사를 두고 자신들의 이야기로 소통 속에서 권력을 찾는 시민들이야말로 신념의 사유화 속에 일어나고 있는 정치로부터의 철회와 절대적 분파주의라는 소통의 상실에 대항할 수 있는 민주적 권력이다.

소통의 재개를 위한 심의민주주의

이런 맥락에서 우리가 지향해야 할 민주주의의 모델은, 시민들이 구경꾼의 모습을 벗고 정치 안으로 들어와 공적 사안에 대한 자신의 이야기를 가지고 이를 동료시민들과 나누는 가운데 민주적 행위자로 전환되는 길을 제시할 수 있어야 할 것이다. 더불어 시민사회를 강화할 수 있는 모델이 되어야 할 것이다. 이런 점에서 우리가 지향할 모델을 만드는 데 '심의민주주의'를 심각하게 고려할 필요가 있다.

  심의민주주의는 민주주의가 선거주의로 전락하는 것에 반대하며, 민주주의의 관심을 투표장에서 무슨 일이 벌어지는가에서 시민사회에서 행해지는 공적인 숙고과정에서 무슨 일이 일어나는가로 전환시키기 위해 나온 모델이다. 이런 민주주의 모델의 변화를 '심의로의 전환'(deliberative turn)이라고 부른다.*

이런 심의민주주의가 가정하는 것은 합리적인 절차를 거친 공적 토론이다. 토론을 하는 동안 잘못된 견해들이나 편견들은 논쟁을 통해 걸러질 테니, 시민들이 서로 받아들일 수 있는 합당한 견해들이 토론의 합의물이 될 것이다. 토론의 공간에서 시민들은 자신들이 가진 정보를 서로 제공하고, 이렇게 정보를 공유하면서 부족한 지식을 보완해 더 바람직한 결과를 낼 것이다. 이 결과는 정당한 합의로 인정받을 수 있는데, 토론의 결과가 참여자들이 협력해 형성한 이성적 합의물일 뿐 아니라 시민들이 자신과 관련된 정책을 결정하는 데 직접 참여한 것이기 때문이다. 이렇듯 심의민주주의는 선거에서 우리가 던지는 표보다는 우리가 토론에서 제시하는 견해가 의사결정의 본질적인 부분이며 권력의 실체여야 한다는 생각을 담고 있다.

심의민주주의가 가정하는 공적 토론이 정당한 또 다른 이유는, 공적 토론에 참여하는 동안 시민들이 공적인 문제가 무엇인지 경험하게 되고, 토론과정에서 시민들이 서로 이해의 폭을 넓힐 수 있어 교육적·시민친화적 효과가 있다는 것이다. 앞서 인용한 청년세대의 정치적 무관심을 지적한 기사는 "하지만 정치적 무관심의 원인을 오로

---

* John S. Dryzek, *Deliberative Democracy and Beyond: Liberals, Critics, Contestations*, Oxford UP, 2000.

지 20대의 개인적 성향과 이기심으로 치부할 수는 없다. 20대의 정치 무관심의 중요한 이유 중 하나로 정치교육 부재의 영향도 있기 때문이다. 현재 실행중인 몇 안 되는 정치 과목에서도 형식적인 이론만 주입할 뿐, 실질적으로 우리 삶에 정치가 어떤 영향을 미치는지, 올바른 정치 가치는 무엇인지 제대로 배운 적이 없는 것이 실상이다"라고 주장했다. 이렇듯 일상의 정치에서 제대로 된 정치교육이 이뤄지지 않는 우리 현실에서 제도권을 넘어 시민사회를 통한 정치참여를 정당화하는 심의민주주의의 도입은 일반 시민들이 민주적 가치를 접할 기회를 확대하고 정치가 우리 삶에 실질적으로 미치는 영향을 스스로 자각하게 하는 좋은 수단이 될 것이다.

  살펴본 바와 같이 심의민주주의는 기본적으로 공적 토론의 정당성에 기반을 두고 있다. 그러나 그 기원을 보면 민주정체의 구성원들이 정당을 중심으로 한 제도권정치에서 멀어지는 현실에 대한 반성에서 나온 것이다. 앞서 한 차례 언급했던 허쉬만의 '퇴장(Exit)과 저항(Voice)' 이론을 생각해 보자. 이 이론에 따르면 평범한 사람들이 정치에서 물러나는 것은 대개 참여를 통해 대안을 얻을 수 없을 때인 반면, 대안을 얻을 수 있을 때에는 자신의 목소리를 내며 저항한다. 이 논리대로라면 현대인들이 제도권정치에서 멀어지는 것은 이를 통해 대안을 찾을 수가 없다고 믿기 때문이다. 심의민주주의는 이런 대안을 찾는 일을 정치엘리트에게 맡기지 말고 시민들 스스로 하자고 제안하는 이론이다. 일상의 정치를 대표하는 장치임에도 초일상의 정치처럼 몇 년에 한 번씩 찾아오는 투표에 의존하기보다는, 일상의 정치에서 공적 토론을 통해서 자신의 말과 해석으로 공적 세계를 짓는 데 참여하고 이를 동료시민들의 다른 말과 해석과 연결하는 가운데 민주적 권력을 찾아 공유하라고 말한다. 심의민주주의는 이런 이론적 구축을 통해 정치가 시민의 자발적 토론과 숙고라는 의사소통의 과정을 포함해야 한다는 시민사회의 주장을 지지하는 이론적 축이 되었다.

다섯번째 에세이
/
유토피아의 상실
참여민주주의는 불가능하다

> 우리가 바람직하다고 여기는 세계와 현실과의 불일치가 극복될 수 없다고 가르치는 것이 이데올로기이고, 극복할 수 있다고 믿는 것이 유토피아이다.
> ─칼 만하임

잃어버린 유토피아의 꿈 : 참여민주주의

우리는 가끔씩 유토피아에 대해 이야기하곤 한다. 유토피아. 이상적인 삶의 상태. 모두가 아무런 걱정 없이 삶을 누릴 수 있는 곳. 과연 그런 곳이 있기는 하고, 있다면 우리가 이를 수는 있는 세계일까? 그리스어에서 유토피아는 '그런 곳은 없다' 혹은 '존재하지 않는다'라는 의미다. 결국 유토피아란 현실에서 찾을 수 없다는 뜻이다. 그래서일까? 근래에 들어서는 유토피아에 대해 이야기하는 사람들을 거의 찾아 볼 수가 없다. 유토피아에 대한 이야기를 꺼내면 조금은 현실 감각이 없는 사람으로 취급당하는 것이 현실이다. 아마도 우리 삶의 현실이 팍팍해져서 이런 유토피아에 대해 이야기할 시간조차 없거나, 그 삶의 현실이 유토피아를 꿈꾸는 것같이 어리석은 것이 없다고 가르치기 때문일 것이다.

민주주의의 역사에서 우리가 상실한 유토피아를 하나 들어 보라 한다면 그것은 당연히 참여민주주의일 것이다. 시민들이 정치의 대상이 아니라 정치의 주체로서 직접적으로 정치에 참여해 자신과 관련된 사안에 관여하고 결정하자는 참여민주주의는 이제 고대 그리스에서나 가능했던 일종의 잃어버린 유토피아가 되어 버렸다. 심지어 어떤 이들은 고대 그리스에서조차 이런 민주주의는 존재하지 않았다고 주장한다.

하지만 우리가 이런 참여민주주의의 이상을 정치적 현실에서 상실한 지는 채 50~60년이 되지 않는다. 16세기 초, 토머스 모어가 『유토피아』(Utopia)를 내놓은 이후, 20세기 초반까지 유토피아는 끊임없이 지식인들과 철학자들이 다뤘던 매우 중요한 주제였다. 예컨대, 18세기 사회주의자이자 협동조합운동의 창시자인 로버트 오웬은 극심한 빈곤을 극복하기 위한 대안으로 500~3,000여 명으로 이루어진 공동체가 함께 일하고 식사하며, 거주만 가족단위로 이루어지는 이상적인 농경공동체를 꿈꾸었다. 실패로 끝나기는 했지만 미국 인디애나의 뉴하모니에서 스스로 이런 공동체를 실험하기도 했다. 더 나아가 68년으로 표현되는 1960년대는 참여민주주의라는 이상이 정치적으로 폭발한 시기였다. 그리고 트로츠키의 두개골에 얼음송곳을 꽂아 버린 스탈린의 만행으로 제대로 시작도 해보지 못한 채 사실상 막이 내려 버렸지만, 소비에트 연방은 '능력만큼 일하고 필요한 만큼 가져가는' 일종의 유토피아적 열정이 빚어 낸 엄청난 정치적 실험이었다.

그렇다면 왜 많은 철학자들이, 혹은 많은 지식인들이, 혹은 많은 혁명가들이, 혹은 많은 평범한 사람들이 이런 유토피아를 끊임없이 갈망했던 것일까? 소극적인 입장에서 보자면, 지식인들이나 철학자들이 유토피아를 설파했던 이유는 현존하고 있던 사회 질서에 대한 불만을 우회적으로 표현하기 위해서였다. 하지만 사회적 불만을 표현하기 위한 수단이라는 견해는 이들이 왜 유토피아를 꿈꾸었는지 온전히 설명하지 못한다. 필자는 좀더 적극적인 입장에서 그 이유가 우리들이 잃어 가는 정치공동체로서 삶의 열정, 혹은 에너지를 다시 불러일으키기 위해서였다고 생각한다. 현존하는 질서가 평범한 사람들의 삶을 피폐하게 만든다고 여겨질 때, 그래서 현존하는 질서 안에서 일상을 살아가는 이들이 삶의 방향을 잃었다고 여겨질 때, 현존하는 질서를 부정하고 삶의 이상적인 방향을 제시하여 기존의 질서를 바꿀 수 있는 열정을 사람들에게 불어넣기 위해 유토피아를 꿈꾸었다고 말이다. 그래서 이들에게 유토피아는 갈 수 없는 이상적인 곳이 아니라 현실을 바꾸기 위한 삶의 열정이며 에너지였다.

그런데 20세기 후반에 접어들며 많은 이들이 더 이상 유토피아에 대해서 이야기하지 않기 시작했다. 20세기 중반까지만 해도 유토피아는 현실을 바꿀 힘으로 믿어졌건만, 왜 갑자기 우리는 삶에서 유토피아를 꿈꾸는 것마저 유치하다고 생각하게 되었을까? 어디서 우리는 유토피아를 상실했고, 무엇 때문에 유토피아는 우리의 의식 저 깊은 곳에서 잠들어 버린 것일까?

자본주의, 유토피아를 단념시키다

20세기 중반까지의 유토피아주의자들은 바로 자본주의와 기술문명의 급격한 발전이 유토피아에 대한 갈망을 삼켜 버릴 것이라고 생각했다. 지금 우리는 유토피아주의자들이 예견했던 눈부신 기술문명의 발전과 도저히 따라잡을 수 없는 속도로 변화하는 자본주의를 고스란히 목격하고 있다. 그리고 시장에서 삶을 영위하고 싶다면 바뀌는 환경에 맞게 자신을 끊임없이 개발하고 변화시키라는, 자본주의의 당당한 요구를 접하고 있다. 이렇게만 보면, 자본주의는 변화를 선호하는, 아니 사랑하는 체제다.

그러나 이런 자본주의가 거부하는 단 하나의 변화가 있다. 자본주의의 체제 그 자체의 변화만큼은 허용할 수 없다는 것이다. 자본주의는 우리 삶의 의미가 경쟁에 있으며 그 경쟁을 벗어나면 낙오되거나 도태할 것이라고 강조한다. 경쟁의 미덕을 강조하고 그 미덕이 만들어 내는 개인들의 눈부신 성과물들에 대해 찬양한다. 그리고 모든 이들이 이런 체제 아래 삶을 누리는 일이 바람직하다고 말한다. 더불어 자본주의 체제가 붕괴된다면, 우리의 삶은 무한한 위험에 빠지게 될 것이라고 경고한다. 이런 자본주의의 체제 변화에 대한 거부는, 자본주의가 개인들에게 요구하는 변화라는 것이 자본주의 체제를 지속적으로 유지시키기 위한 것임을 쉽사리 알 수 있다. 결국 자본주의는 자본주의 체제 내에서만 변화를 허용한다.

자본주의가 만들고 퍼뜨리는 물질의 세계에 빠져 버린 인간들은 이런 자본주의의 권유를 아무런 혹은 별다른 저항 없이 받아들인다. 많은 이들이 이런 체제에 머무를 수밖에 없는 것이 우리의 현실이 아니겠냐며 체념처럼 자본의 무한경쟁주의를 받아들인다. 20세기 초반 저명한 유토피아주의자였던 칼 만하임*은 이처럼 현실에 머무를 수밖에 없다고 믿게 만드는 것을 이데올로기로, 그 현실에서 벗어날 수 있다고 믿는 것을 유토피아라고 정의했다. 냉소적으로 말하자면, 만하임의 정의는 현실을 그대로 묘사한 것처럼 보인다. 대부분의 사람들이 자본의 무한경쟁에서 벗어날 수 있다고 말하는 이들을 유토피아에 사는 이상주의자들로 여기니 말이다.

유토피아와 엇갈린 의식과 존재

그렇다면 사람들은 왜 무한경쟁이란 자본주의적 삶에서 벗어날 수 있다는 생각을 하나의 환상으로 여기게 되었을까? 예를 들어, 자본의 미덕을 강조하기 위해 복지국가의 실패를 이야기하고 심지어는 복지국가에서는 자살률이 높다는 통계를 꺼내들고 경쟁이 있을 때 사람들이 더 삶의 활력을 찾는다는 이야기를 하게 되었을까? 이 논리를 따지자면 일 년에 수십 명 혹은 수백 명의 자살을 줄이기 위해 수만 명

---

* 칼 만하임(Karl Mannheim, 1893~1947)은 헝가리 태생의 독일 사회학자이다. 고전적 사회학뿐만 아니라 지식사회학의 기초를 닦은 인물로 높게 평가받고 있다. 1929년 출간한 『이데올로기와 유토피아』(Ideologie und Utopie)는 바이마르 공화국 지식들에게 막대한 영향을 끼쳤고 지금도 최고의 걸작으로 남아 있다.

의 사람들이 복지의 혜택 밖에서 살아야 한다. 그러나 현실은 전혀 다르다. 2013년 『이코노미스트』가 보고한 「태어나 살기 좋은 나라 지표」(The where to be born index)에서 복지가 잘 되어 있는 스위스, 오스트리아, 노르웨이, 스웨덴 등이 나란히 1, 2, 3, 4위를 차지했다.**
게다가 이 나라들에서는 민주주의도 그 어떤 민주정체보다 안정되어 있다. '국경 없는 기자회'가 보고한 「2011/2012 언론의 자유지표」에서 복지국가인 핀란드와 노르웨이가 나란히 1위를 차지했으며 '국제투명성기구'가 보고한 「부패인식도 지표」에서도 가장 청렴한 나라로 3대 복지국가인 핀란드와 뉴질랜드가 나란히 1위에 올랐다. 이런데도 많은 사람들이 말도 안 되는 복지국가 반박 논리를 마치 당연한 것처럼 받아들인다. 어떻게 이런 일이 일어나게 된 것일까?

안토니오 그람시는 의식과 존재의 불일치 때문에 이런 일들이 일어난다고 말한다. 예를 들어 존재로서 노동자들은 늘 이익에서 소외되면서도 의식은 자본가들의 이익으로부터 자신들이 혜택을 얻는다고 믿는 것을 흔히 볼 수 있다. 자본가의 이익이 노동자의 이익이라

** 「'복지병' 없는 스위스의 비결」, 『중앙일보』(2012. 1. 27)은 스위스의 선택적 복지 등을 찬양하며 돈을 들이지 않고도 복지가 가능하다는 논리를 편다. 그러나 이런 주장은 스위스의 막강한 '생활협동조합'을 몰라서 하는 소리다. 사실상 인구 전체가 이 생활협동조합에 가입이 되어 있다고 해도 과장이 아니다. 예를 들어 스위스에서는 기업 자체가 개별 소비자들이 조합원이 되어서 점차적으로 확대되면서 만들어진 것이다. 기업의 경영자는 있어도 기업의 실소유주는 사실상 존재하지 않는다. 다른 국가와 복지가 형성된 맥락 자체가 다르다.

는 이데올로기를 자본가들이 끊임없이 퍼뜨리고 있고, 노동자들이 이런 이데올로기를 진실인 것처럼 받아들이고 있기 때문이다. 그람시는 이렇게 노동자들이 자발적으로 받아들이는 이데올로기를 헤게모니라 부른다.

만하임은 이런 존재와 의식의 불일치를 '잘못된 의식'이라고 부른다. 만하임은 이런 잘못된 의식이 진정으로 위험한 것은, 잘못된 의식이 현실을 이해하지 못하게 만들기 때문이 아니라 이 잘못된 의식 자체가 현실이 정신적 과정을 지속적으로 재구성한 결과임을 이해하지 못하도록 방해하기 때문이라고 강조한다. 이를 조금 쉽게 이야기해 보자. 객관적인 입장에서 볼 때 자본주의는 누가 생산수단을 소유하고 있고 누가 소유하고 있지 않다는 것 자체로 구성된다. 그러나 현실에서 현재의 자본주의는 자본의 이익이 노동자의 이익이라고 여기는 평범한 사람들의 의식이 끊임없이 재구성된 결과다. 하지만 잘못된 의식에 빠진 사람들은 자신의 의식이 현실을 만들고 있다는 사실 자체를 깨닫지 못한다.

이렇듯 잘못된 의식은 현실세계가 우리의 의식이 끊임없이 재구성한 결과인 것조차 이해하지 못하게끔 만든다. 끊임없는 정신적 과정의 재구성이 현실을 이루고 있다면, 우리가 현실 속에서 자신이 처한 상황을 정확하게 깨닫지 못하는 까닭은 우리의 잘못된 의식이 자신이 처한 상황과는 전혀 다른 현실을 구성하고 있기 때문이다. 그리하여 많은 사람들이 자본주의의 무한 경쟁적인 삶의 방식을 바꾸는 것이 유토피아적인 발상이라고 믿거나, 그런 유토피아를 이야기하는 것 자체가 의미 없는 짓이라고 믿게 되는 것이다.

아직 깨어나지 않은 유토피아를 향한 의식

만약 이런 잘못된 의식 때문에 유토피아를 상실했다면, 이런 유토피아의 복원은 잘못된 의식 아래로 잠들어 버린 우리의 유토피아를 향한 열정과 에너지를 깨워 내는 일에서 시작해야 할 것이다. 이런 측면에서 에른스트 블로흐*가 말하는 '아직 깨어나지 않은 의식'(not-yet conscious)은 우리가 유토피아를 잠재된 의식 밑바닥으로부터 깨워 낼 수 있는 여지를 준다.

블로흐는 '아직 깨어나지 않은 의식'을 '더 이상 존재하지 않는 의식'(no-longer conscious)과 구별한다. '더 이상 존재하지 않는 의식'을 기억의 상실이라고 부르는 반면, '아직 깨어나지 않은 의식'은 앞으로 다가올, 단지 잠시 우리의 의식 아래서 그 깨어남을 기다리고 있는 의식이라고 말한다. 그러므로 이 의식은 아직은 어둠이 채 가시지 않은 새벽녘에 빛과 어둠의 사이에서 그 가는 눈을 뜨고 주인(자아)이 불러주기만을 기다리고 있다.

하지만 자본주의 세계에서 이 어둠의 새벽에 불을 켜고 우리의

---

* 블로흐(Ernst Bloch, 1885~1977)는 독일의 맑스주의 철학자다. 그는 진정한 혁명세력의 존재를 강조했는데, 어떤 곳에 억압과 착취가 존재하지 않는다면 그야말로 진정한 혁명세력이 존재하는 증거라고 말했다.

의식을 불러내는 일은 쉬운 일이 아니다. 그것은 앞에서 말했듯이 자본주의 사회가 만드는 이데올로기가 우리의 의식을 비틀어 놓고 있기 때문이다. 이런 측면에서, 만하임은 현실에 대한 정확한 지식이 필요하다고 말한다. 그리고 그 정확한 지식을 세상에 제공하는 일이 지식인들의 임무이며, 이런 일은 의식을 일깨우는 데 반드시 필요한 요소라고 강조한다.

유럽통합과 유토피아를 향한 열정

필자는 최근, 자본주의가 의식적으로 구성해 낸 세계에 대항하여 지식인들이 집단적으로 연대하여 의식의 밑바닥에서 잠들어 있던 의식을 깨워 새로운 유토피아를 그려 내기 시작했음을 목격하고 있다. 예를 들어, 유럽통합운동에서 지식인들은 이런 역할을 정확하게 보여 주었다. 유럽통합에는 너무도 다양한 언어를 비롯해 여러 가지 현실적인 장애물이 존재했다. 유럽에서 언어는 유럽국가, 또는 인종문화 집단의 자존심이나 다름이 없다. 당장 유럽연합의 공용어로 어떤 언어를 채택해야 하는지, 나아가 이런 서로 다른 언어를 지닌 유럽인들이 서로 공론장에서 소통할 수 있는지가 문제가 됐다. 그러나 데이비드 헬드나 위르겐 하버마스와 같은 지식인들은 이런 통합이 가능할 뿐만 아니라, 이런 통합을 통해 유럽인들이 국가의 시민권 넘어 유럽의 시민권을 공유하여 보다 나은 삶의 구성하자고 끊임없이 설득했다. 그리고 이를 기어코 실현시켰다. 현재 유럽연합의 공용어는 23개에 이른다. 유럽연합은 이런 언어의 장벽마저 극복하고 민족국가를 넘어선 새로운 정치공동체의 단위를 제시했다. 유럽연합은 지식인들의 유토피아를 향한 열정이 식지 않았음을 명확히 보여 주는 사례다. 그리고 또 다른 한편에서 (회원국의 시민권을 지닌 자들만 유럽시민으로 인정하는) 유럽시민권에 내재해 있는 얄팍한 국가중심주의를 깨부수고 이주노동자들까지 모두 유럽인들의 범주로 끌어안기 위한 에티엔 발리바르와 같은 이들의 노력 역시 필자는 이런 유토피아적 열정의 일부라고 생각한다.

    종교적 갈등의 역사, 언어의 다양성과 경제 규모의 차이, 나아가 정치문화의 차이로 인해 서로 반목하고 질시하던 유럽을, 유럽인이라는 하나의 정체성 아래로 통합해 운명의 공동체로서 서로의 삶에 대해 서로가 책임을 지는 곳으로 만들자는 이들의 발상은 원자적인 삶을 강조해 오던 기존의 자본주의적 질서에 대항하는 새로운 도전이다. 이런 도전이 더욱 중요한 까닭은 20세기 중반까지 사회주의자들의 전유물이었던 유토피아를 향한 열정이 비판이론가들과 자유주의자들의 협력을 통해 제기되었다는 것이다. 하버마스는 『신보수주의』에서 유토피아를 향한 우리의 열정이 소진되었음을 지적하며, 이야말로 우리가 극복해야 할 당면과제임을 강조했었다.[*] 이후 하버마스를

---

[*] Jürgen Habermas, *The New Conservatism: Cultural Criticism and the Historians' Debate*, The MIT Press, 1991.

비롯해 유럽의 지식인들은 우리들의 유토피아를 향한 열정이 여전히 식지 않고 남아 있다는 것을 유럽통합과정에서 명백히 보여 주었다. 유럽통합은, 어려운 현실과 마주할 때 진정한 문제는 우리를 제약하는 현실적 조건이 아니라 극복하기 불가능해 보이는 장애를 넘어서려는 유토피아를 향한 열정 그 자체임을 내 보인다.

베스트팔렌 조약을 통해 한 국가가 자기 영토 내에서 삶을 영위하는 이들에게 절대적인 지배력을 행사할 수 있는 국가주권 개념이 확립된 이후, 자국민에 대한 해당 국가의 절대적 지배력이 해체될 수 있을 것이라고 생각한 이는 거의 없었다. 그러나 유럽의 통합은 이런 국가권력이 유럽이라는 보다 큰 공동체에 그 절대적 지배력의 일부를 내어 주는 결과를 낳았다. 유로화는 일정한 영토의 경계 내에서 한 국가주권의 절대적 지배력의 약화를 보여 주는 대표적인 예가 될 것이다. 한 국가가 자국에서 쓰이는 화폐에 대한 절대적 통제권력을 잃었다는 것은 자국 국민들을 통제할 수 있는 매우 중요한 수단을 잃었다는 것을 의미한다. 현재 유로화가 쓰이는 유로존이 맞고 있는 경제 위기는 이들의 통합의 허약성을 드러내는 것이기도 하지만, 이제 이 하나의 통화에 영향을 받을 만큼 통합된 공동체로 진입했다는 역설이기도 하다.

실제 유럽연합은 정치적으로도 각 회원국에 영향력을 발휘하고 있다. 1999년 오스트리아에서는 유럽의 대표적인 대중영합주의자인 외르크 하이더의 자유당(FPO)이 두번째로 많은 의석을 차지했다. 하이더의 자유당은 이 선거 기간 동안 내내 외부로부터의 이민, 망명 모색, 다문화주의가 오스트리아인들에게 장기적으로 위협이 될 것이라는 불안을 조장하고 이용했다. 선거 결과가 나오고 가장 많은 의석을 차지한 인민당(OVP)이 정부구성을 위해 이 극우정당인 자유당에게 연합을 제안하자 오스트리아와 함께 유럽연합에 참여하고 있던 국가의 지도자들은 이런 연합정부를 수용할 수 없다고 선언했다. FPO가 유럽연합이 내세우는 공통적인 자유적 가치들을 위배하고 있다는 이유였다. 결국 오스트리아는 유럽연합의 요구에 맞춰 해결책을 찾아낼 수밖에 없었다.

　회원국을 좀더 큰 단위의 민주적 공동체에 가두어 민주주의를 안정화시킨다는 이 사례의 취지는 유럽연합의 전신인 유럽석탄철강공동체(ECSC)부터 찾을 수 있다. 두 번의 세계대전 이후 유럽에선 이 모든 전쟁에 직접적으로 관여한 독일을 어떻게 통제할 것인지가 큰 정치적 과제가 되었다. 이때 나온 발상이 독일을 좀더 큰 민주적인 정치공동체에 가두어 독일이 평화로운 민주국가로 성장하도록 유도하자는 것이었고, 우리가 단순히 경제적 이익기구로 생각하는 유럽석탄철강공동체가 바로 그 출발이었다. 유럽석탄철강공동체에 참여하지 않았던 유럽의 주변국이 이 공동체를 적극 지지한 것도 바로 이런 이유 때문이었다. 유럽연합의 오스트리아 제재는 바로 이 초기 때부터 내려온 정신이 그대로 드러난 것이었다.

　이제 유럽연합은 몇몇 선진 유럽국가의 모임에서 탈피하여, 동유럽 국가까지 흡수하여 경제적으로 열악한 국가들과도 같은 행보를 옮기기 시작했다. 물론 유럽연합 내부에 놓여 있는 경제적 불평등의 문제가 결코 쉽사리 해결되지 않을 것이다. 23개의 공용어가 보여 주듯 그 안에는 여전히 언어 등에 놓여 있는 정체성의 분열이 존재하고, 서유럽과 동유럽 국가 간의 경제적 불평등이 존재하며, 가장 중요하게는 유럽 안에 존재하는 모든 이들이 어떻게 시민권을 공유할 것인가라는 근본적인 문제를 두고 갈등이 존재한다. 이런 문제들은 현재에도 미래에도 결코 쉽사리 해결될 문제가 아니지만 유럽연합은 이 문제와 맞서 함께 싸우고 있다.

현실은 의식이 재구성된 결과이다

만하임이 말하듯 현실이란 우리가 세계를 이해하는 정신적 과정이 끊임없이 재구성된 결과라고 한다면, 유럽통합의 미래는 유럽인들이 유럽에 함께 거주하고 있는 타자들을 동료유럽인들로 받아들일 수 있도록 어떻게 그 의식을 재구성하는가에 달려 있다고 할 것이다. 연합 형성과정에서 지식인들이 이론을 뒷받침하고 정치인들이 현실에서 레토릭을 구성하며 유럽이 공동체로서 살아갈 수 있다고 끊임없이 설득했던 과정이 보여 주는 중요한 한 단면은 이런 재구성이 우리의 노력 여하에 따라 가능하다는 점이다. 지식인들과 정치인들이 국가 간의 무한한 경쟁만이 최선의 미덕이 아니라는 것, 그 경쟁이 완화되어야만 한다는 것, 내 주위 이웃과의 협력 또한 중요한 미덕이라는 것, 그래서 나와 내 이웃의 삶을 시장의 무한경쟁으로부터 지켜 낼 수 있는 정치공동체를 만들어 내는 것이 중요하다는 것을 유럽의 구성원들에게 적극적으로 설득하고 나섰을 때, 적극적 행위자로서 유럽의 시민들은 단순히 지식인들의 주장에 반응하지 않고 자신들의 맥락에서 이런 논리를 받아들이고 논의하고 해석하는 과정을 거쳐 자발적으로 유럽연합으로 진입해 들어갔다. 이처럼 유럽연합은 유럽의 지식인들, 정치인들, 유럽의 구성원들이 현실을 재구성해 낸 결과였다.

현재 우리 사회 진보진영에서도 영향력을 발휘하고 있는, 시민들을 수동적으로 바라보는 민주주의 모델들은 어쩌면 우리 지식인들 안에 내재하고 있는, 현실을 새로운 의식으로 재구성해 낼 스스로의 능력에 대한 자신감의 결여일지도 모른다. 그러나 필자가 바라보는 우리 지식인들은 현실을 재구성해 낼 지식과 교양을 모두 갖추고 있다. 다만 적절하게 현실을 재구성해 낼 구체적 기회, 연대, 프로젝트의 결여에 시달리고 있을 뿐이다. 만약 시민들을 정치의 장으로 불러들이자고 하면서도 그 장으로 적극적으로 불러들이지 못하는 이유가 현실적 공간 및 제도적 제약이라거나 시민의 역량 그 자체에 대한 의심 때문이라면 이는 기우라고 말하고 싶다. 오늘날 기술의 발전은 현실적 공간의 제약을 메우고 있으며, 우리 시민들의 민주적 역량 그 자체의 잠재력은 그 어느 사회보다 풍부하다. 우리가 해야 할 일은 정치를 선거와 정당, 제도권에 제약하지 말고 그 외연을 넓혀 나가 시민사회를 강화하고 그 속에서 건강한 정치네트워크를 엮어 내는 일이다.

이 과정 속에서 시민들이 자신이 바라보는 것을 자신의 방식으로 말하고 해석하고 그 일을 동료시민들과 함께 할 수 있도록 적극적으로 협력하고 교감하는 일 그 자체가 참여민주주의를 만드는 유토피아적 열정의 시작일 것이다.

유토피아를 먹고 잠들 것인가, 깨어날 것인가?

앞서 보았듯 유토피아를 추구한 대표적인 철학자 블로흐는 '아직 깨어나지 않은 의식'을 강조했다. 필자가 볼 때 도망자 민주주의 시대, 청중으로 살아가야 하는 시민들의 이런 깨어나지 않은 의식이란, 바로 자신이 공공사에 대해 더 알고 싶어 한다는 것, 동료시민들과 서로 아는 것을 공유해 가는 가운데 여러 난관을 극복할 수 있다는 데 대한 확신이다. 이런 깨어나지 않은 의식은 '더 이상 존재하지 않는 의식', 다시 말해 잃어버린 기억의 상실이 아니다. 지금까지 우리의 역사적 경험을 비추어 볼 때, 구경꾼으로서 시민들의 '아직 깨어나지 않은 의식'은 우리가 새로이 짓고 공유해 나갈 민주주의가 자신들을 불러주기만을 기다리고 있다. 그리고 불러주기만 한다면 그 과정에 기꺼이 참여할 준비가 되어 있다. 그런 부름이 가능하려면 우리가 잃어버린, 함께하는 민주주의에 대한 열망을 다시 불러일으켜야만 한다.

　　이 글을 쓰면서 대학시절 보았던 이강백 씨의 연극 제목 한 편이 문득 떠올랐다. 「유토피아를 먹고 잠들다」. 70년대를 배경으로 한 이 연극은, 순수한 인간성의 회복을 꿈꾸는 시인, 현장에서 투쟁하는 학생들, 절망에 빠진 지식인을 통해 시대를 바라본 작품이다. 보기에 따라 패배주의가 난무하는 이 연극에서 '유토피아'는 수면제의 이름이다. 그리고 이 수면제를 먹은 이들은 현실에 둔감해져 간다.

    그러나 세계의 곳곳에서 지식인들과 평범한 사람들이 추구해 온 유토피아는 결코 현실에 둔감해지기 위해서가 아니라 오히려 깨어나기 위한 각성제였다. 유토피아는 흔히 생각하듯 우리가 이르고자 하는 최종의 목표가 아니다. 우리가 어떤 더 나은 세계를 지어 놓든 그 세계는 부패할 것이고 그 부패 앞에서 우리는 또 다른 유토피아를 꿈꿀 것이다. 그러고 보면, 유토피아는 더 나은 세계가 가능하다는 믿음이다. 그래서 진정한 유토피아의 의미는 우리가 사는 현실세계의 결함을 끊임없이 인식하고 그런 결함을 우리가 끊임없이 개선해 나갈 수 있다고 믿는 데 있다. 폴 리쾨르가 정확하게 지적하듯이 유토피아는 우리가 도달해야 할 목표가 아니라 사회를 변화시키는 기능으로 작동하는 것이다.* 존 롤스는 이런 극복의 의지를 '현실적 유토피아'(realistic utopia)라는 말로 표현하며, "현실적인 것이 가능한 것의 한계를 확정하지 않는다"라고 단언한다.** 유토피아는 궁극적으로 우리가 추구하는 목적이 아니라 우리가 사는 사회세계를 바꾸는 열정이며, 변화에 대한 추구다. 이런 신념조차 없이 미래에 헌신하는 일은 가

---

* Paul Ricoeur, *From Text to Action*, Northwestern UP, 2007.
** John Rawls, *The Law of Peoples*, Harvard UP, 2001.

능하지 않다.

　이강백의 「유토피아를 먹고 잠들다」 속의 수면제는 어쩌면 우리 사회가 바라보는 유토피아에 대한 인식을 보여 주는 것일지도 모르겠다. 참여는 강조하되 그것을 새로운 민주주의 재구성의 핵심으로 바라보지 못하는 현실이 그렇다. 필자는 그 현실 앞에 묻는다. 촛불집회에 대한 일부 진보적 대항민주세력의 과장된 비판에서 엿볼 수 있듯 대의민주주의 시대에 참여는 정말 문제해결 능력 자체를 잃어버린 것일까? 오히려 우리는 스스로 참여를 제도 수립을 방해하는 굴레, 속박으로 취급하고 참여에서 벗어나려는 역설에 빠져 있는 것은 아닐까? 그런 욕망 때문에 참여라는 민주주의의 진정한 잣대를 버리고 효율과 제도에 우리 스스로를 묶어 두려는 것은 아닐까? 참여민주주의라는 우리가 상실한 유토피아의 기억은 어디에 있는 것일까? 구경꾼 민주주의 시대를 살아가며 혹 우리는 정말 둥글고 흰 한 알의 참여민주주의라는 수면제를 꿀꺽 삼켜 버리고 스스로 깊이 잠들어 버린 것은 아닐까?

2부

정치를
찾아서

/

앞으로 이어질 제2부에서는 제1부에서 진단한 정치의 상실에 맞서는 대안이 시민이어야 한다는 제안에서 출발한다. 그렇다면 왜 시민이어야 하는 것일까? 우리에게 너무나 익숙한 국민 대신 왜 하필 시민이어야 하는 것일까? 한편으로 시민은 늘 저항의 근본주체로 여겨져 오던 민중과는 무엇이 다른 것일까? 만약 정치가 떠난 자리를 메울 주체가 시민이어야 함을 긍정할 수 있다면, 시민은 어떻게 정치의 상실에 맞설 수 있을까? 필자는 이런 질문에 답하는 가운데 정치의 상실에 맞서는 시민들을 '자유를 확장하는 시민게릴라', '자유로운 시민게릴라'라는 구체적인 개념으로 제시하고자 한다.

    자유로운 시민게릴라들은 무엇보다 정치적 자유를 존중하는 사람들의 모임이다. 그렇다면 이들은 자유주의자들일까? 필자는 단호히 전혀 그럴 필요가 없다고 말한다. '자유로운 시민게릴라'는 단지 민주주의를 지탱하는 축으로써 정치적 자유를 존중하는 사람들이다. 시민사회를 무대로 활동하는 이 자유로운 시민게릴라들은, 정치를 자신들의 눈으로 바라보고, 자신의 언어로 말하고 해석하면서도, 이를 다른 동료시민들과 적극적으로 공유하는 가운데 민주적인 권력을 만들어 내는 이들이다. 이렇게 동료시민들의 말과 해석을 자신의 말과 해석으로 함께 엮어 내는 자유로운 시민게릴라들은, 고착화된 하나의 입장에 자신을 얽매지 않고 유연한 정치적 연대 속에 아래로부터 민주주의를 짓고자 하는 독립적이면서도 협력적인 개인들이다. 자유로운 시민게릴라들은 동료시민들을 자신과 똑같이 평등한 자유를 누릴 자격이 있는 존재로 대하는 자세, 그리고 이들에게 가해지는 잔인함을 견디지 못하는 감성, 어려운 처지에 놓인 동료시민과 협력하는 일을 자신에 대한 배려로 공감하는 합리성, 그리고 스스로 선택하여 움직일 수 있는 용기를 지니고자 한다.

여섯번째 에세이
/
왜 시민이어야 할까?

국민이 아니라 시민이다

앞서 1부에서는 우리 사회에서 일어난 총체적인 정치의 상실을 민주주의의 상실, 자유주의의 상실, 진보의 상실, 소통의 상실, 유토피아의 상실을 통해 구체적으로 이야기했다. 지금부터 필자는 이렇게 '정치가 떠난 자리'를 정치엘리트들이 아닌 시민들이 스스로 정치참여에 나서 메우자고 제안하려 한다. 여기서 여러분은, 필자가 우리 사회에서 일반적으로 널리 쓰이고 익숙한 '국민' 대신 '시민'이라는 말을 쓴 점에 주목해 주길 바란다. 이 주장은, '국민'이 정치에 참여해야 한다는 주장과는 본질적으로 다르다. 그렇다면 왜 국민이 아니라 시민이어야만 하는 것일까? 국민과 시민은 어떻게 다른 것일까?

한편, 필자가 강조하는 시민의 정치참여는 제도권보다는 시민사회가 중심이다. 이 책에서는 이런 참여를 시민운동이 아니라 시민정치라고 부른다. 이 프로젝트가 그려 내는 시민들은 정치적 자유를 삶의 기본조건으로 이해하며 자신의 자발적인 정치참여를 '운동이 아닌 정치'로 이해한다. 그렇다면 왜 제도권이 아닌 시민사회에 방점을 찍어야 하며, 운동이 아닌 정치여야 하는 것일까? 2부의 첫 에세이는 당연히 이를 설득하는 데서 시작하려 한다. 이 질문에 답하기 위해서는 민주정체의 정치적 주체라고 할 수 있는 인민이 누구인지를 먼저 이해할 필요가 있다. 인민에서 시작하여 국민, 민중의 존재를 함께 이해해야 '시민이 누구인지', '왜 시민인지', '왜 시민성의 시작이 정치적 자유의 존중에 있는지' 좀더 쉽사리 이해할 수 있기 때문이다.

민주정체와 인민, 그리고 국민과 시민

'국민'은 '나라를 이루는 사람들'이라는 뜻으로 영문으로는 people로 표현된다.* 그런데 이 people이 참으로 애매하고도 오묘한 용어다. 정치학을 하는 이들이라면 이 people이 수많은 의미를 담고 있는 모호하고도 탄력성 있는 용어라는 데 누구나 동의할 것이다. 예를 들어 people은 평범한 사람들, 보통 사람들을 의미하기도 하며, 때로는 한 정치공동체의 주권자를 의미하기도 하고, 때로 인류 그 자체를 의미하기도 한다. 특히 정치공동체의 주권자로서 people은 우리말로는

---

* 이 에세이에서 인민의 개념과 관련해선 Margaret Canovan, *The People*(Polity, 2005)을 주로 참고했다. 캐노반의 이 책은 필자의 번역으로 2013년 상반기에 한국어판이 출간될 예정이다. 한국어판의 제목은 『인민』이다.

국민뿐만 아니라 인민으로도 해석할 수 있다. 때로 people은 사회적으로 억압받거나 소외된 세력을 의미하기도 하는데 우리말로는 '민중'이라 부른다.

우리말에서 '인민'이란 용어를 북한이 선점하는 바람에 이 용어가 좌파용어로 인식되고 있는 경향이 있는데 사실 알고 보면 인민은 전혀 좌파용어도 아니며 그럴 수도 없다. 원래 people이란 개념이 유래한 서구사회에서 이 말은 우파 혹은 좌파가 전혀 구별하지 않고 쓰는 용어다. 예를 들어 민주정체에서 people은 그 정체를 이루는 정치적 주체를 의미하는 것으로 모든 민주국가가 인민주권에 기반을 두고 있다. 어떤 사람들은 인민주권의 영문표기인 popular sovereignty를 국민주권이라 옮기기도 하지만 당대의 안정적인 민주정체의 주권자들의 모습은 국민주권이 시대에 맞지 않는 용어임을 명확히 보여주고 있다.

실제 people을 '국민'으로 번역해도 좋을 때가 있었다. 역사적으로 근대국가의 기반은 민족국가이다. 예를 들어 프랑스대혁명을 통해서 푀플(peuple)*이 처음 등장했을 때, 이 혁명의 사상적 기반을 제공했던 에마뉘엘 시에예스의 저작에 고스란히 드러나듯이 이 용어는 민족(nation)이라는 개념과 확고하게 연관을 맺고 있었다. 사실상 민

---

* 용어표기에 대한 혼란을 막기 위해 알려두자면, peuple는 후대에 내려오며 그 철자가 바뀐 것으로 처음 이 용어가 나왔을 때 철자는 pueple이었다.

족은 피플을 대신하는 말로 쓰였다. 이 두 용어 사이의 긴장감을 깨닫고 있었던 이는, 이 혁명을 도왔던 또 한 명의 사상가 토머스 페인 정도였는데 그 역시 그 차이를 심각하게 고려했던 것은 아니었다. 프랑스대혁명을 통해 등장한 피플은 민족이라 불러도 아무런 문제가 없을 정도였다.**

이는 18세기 무렵 근대국가가 성립될 당시의 사정과도 관련이 있다. 근대국가는 그 생성기에 하나의 민족이 하나의 국가를 만드는 데 훨씬 효율적이라는 발상에 근거해 민족과 국가를 일치시켰고 이것이 근대국가가 민족국가의 형태로 출발하게 된 이유였다. 그러나 역사적 경험에 나타난 민족과 연결된 people은 대개의 경우 공포를 유발하는 부정적인 존재였다. 하나의 민족이 하나의 인민을 만들고, 하나의 인민이 하나의 국가를 만든다는 널리 퍼진 발상이 너무나 많은 전쟁, 학살, 인종 청소와 같은 극단적 폭력을 낳았기 때문이다. 단일 민족이 단일 인민으로 이어지고 단일 인민이 단일 국가로 이어진다는 편견 아래, 현실적으로 단일 국가 안에 두 개의 인민이 존재할 수 없고 단일 인민 안에 두 개의 민족이 존재할 수 없었다.

한편으로 단일 민족이 단일 인민을 만들고 그 인민이 국가권력의 원천이란 이 발상은 서구근대국가가 강력히 추진했던 19세기 산

** 프랑스를 중심으로 한 대륙 계열의 인민 개념은 피에르 로장발롱(Pierre Rosanvallon)의 *Democracy Past and Future*(Columbia UP, 2006)를 비롯해 관련 에세이들을 참고했다.

업화 시대의 산물이기도 했다.* 서구국가들이 경쟁적으로 산업화에 돌입했을 때 각 국가의 내부적 결속이 요구되었고 그 내부적 결속을 단일 민족에서 찾았기 때문이다. 우리는 산업화를 두고 마치 시장과 자본주의가 만들어 낸 산물인 것처럼 생각하지만 실제 산업화는 그 시작부터 민족국가의 형성과 아주 밀접하게 맞물려 있었다.

그러나 현실정치에서 단일 민족에 근거한 단일 인민으로 단일 국가를 이루려는 노력들이 정치적으로 엄청난 폭력과 재앙을 불러일으키며, 많은 사람들이 '인민' 그 자체를 두려하게 되었다. 가장 잘 알려진 사례로는 독일민족의 우월성에 집착한 나치즘이 있고, 최근의 사례로는 보스니아 내전과 코소보 사태 등이 있는데 민족과 인민이 복잡하게 얽히며 일어난 재앙이었다. 특히 나치즘이 남긴 잔혹한 유산으로 인해 지난 몇 십 년간 서구정치이론에서 민족과 인민을 함께 묶어 긍정적으로 다루어 내는 저작은 찾아보기 힘들 정도로 드물다.

이런 인민에 대한 부정적 인식을 극복할 수 있는 인민의 긍정적인 측면은 단일 민족과는 거리가 먼 미국에서 일어난 혁명에서 나왔다. 미국혁명의 산물인 미국헌법은 권력의 소재를 "우리, 인민"으로 규정하고 있다. 인간의 권리에 기초한 미국헌법의 정신을 조금이라도 안다면 아무도 'We, the People'을 '우리, 국민'으로 옮기지는 않을 것

---

* Lars Magnusson, *Nation, State and the Industrial Revolution: The Visible Hand*, Routledge, 2009.

이다. 그리고 오늘날 안정된 서구민주정체의 한 기둥을 이루고 있는 자유주의의 영향을 조금이라도 이해하고 있다면, people을 국민이라 부르거나 옮기는 것은 오류다. 안정된 민주정체의 정치적 주체인 people은 민족국가의 형성 및 경쟁적 산업화와 맞물린 개념인 국민의 성격을 떨쳐 냈다고 보아도 무방하다. 오늘날 입헌주의를 기반으로 서 있는 민주정체는 인민을 정체의 근간인 헌법을 구성하는 주체(제헌권력)일 뿐만 아니라 전체 정치공동체의 정체성 및 정부와 사회의 틀을 구성하는 정치적 주체(구성권력)로 인정하고 있다. 민주정체의 주체로서 인민은 그 자체로 결속력을 지니고 있을 뿐만 아니라 인민 내부에서 동의하지 않을 권리, 저항할 수 있는 권리, 개인성을 견고히 유지할 권리까지 인정하고 있다. 이런 점에서 민주정체의 정치적 주체로서 인민은 '차이와 개인성을 인정하는 결속된 정치주체'로 정의할 수 있다.**

　'차이와 개인성을 인정하는 결속된 정치주체'라는 표현 그 자체가 드러내듯이 안정적인 민주정체를 이룬 곳에서 people의 속성은 '국민'보다는 '시민'이란 표현 속에 더 잘 드러난다. 원래 시민은 고대 그리스 도시국가의 구성원들을 이르는 말이었다. 당시 도시국가는 근대사회의 핵심적인 특징인 시장의 개념이 생겨나기 이전이라 국가와

** Michel Rosenfiel, *Constitutionalism, Identity, Difference, and Legitimacy: Theoretical Perspectives*(Duke UP, 1994)를 참고하라.

가족이 공동체를 이루는 핵심적인 두 요소였다. 시민이라는 말은 그 자체로 정치에 참여할 권리가 있는 자유인을 지칭하는 말로 그 탄생에서부터 공적이며 정치적인 개념이었다.* 우리가 살고 있는 당대의 민주정체에서도 여전히 시민의 본질은 '공공성'에 있는데, 그 자체로 정치적인 개념인 '시민'은 두 가지 특징을 내 보인다. 첫째, 시민은 자신을 경쟁적인 사적 인간을 넘어서는 협력적인 공적 인간으로 바라본다. 이들은 자신을 파편화된 개인이 아니라 결속력 있는 공동체의 구성원으로 바라본다. 둘째, 안정된 민주정체의 구성원들로서 시민은 (민족이라는 개념에 공동체의 정신을 부여하기보다는) 정치적 자유를 존중하며 자신들이 성취한 민주주의라는 체제에 더 많은 우선성을 부여한다. 많은 민주정체 내부에서 확산되고 있는 다민족 다문화 현

---

* 고대 그리스 민주주의가 노예제 기반에 서 있었다는 점에서 고대의 시민권을 배타적 권리로 근대의 시민권을 보편적 권리로 이해하는 경우도 있다. 그러나 시민권은 본질적으로 다른 시민들과 우리 시민들을 구별한다는 점에서 또 다른 측면에서 배타적인 속성을 지니고 있다. 근대사회에서 시민권이 결코 보편적이지 않으며 근본적으로 배타적이라는 것은 시민의 권리를 지닌 이들과 국가 없는 사람들(stateless)의 차별에서 드러난다. 아렌트가 『전체주의의 기원』에서 시민권 없이 인권이 지켜지지 않는다고 했을 때, 근대 이후의 사회에선 시민권의 배타성이 인권을 지키는 역할을 했기 때문이다. 이런 맥락을 고려해 보면, 고대의 시민권이 배타적이고 근대의 시민권이 보편적이라 구별하는 것은 그다지 바람직하지 않다. 단지 차별의 수준이 다를 뿐이다. 한편, 고대의 민주주의가 전쟁과 제국주의로 유지되었다는 점을 강조하며 근대 이후 민주주의와 차별성을 두는 경우도 있다. 근대민주주의국가가 민주주의 국가 간에 전쟁을 하지 않는 것은 분명하다. 그러나 근대의 안정된 민주주의 국가들 상당수가 그 성장에서 전쟁과 제국주의를 활용했고, 20세기에 단 한 차례도 장기간 전쟁을 멈추지 않은 유일한 국가가 미국이라는 점을 고려해 본다면, 민주주의와 전쟁 및 제국주의의 친화력은 근대사회에도 여전하다고 할 수 있다. 예를 들어, 네그리와 하트의 『제국』도 이런 발상에 일부 근거해 있다.

상은 이런 경향을 더욱 강화시키고 있다. 정치적 자유를 삶의 필수적 조건으로 이해하는 시민들은 동질성만큼이나 차이성에 의미를 부여한다. 또한 스스로를 정치권력의 행사를 견제하는 세력으로뿐만 아니라, 나아가 정치활동의 주체로 본다. 입헌주의 관점에서 보자면 시민들은 스스로를, 자신들이 존중하고 누리고 있는 정치적 자유와 민주적 가치들이 깃든 헌법의 저자로 바라볼 뿐만 아니라 자신이 살고 있는 정체 그 자체를 만들어 가는 정치적 주체로 바라본다.

롤스는 이런 정치적인 시민들이 지니는 도덕적 성향을 '시민성의 의무'(the duty of civility)라는 개념에 잘 녹여 설명한다. '시민성의 의무는 어떻게 자신들이 옹호하거나 투표하는 원칙들과 정책들이 공적 이성의 정치적 가치를 통해 지지될 수 있는가라는 근본적 질문에 대해 서로가 설명할 수 있어야 한다는 의미다. 이 의무는 또한 다른 사람의 견해를 자발적으로 귀 기울여 듣고자 하는 의지와 그들의 의견을 수용해야 하는지를 결정하는 데 있어 공정한 마음가짐의 상태와 연관되어 있다.'** 이 시민성의 의무에서 시민은 어떤 정책과 원칙을 지지할 때 그것이 왜 공적으로 타당한지 다른 동료시민들이 받아들일 수 있는 이유를 지니고 있어야 하며 이를 표현할 수 있어야 한다. 그리고 다른 동료시민들의 의사를 자발적으로 경청하고 공정한 마음가짐으로

** John Rawls, *Political Liberalism*, Columbia UP, 1993.

이런 의견들을 받아들일지 결정할 수 있어야 한다. 이런 의무는 시민들이 갖춰야 할 기본적인 도덕적 자질을 잘 드러내고 있다.

지금까지 살펴본 내용을 간략히 정리해 보자면, 인민은 민주정체의 틀을 구성하는 정치주체다. 국민은 근대국가 형성과정에서 나온 민족국가와 연결되어 있는 개념으로 국가 간의 경쟁 속에서 그 자체로 내부적 결속력을 강조하는 개념이다. 반면 시민은 안정된 민주정체의 구성원들에게 널리 그리고 깊숙이 퍼져 있는 자유적이고 민주적 속성을 드러내는 정치적 언어로서 '차이와 개인성'을 인정하면서도 사적 이익보다는 공적 가치에 그 우선성을 부여할 수 있는 도덕적 능력을 지닌 이들을 의미한다.* 이런 국민과 시민의 속성은 하나의 인민 내에 공존하기도 하는데, 이 경우 국민의 속성을 많이 지니느냐 아니면 시민의 속성을 많이 지니느냐에 따라 그 인민의 성격이 좌우된다고 할 수 있다.

산업화와 민주화, 그리고 국민과 시민

이렇듯 국민은 민족이란 개념과 함께 생존 및 필요에서 비롯된 개념인 반면 시민은 안정된 민주정체의 가치와 틀을 존중하는 개념이다. 이런 두 개념을 근대화 논쟁의 핵심적인 두 요소, 산업화와 민주화라

---

* 이런 정치적 존재로서 시민성의 핵심이 도덕적 능력이라는 것은 존 롤스의 『정치적 자유주의』뿐만 아니라 칼 맑스의 『유태인 문제에 대하여』 등에서도 찾아볼 수 있다.

는 틀에서 보면 더욱 잘 이해할 수 있다.

이 두 요소를 둘러싼 근대화 논쟁의 기초적인 핵심은 경제발전(산업화)이 민주주의(민주화)를 낳느냐, 아니면 민주주의가 경제발전을 낳느냐이다. 아주 흥미롭게도 정치학에서는 경제발전이 민주주의를 낳는다는 주장이 많은 반면, 경제학에서는 민주주의가 경제발전을 이루는 데 선행요소라고 주장하는 경우가 많다. 마치 '닭이 먼저냐 달걀이 먼저냐'처럼 보이는 이 논쟁을 두고 어떤 주장이 옳다고 선뜻 말하기는 쉽지 않다. 경제발전이 민주주의를 낳는다는 주장은 대체로 산업화 과정을 통해 민주주의에 이른 선진서구사회의 역사적 경험이 고스란히 반영되어 있는 반면, 민주주의가 경제발전에 핵심이라는 주장은 정치적으로 시장의 개방성을 확보하는 노력이 경제발전에 필수적이라는 후발개발도상국가들의 현실이 은연중에 반영되어 있기 때문이다.

우리 사회에서 행해졌던 개발독재는 바로 산업화가 민주화를 낳는다는 논리와 함께 이런 산업화를 급속히 이루어야 한다는 과제에 방점을 찍고 있다. 뒤늦게 경제개발에 나서 정치의 억압과 함께 산업화를 이룬 몇몇 아시아 국가들이 이런 논리를 내세웠고, 이런 논리가 가장 정교하게 다듬어져 제시되었던 것이 '아시아적 가치'라는 주장이다.

이런 주장에 맞서는 민주주의가 경제발전을 낳는다는 경제학자들의 주장은 무척이나 흥미로운데, 노벨경제학상 수상자인 아마티아 센의 『자유로서의 발전』(Development as Freedom)은 이런 주장이 한 단계 도약한 대표적인 예라고 할 수 있다. 센에 따르면 자유의 증진이야말로 발전의 가장 주요한 목적이자 그 자체로 발전의 가장 최적화된 우선 수단이다. 좀더 구체적으로 민주적 체제, 정치적 자유, 법적 장치, 시장구조, 사회적 기회평등, 투명성 보장, 교육과 건강보험 제공, 미디어와 통신 수단을 확장하면 인간 개개인이 자신의 능력을 창조적으로 발휘할 수 있는 터전이 마련되어 자연스럽게 발전과 더불어 발전 자체의 목적인 자유를 성취할 수 있다고 말한다. 이런 이유로 국가와 사회는 인간이 능력을 발휘할 수 있는 조건들을 최선의 수준으로 향상시키는 데 폭넓은 역할을 해야 한다.

특히 센은 민주주의와 정치적 자유를 강조하는데, 경제적 필요를 내세워 정치적 자유를 억누르는 것은 발전의 취지 그 자체와 맞지 않을 뿐만 아니라 경제발전 자체가 정치적 자유를 억압함으로써 더 빨리 이뤄지는 것도 아니라고 말한다. 센은 독재를 통해 발전을 이룬 몇몇 (아시아) 국가들과, 그 반대로 민주화를 통해 발전을 이룬 아프리카의 보츠와나를 비교하면서 그 예를 든다. 실제 보츠와나는 아프리카에서 민주주의가 잘 작동하고 있는 아주 드문 사례인데, '국제투명성기구'가 보고한 2012년 부패도 보고서에서 65점(30위)을 기록하여 56점(45위)을 기록한 우리나라보다 높은 수준의 청렴도를 보이고 있다(점수가 낮을수록 부패한 것이다). 1966년 독립했을 당시 보츠와나는 다인종문화집단으로 구성된 탓에 우리나라보다 정치적으로 결속하기에 훨씬 열악한 환경이었음에도 그 시작부터 민주주의를 정착시키고 법의 지배를 확립했다. 다수족인 츠와나(Tswana)가 만든 보츠와나 민주당(BDP)이 권력을 지속적으로 잡았음에도 정부가 공정하게 권력을 행사해 온 것으로 알려져 있으며 국제기구를 통해 그 공정성이 확인되고 있다. 또한 에이즈 바이러스 감염자들이 대륙 전체에 만연해 있는 아프리카에서 이 질병을 통제하기 위해 강력한 정책프로그램을 실행하고 있는 몇 안 되는 국가이기도 하다.

센은 정치적 자유의 결핍과 억압이 보편적인 아프리카 대부분의 국가들이 극심한 가난을 겪고 있는 상태에서, 정치적 자유와 민주주의를 정착시킨 보츠와나가 성공을 거둔 사례는 정치적 자유의 억압이 경제발전에 도움이 된다는 주장을 반박하는 것이라 말한다. 그리고 정치적 자유의 억압을 통한 경제발전을 정당화한 '아시아적 가치들'(Asian values)이란 주장을 향해 그 넓은 아시아 대륙을 관통하는 가치들이 도대체 어떻게 존재할 수 있는지 되묻는다(혹자는 센이 서구인이라 아시아의 사정을 몰라서 그렇다고 말할지도 모르겠다. 센은 하버드 대학의 교수로 있지만 미국 국적이 없는 인도인이다).

민주화로부터 국가의 초석을 다진 보츠와나와는 달리 불행히도 우리나라에선 산업화가 민주화를 억제해도 좋다는 논리가 지배했고, 여기에서 탄생한 개발독재의 논리는 현재 보수세력이 내세우는 주장의 근간을 이루고 있다. 반면 민주세력은 이런 논리가 지배하던 시기 민주화를 주장하며 어려운 억압의 날들을 보냈다. 이런 억압의 시기에 억압받는 평범한 사람들을 지칭하기 위해 자주 쓰였던 용어가 '민중'이다. 요즘은 그 빈도가 훨씬 덜한 편이지만, 1990년대 중반까지만 해도 민중은 흔히 보고 들을 수 있는 말이었다. 혹자들은 민중이라는 용어가 우리의 억압적인 정치적 맥락 속에 생겨난 독특한 개념이라 말하는 경우도 있지만, 앞서 언급한 people이란 말에는 이 민중과 유사한 의미가 이미 존재하고 있다. 앞서 설명한 바와 같이 people은 한 정치공동체를 구성하는 주체 전부를 뜻하는 말로도 쓰였지만, 때로 people은 지배엘리트와 권력에서 소외된 계층을 뜻하기도 했다. 역사적으로는 (왕권에 맞섰던) 지배엘리트가 people로 불린 적도 있었지만 대개의 경우는 권력에서 소외되거나 억눌린 대다수의 계층을 뜻하는 의미로 쓰였다. 평민(common people)으로 불렸던 이 집단은 계급질서가 무너지며 인민(people)에 합류했다. 우리가 독재와 맞서는 시기 자주 쓰였던 '민중'은 바로 이런 의미의 people에 가깝다. 우리 사회에서 '민중'은 정치적 억압에서 해방되는 것을 목적으로 했던 시기에 널리 쓰였다는 점에서 '국민'과는 다른 정치적 의미를 지니고 있었는데, 민중은 국민의 일부이면서도 개발독재에 순응하는 국민에 대항적인 개념이기도 했다.

  이를 산업화와 민주화의 틀에서 보면, 국민은 국가경쟁력을 앞세운 산업화의 동원시기에 널리 쓰였던 말이며 80년대 초반까지 1학년 1반 1번 학생부터 6학년 10반 60번 학생까지 모조리 외워야 했던 '국기에 대한 맹세' 및 '국민교육헌장'에 나오는 '조국이나 민족'과 같은 개념에 천착해 있는 국가 중심, 산업화 중심의 개념이라 보아도 무방할 것이다. 그리고 이런 '국민'의 성격이 현재 우리 '인민'의 커다란 부분을 차지하고 있으며, 여전히 '국민'은 우리 구성원들을 표현하는 일반적 용어로 쓰이고 있다.

반면 '시민'이란 용어는 국민에 비해 훨씬 덜 쓰일 뿐만 아니라 친숙하면서도 정작 그 의미의 속뜻은 대다수가 잘 모르는 생소한 용어다. 기껏해야 민주화에 기여하고 시민사회에서 활동하는 사람들이나 일부 민주주의자 혹은 자유주의자들이 자주 쓰는 용어다. 평범한 사람들의 경우 시민의 가치를 지니고 있는 이들도 스스로를 '국민'이라 칭하는 경우도 많다. '의회'는 '국회'라는 말로 쓰이고 있고 민주화 이후 탄생한 헌법조차 권력의 소재를 '인민'이 아닌 '국민'에 있다고 밝히고 있다. 그러나 그 용어의 사용빈도에 비해 실제 시민적 가치를 지닌 이들은 훨씬 많아 보이는데, 그 이유는 시민의 의미가 정확하게 정의되지 못한 탓에 시민의 가치를 지니고도 자기 스스로를 국민이라 부르는 사람들이 많은 탓인 듯 여겨진다.

국민과 시민의 갈등

필자는 산업화를 기반으로 한 국민으로서의 성격과 민주화를 기반으로 성장한 시민으로서의 성격이 우리 '인민' 내에 팽팽하게 혼재되어 있음이 잘 드러난 사례가 2012년 18대 대통령 선거와 2011년 서울시장 보궐선거라고 생각한다. 이 두 사례에서 투표성향을 비교해 보면 인민 내부에 국민의 성격과 시민의 성격을 지니는 세력 간 갈등의 경계를 좀더 선명하게 이해할 수 있다.

첫째 사례인 2012년 18대 대통령 선거는 박정희의 유산으로 대표되는 산업화를 중심으로 모인 보수세력과 민주화를 중심으로 모인 대항세력이 격돌한 현장이었다. 특히 18대 대선은 실용정부를 내건 보수세력의 집권 속에 유린된 민주주의에 대한 심판의 장으로 관심을 모았다. 그러나 50대와 60대 이상의 90%에 육박하는 압도적인 지지 속에 보수세력을 대표했던 박근혜 후보가 51.55%의 득표율로 민주세력을 대표해 나서 48.02%를 득표한 문재인 후보를 누르고 당선되는 결과가 나왔다. 산업화의 세대들이 자신들이 이룬 산업화의 업적으로 민주정체에 대한 권리를 주장하며, 결과적으로 민주적 절차를 통하여 민주화보다 산업화를 더 중요시했던 세력에게 민주정체운영을 맡기는 역설을 낳았던 것이다.

이런 역설은 우리 인민 내의 국민과 시민의 대립구도를 파악하면 좀더 쉽게 이해할 수 있다. 이를 위해 우선 2012년 대선 이후 화제가 되었던 『동아일보』와 '리서치앤리서치'가 공동으로 내놓은 한 여론조사(2012년 12월 11일)를 보자.

이 여론조사에 따르면 학력이 낮을수록, 소득이 낮을수록, 지식노동보다는 육체노동에 가까운 직업에 종사할수록 박근혜 후보를 지지하는 반면, 상대적으로 학력이 높고, 소득이 안정적이고, 육체노동보다는 지식노동에 종사할수록 문재인 후보를 지지하는 성향을 볼

〈도표〉『동아일보』와 리서치앤리서치 여론조사( 박근혜 □ 기타 ■ 문재인)

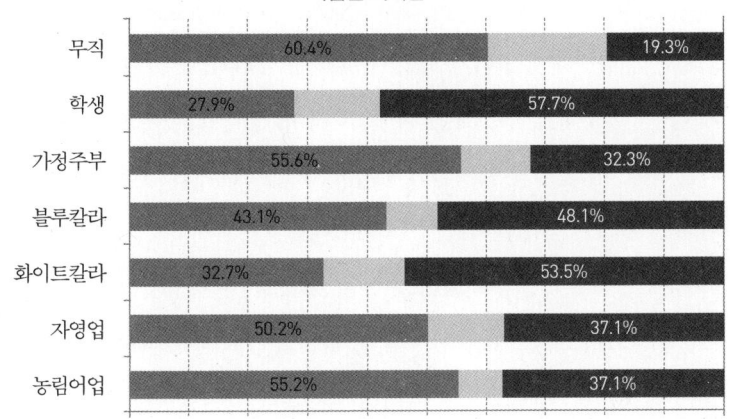

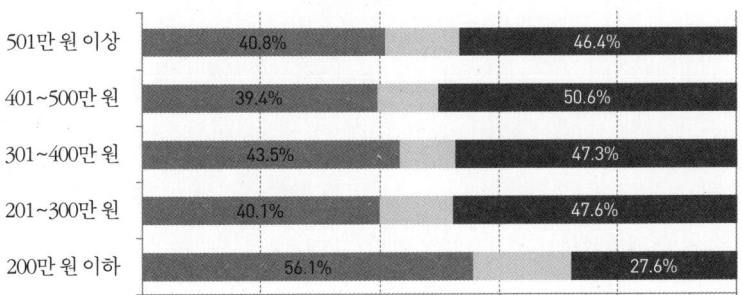

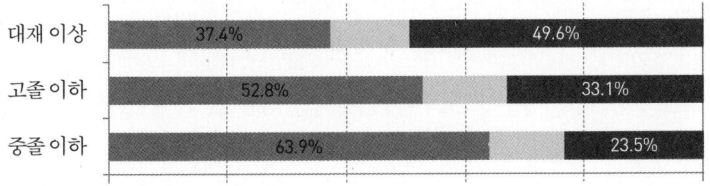

수 있다. 경제적으로 곤란을 겪고 있어 민주주의에 대해 생각할 여유가 상대적으로 없거나, 민주주의라는 가치에 노출될 기회가 상대적으로 적은 사람들이 박근혜 후보를 지지하는 성향을 보였던 것이다.

이런 성향에서 우리가 읽어 내야 하는 함의가 있다. 바로 '민주주의'라는 가치에 많이 노출된 사람들일수록 민주세력 후보를 지지했다는 점이다. 흔히 젊은이들이 야당성향을 보인다고 말하지만 젊은 세대의 주축인 학생들이 민주주의에 대한 가치 자체에 가장 노출될 기회가 많은 교육현장에 있다는 점을 잊지 말아야 한다. 젊은 세대가 보수화되었다고 비판하지만 여전히 학생들이 문재인 후보에게 가장 높은 지지율을 보이고 있다. 학력별 지지율은 교육을 위해 학교에 오래 머문 사람들일수록 민주주의를 표방했던 문재인 후보를 지지했음을 보여 준다. 이런 틀에서 보면, 2012년 18대 대통령 선거는 우리 인민 내에서 필요와 생존의 문제로 인해 산업화세력의 성공을 그리워하는 국민의 성향이 어느 정도 안정적인 경제기반과 고등교육을 바탕으로 민주화의 확장을 원하는 시민의 성향보다 좀더 많이 드러난 사례라고 할 것이다.

이런 우리 인민 내부의 국민적 성향과 시민적 성향 사이의 긴장은 2011년 10월에 실시된 서울시장 보궐선거에서도 거의 유사하게 드러났다. 2011년 10월 26일 서울시장 보궐선거에서, 보수세력의 대표로 나섰던 나경원 후보와 시민세력의 대표로 나섰던 박원순 후보를 두고 YTN이 4,000명을 대상으로 실시한 선거출구 조사는 이런 성

〈도표〉 2011년 서울시장 선거 YTN 출구조사(■ 박원순 ■ 나경원 ■ 기타)

연령별 지지율

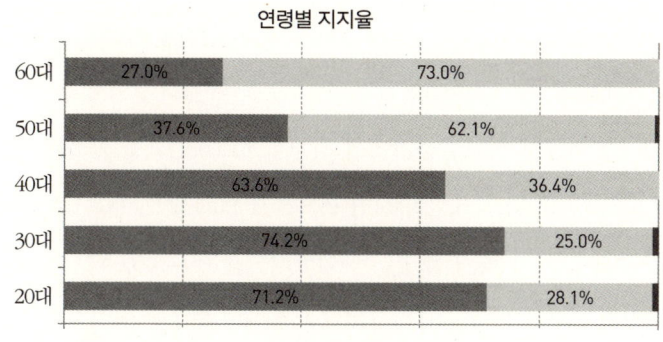

학력별 지지율

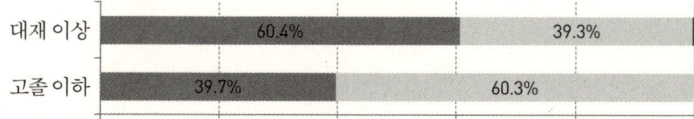

직업별 지지율

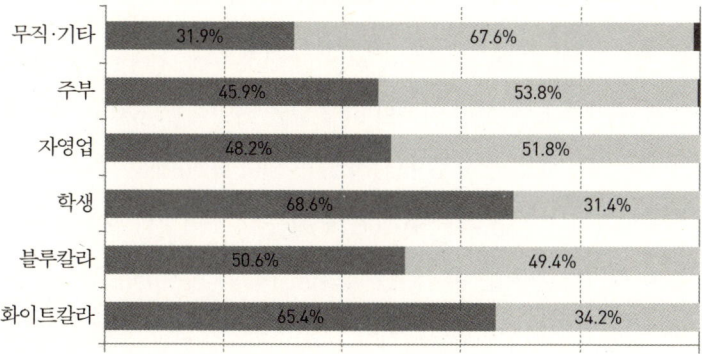

향을 다시 한 번 선명하게 보여 준다(물론 서울시장 선거였기에 전국을 대상으로 하는 대통령 선거와 동일하다고 볼 수는 없다. 그러나 이 선거가 보수세력의 민주주의 파괴에 대한 심판의 성격을 띠면서 서울시민뿐만이 아니라 전 국민의 관심사가 되었다는 데 누구나 동의할 것이다).

이 서울시장 보궐선거에선 최종적으로 53.4%를 득표한 박원순 후보가 46.2%의 득표한 나경원 후보를 누르고 당선되었다. 선거 결과는 18대 대선과 달리 민주주의 시민세력을 대표했던 박원순 후보가 박근혜 후보를 중심으로 결집했던 보수세력을 누른 것이었지만, 전체적인 투표성향 자체는 크게 다르지 않다. 여전히 학력이 낮을수록, 지식노동보다는 육체노동에 가까운 직업에 종사할수록, (육체노동이 지식노동보다 상대적으로 보수가 낮다는 점에서 유추해서) 소득수준이 상대적으로 낮을수록 보수후보인 나경원 후보를 지지했던 반면, 학력이 높고, 소득이 안정적이고, 육체노동보다는 지식노동에 종사할수록 박원순 후보를 지지하는 성향을 보였다. 구체적으로 민주적 가치에 노출될 기회가 많은 학생이 여전히 가장 높은 지지율을 보였고, 학생과 더불어 학교를 졸업한 지 얼마 되지 않은 20대 및 30대들, 상대적으로 민주주의라는 가치를 더 자주 접할 수 있는 대재 이상의 학력을 지닌 이들이 민주적 가치를 내걸었던 박원순 후보를 지지하는 성향을 보였다. 실제 고등교육이 민주주의의 형성에 도움이 되고 민주주의라는 가치를 자주 접한 사람일수록 민주주의를 존중한다는 것은 학문적으로도 증명되고 있다(그러나 이런 성향을 두고 두 집단을 나누어 이분법적으로 사고하는 것은 잘못된 것인데 이에 대해서는 다음 절에서 상세히 설명하겠다).

국민과 시민 사이에서 길 잃은 민중

2012년 18대 대통령 선거와 2011년 서울시장 보궐선거의 상반된 결과는 우리 인민 내부에 존재하는 국민적 성향과 시민적 성향의 관계가 서로 팽팽한 긴장 및 갈등관계에 있음을 보여 준다. 필자는 이런 양자 사이의 긴장 및 갈등관계가 1987년 민주화 이후 억눌리고 소외되어 있던 인민, 바로 민중이 시민으로 온전히 전환되지 못한 데 있다고 본다. 이런 전환이 이루어지지 못한 데는 몇 가지 이유가 있다. 우선, 지속적인 성장담론과 반공의 공세 속에 '민중'이 민주화 과정을 통해 민주적 주체로 변모하는 과정이 지지부진했다. 게다가 이런 상태에서 찾아온 1997년 IMF 사태가 큰 역할을 했다. IMF 사태 이후 누구도 예상치 못했던 노동시장의 유연화 등과 같은 급작스런 시장경제로의 전환 속에 민중의 상당수가 개발독재가 남긴 산업화 속의 국민이라는 유산에 갇혀 버린 채 민주주의를 지지하는 시민으로 변모할 기회를 제대로 가질 수가 없었다.

하지만 이런 긴장관계를 갈등관계를 넘어 대결구도로 이해하는 것은 바람직하지 않다. 무엇보다 이 양자를 보수와 진보의 이분법적 사고 속에 적대적 관계로 환원시키지 않아야만 한다. 우리 인민 내부의 국민과 시민의 성향을 구분해 보는 이런 시도는 산업화와 민주화와 얽힌 우리 역사적 맥락 때문이며 이런 역사적 맥락에서 나온 우리 인민의 모습 때문이다. 무엇보다 이런 틀은 인민을 둘로 나누고 한쪽을 비난하기 위한 것이 아니라, 우리 정치에 만연한 산업화에 뿌리를 둔 경제중심의 성장담론을 극복하고 민주적 가치를 중요시하는 사회로 전환할 수 있게끔 미래의 방향성을 설정하기 위한 것이다. 인민 내부의 국민과 시민은 한쪽이 다른 한쪽을 제압하는 관계가 아니다. 국민적 성향을 지닌 평범한 사람들이 내보이는 성장에 대한 집착과 그 집착에서 연상된 개발독재에 대한 향수를 바라보며 민주적 가치를 지향하는 이들이 적대감을 드러내서는 안 된다. 이는 성장을 위해서라면 민주적 절차나 가치를 이용해도 좋다는 보수 정치엘리트에 대한 비판과는 전혀 다른 차원이다.

무엇보다 이런 조사결과를 들고 학력이 낮거나 경제적으로 어려움을 겪는 계층을 싸잡아 정치적으로 비난하는 태도는 어리석다 못해 도덕적으로도 잘못된 것이다. 지표가 드러내듯 학력이 낮아도 소득이 안정적이지 않아도 민주세력의 후보를 지지하는 사람이 있는 반면, 학력이 높아도 소득이 안정적이어도 보수적 후보를 지지한 사람들이 있음을 기억해야 한다. 우리가 집단을 둘로 이원화하고 학력이 낮고 소득이 낮은 사람들을 한쪽에 모두 가두어 버리면 어려운 환경에서도 민주적 가치를 지지한 이들은 그 존재 자체가 사라져 버리고 만다. 오히려 민주적 가치를 지지하는 이들은 이런 우리 인민 내의 국민적 성향과 시민적 성향의 긴장 및 갈등을 바라보며, 경제적 어려움과 교육 기회의 부재 등으로 인해 민주적 가치를 접할 기회가 상대적으로 적은 이들에게 민주적 가치를 접할 수 있는 기회를 제공하기 위해 얼마나 스스로 노력해 왔는가에 대한 반성의 기회를 가져야 한다. 그리고 이런 기회를 어떻게 확장하여 민주적 가치를 이들과 공유할 수 있을지 고민해야 할 것이다.

이 책은 바로 이런 고민과 반성에서 시작한다. 이런 고민과 반성의 산물이 바로 '자신이 바라보고 목격한 것들을 스스로 말하고 해석하고, 그런 자신의 말과 해석을 다른 시민들의 말과 해석과 공유하고, 나아가 그런 공유 속에서 권력을 찾아내는 시민'의 형성이다. 이런 시민들은 적대감에 기반을 두고 형성될 수 없으며 무엇보다 적대감으로 민주적 가치를 공유하는 일은 가능하지 않다. 적대감과 경멸을 드러내는 이들에게 우리들이 대개 취하는 공통적인 태도는 등부터 돌리는 것이다. 국민이란 담론에 갇힌 민중이 시민으로 전환되는 과정에 우리도 함께해야 한다는 점을 잊지 말아야 한다.

시민은 민주적 가치를 접하며 형성된다

이런 점에서 대표적 민주주의자인 최장집 선생이 내놓은 '민중에서 시민으로'라는 방향성 제시는 한국사회의 문제점을 잘 짚어 낸 중요한 적합한 주장이라고 본다. 이런 민중에서 시민으로의 전환의 핵심에 정치적 자유에 대한 존중이 자리해야 한다는 지적도 옳다고 생각한다. 아쉽게도 일부 진보세력은 정치적 자유를 무시하는 경향을 보여 왔다. 필자는 2012년 대통령 선거에서 민주화세력의 패배에 진보세력의 정치적 자유에 대한 무시가 크게 한몫을 했다고 생각한다. 보수세력이 산업화라는 업적으로 개발독재라는 유산을 덮으며 박정희를 성공한 대통령으로 남긴 반면, 진보진영은 민주화세력을 대표한 김대중 및 노무현 대통령을 경제정책의 비급진성을 이유로 실패한 대통령으로 규정해 버리고 이 두 대통령이 남겨 놓은 가장 위대한 유산인 정치적 자유마저 함께 쓰레기통 속으로 넣어 버렸다. 그러다보니 성공 아닌 성공에 대한 막연한 향수와 실패 아닌 실패에 대한 확연한 확신 사이의 대결이 18대 대선의 결과를 낳는 데 상당한 역할을 했다고 생각한다.

일부 진보진영의 정치적 자유에 대한 오해와 이해의 부재는 안타까울 정도다. 정치적 자유는 그 자체로 목적이지만 그것이 지향하는 바의 종점은 아니다. 정치적 자유를 존중하는 이들은 평등한 자유를 인간의 삶을 풍요롭게 하는 기본조건으로 이해한다. 정치적 자유를 존중하는 이들은 자유로운 언론과 확고한 개인의 권리, 집회 및 결사의 자유, 양심의 자유 등이 경제적으로나 사회적으로 어려운 처지에 있는 사람들, 정치적 사회적 소수자들에게 다가가는 첫걸음이라고 생각한다. 나아가 사회 전체의 복지를 강화하는 첫걸음으로 이해한다. 비정규직의 문제도, 무상보육의 문제도, 학교무상급식의 문제도, 반값등록금의 문제도 인간이 정치적 자유를 누릴 수 있는 또 다른 토대로 이해한다. 그러나 이런 문제들은 정치적 자유 그 자체를 토대로 삼는 민주적 가치가 강화되지 않는 한 사회적 합의와 지지를 받는 제도로 정착하고 성장하기 힘들다.

이런 점에서 정치적 자유는 더욱 의미가 있다. 정치적 자유가 당대의 민주주의의 조건들과 결코 분리할 수 없는 연관을 맺고 있기 때문이다. 정치적 자유를 존중하는 이들은 민주주의와 민주주의의 근간이 되는 기본제도와 가치를 결코 외면하지 않는다. 개인에게 정치적 자유가 하나의 가치로 체화될 때 관련된 제도를 흔들림 없이 존중하는 태도로 드러나기 때문이다. 예를 들어 공정한 표현의 자유는 정치적 자유의 핵심이기에 특정세력의 언론장악과 같은 일을 결코 허용하지 않는다. 정치적 자유를 존중하는 이들은 이런 언론장악이 민주주의의 토대뿐만 아니라 개인의 자유를 침해한다는 점을 명확하게 이해하기에 경제위기와 같은 어떤 긴박한 상황이나 그럴 듯한 명분 앞에서도 이를 허용하지 않는다. 이런 점에서 정치적 자유는 민주적 가치를 강화하는 데 큰 도움이 된다.

그러나 자유주의에 대한 강박관념에 빠진 진보진영은 너무 빠르게 정치적 자유를 포기하고 경제문제에 대한 극단적인 집착을 보였다. 사실 민주화세력의 집권 시기는 우리나라가 가장 경제적으로 어려웠던 시기였다. 그러나 일부 진보세력은 하나씩 장기적으로 만들어가야 할 것을 경제적으로 가장 어려웠던 그 10년 내에 다 하지 못했다고 민주집권세력을 비난하기에만 급급했고 마침내는 '정치적 자유'가 만병통치약이 아니라는 이유를 들어 이를 함께 무시하고 포기해 버렸던 것이다. 진보진영의 경제문제에 대한 집착은 '잘 먹고 잘 산다'는 관점에서 보면, 교육기회가 상대적으로 적을 뿐만 아니라 상대적으로 경제적 궁핍에 처해 있는 많은 이들에게는 보수세력의 '잘 먹고 잘 산다'와 크게 달리 들리는 소리가 아니었다. 이런 상태에서 민주세력이 스스로 버린 정치적 자유는 민주화 이후 우리 민중이 민주적 가치를 체화할 수 있는 기회를 버리는 것이나 다름이 없었고, 진보가 앞장서 내려놓은 정치적 자유를 평범한 사람들이 받아들일 리는 만무했다. 그 결과는 참혹하게 드러났다. 실용정부 아래 정치사찰과 언론장악 등으로 정치적 자유가 유린되었을 뿐만 아니라 형식적으로 지켜지던 민주주의의 기본이 무너질 때 민주세력이 기대한 것만큼 사람들이 절망하지 않는 현실로 돌아왔다. 정치적 자유에 대한 신념이 부족한 평범한 사람들은 2012년 18대 대선결과가 보여 주듯 민주주의에 대한 유린을 정치적으로 응징하는 데 별다른 관심을 보이지 않았다. 무엇보다 정치적 자유를 일찌감치 포기한 진보세력에게 돌아온 역설은 정치적 자유가 유린된 지금의 상황이 진보 자신들이 활동을 전개하는 데 큰 장애물이 되어 버린 작금의 현실이다.

    이런 점에서 한국사회의 민주주의 허약성을 정치적 자유를 존중하는 시민의 결핍이란 맥락에서 본 최장집 선생의 진단은 옳았다(최장집 선생은 이를 '시민권'의 확립으로 표현했다). 그러나 이런 가치의 확산, 민중에서 정치적 자유를 존중하는 시민으로의 전환이 정당이라는 제도권을 중심으로 이루어져야 한다는 주장에는 선뜻 동의하기가 어렵다. 오해를 방지하기 위해 이 말이 정당정치에 대한 거부가 아님을 다시 한 번 분명히 해두자. 대의민주주의에서 정당정치는 필요하고도 중요하다. 그러나 정치의 갈등과 시민의 참여의 중심을 정당에만 두는 이런 시각은 개념적으로 정치주체인 인민의 정체성을 유권자로 제한하는 일일 뿐만 아니라, 이론적·실천적으로 민주주의를 정치엘리트를 넘어 확장시키지 못한다는 한계가 있다. 실천적으로도 최장집 선생이 주장하는 노동이 있는 좋은 정당을 만들어 제도권정치를 개혁하는 데는 한계가 있다. 이와 관련해선 최장집 선생 스스로도 『민주화 이후의 민주주의』에서 '권위주의 파생정당과 보수야당으로 구성된 한국정치의 초기질서, 즉 냉전반공주의에 기반을 둔 보수독점적 양당체제는 비판과 부정의 대상이 되기에 이르렀다. 따라서 새로운 정당체제가 등장하는 것이 자연스런 논리적 귀결이겠지만, 현실의 정치세계에서는 여전히 기존의 정치세력이 지배적이며 보수적 민주주의의 틀을 깨는 개혁적이고 진보적 대안이 출현할 가능성은 미약한 상황이 지속되고 있다. 요컨대 보수독점적 정당체제는 해체되는 것이 아니라 기존 정치세력들 사이의 분화와 재편을 통해 협소한 엘리트 구성 내부에서 권력이 폐쇄적으로 순환되는 기존의 구조를 지속시킬 가능성이 높다'고 밝힌 바 있다. 통합진보당의 실패는 일단 그 작은 가능성의 싹마저 잘라 버렸다.

그리고 제도권정치 수준에서 사회경제적 처지가 계급문제로 전환되지 않는 현실도 직시해야 한다. 18대 대선에서 노동자들의 도시

울산은 박근혜 후보에게 20% 더 많은 표를 주었다. 부산 경남 지역의 평균수준과 거의 일치하는 것이었다. 우리는 사회경제적으로 어려운 처지일수록 오히려 보수세력을 지지하는 작금의 현실을 직시해야 한다. 이런 현실에서 우리가 해야 할 일은 제도권이 중요하다고 외치는 것이 아니라 그 수준을 바꾸어 우리의 의식을 밑에서부터 재구성해 내는 작업이어야 하지 않을까? 오히려 이런 작업이 노동이 있는 새로운 정당 형성의 가능성을 더 높이는 것은 아닐까?

지난 1년 반 남짓 사이 우리가 경험한 두 가지 다른 현실, 2012년 18대 대통령 선거와 2011년 서울시장 보궐선거는 이런 전환이 어디에서부터 시작되어야 하는지에 대한 단서를 명확하게 보여 주고 있다. 어려운 말을 하지 않아도, 민주세력이 민주당을 중심으로 민주주의에 호소했던 사례와 박원순 후보가 무소속 시민대표로 나서 민주주의에 호소한 사례의 상반된 결과는 우리가 정치적 자유를 존중하는 시민의 확장을 어디서부터 시작해야 하는지 고스란히 보여 준다. 이런 점에서 18대 대통령 선거가 끝난 뒤 제도권정치에서 민주세력의 실패를 바라보며 『프레시안』(2012. 12. 20)을 통해 내놓은 홍윤기 선생의 제안은 그 의미가 깊다. "2019년은 사실상 대한민국 건국 원년인 1919년 3.1운동 때부터 딱 100년이 된다. 그때 이 나라의 얼굴은 그 어떤 대통령이 아니라 대한민국 시민에 있게끔 지금 이 순간 시민장정을 개시할 때이다."

성숙한 공중(the well-informed public)을 만드는 토대인 표현의 자유의 중심인 언론을 보수세력이 장악한 상황, 제도권에서 자행되고 있는 절차적 민주주의 남용과 실질적 민주주의에 대한 무관심, 그리고 이에서 비롯된 평범한 사람들의 제도권정치를 향한 지독한 혐오는, 18대 대선의 결과가 보여 주듯 인민이 투표라는 민주적 절차를 통해 민주주의를 남용한 세력에게 다시 민주주의를 내어 주는 결과를 낳고 말았다. 현재의 정당정치가 완전히 재편되지 않는 한 제도권 정치 속에서 우리 인민이 시민의 방향으로 전환될 길을 찾는 일은 사실상 가능해 보이지 않는다. 이런 점에서 이 책은 민주적 가치를 확산하고 공유해 나가는 일의 주체가 제도권 정치엘리트가 아닌 시민이어야 할 뿐만 아니라 그 시작해야 할 곳이 시민이 일상의 삶을 누리고 있는 시민사회라고 제안한다.

시민운동이 아니라 시민정치다

이런 제안과 관련하여 이 책이 주장하는 시민활동의 본질은 시민운동이 아니라 시민정치다. 민주화를 거치며 이 활동에 전념했던 많은 이들이 시민사회로 갔다. 그리고 이런 시민사회활동을 운동으로 여기는 경우를 자주 본다. 운동은 어떤 특수목적을 가지고 뜻을 함께하는 이들이 펼치는 활동이다. 운동에서 같이 활동하는 이를 지칭하는 말로 자주 쓰이는 '동지'라는 용어가 있다. 뜻을 같이 한 사람들. 이런 동지의 의미는 뜻이 갈라지면 더 이상 같이 행동할 수 없다는 의미를 은연중에 담고 있다. 만약 자신이 활동하고 있는 단체만을 생각한다면 시민사회활동을 뜻이 맞는 이들과 함께하는 운동이라 여길 수 있다.

그러나 다양한 민주적 가치가 존재하고 다양한 목적이 존재하는 현실에서, 그리고 이런 다양한 가치와 목적을 지닌 여러 세력과 함께 활동하기 위해서, 그리고 정치공동체를 성장과 [반공]이념의 담론에서 이해하는 이들에게 민주적 가치의 중요성을 확장하고 공유하기 위해서는 뜻이 다른 이들과도 함께할 수 있는 태도가 필요하다. 더군다나 여기서 말하고자 하는 시민은, 개인의 차원에서도 사안과 상황에 따라 다른 시민들의 활동을 지지하고 연대를 맺으며 민주적 가치를 확장한다는 점에서 시민단체에 한정된 사람들이 아니다. 서로 다른 가치를 지니고 있고 서로 다른 사안에 관심을 가진다는 점에서 다양한 이들로 구성되는 이 새로운 시민의 본질은, 뜻이 같아야 하는 동지가 아니라 서로가 달라도 상대방을 그대로를 인정하는 친구와 더 가깝다. 이들이 이런 다양성의 기반인 정치적 자유를 존중하며 이를 바탕으로 민주적 가치를 확산한다는 점에서, 이 새로운 유형의 시민들은 운동이 아니라 함께 정치를 하는 이들이다. 앞으로 이어질 세 개의 에세이에서 이런 민주적 가치를 확산하는 시민들의 정체성과 가치, 활동방식 등을 구체적으로 설명하고자 한다.

당부하자면 이런 '시민정치'를 너무 어렵게 생각할 필요는 없다. 시민정치는 민주주의 정체에 일반 시민들이 좀더 폭넓게 직접적으로 참여하고 관여하자는 제안이다. 그리고 오해하지 말아야 할 것은 제도권의 정당정치와 맞서고자 이런 시민정치를 제안하는 것이 아니라는 점이다. 오히려 시민정치는 정당정치와 연계되어 정치를 더욱 확장할 뿐만 아니라 시민 자체의 역량을 강화하여 민주사회의 기반을 단단히 다지고 이런 기반 위에 정당정치가 좀더 건강하게 작동할 수 있도록 돕는다.*

실제 시민의 가치를 들고 제도권정치를 가장 잘 지원했던 쉬운 사례는 18대 대선에서 문재인 후보를 지원했던 김여진 씨의 찬조연설이다. 이 책의 서두에서도 인용했듯이, 김여진 씨는 아이를 가진 어머니로서 자신의 민주적 가치에 대한 생각을 이렇게 표현했다.

> 어른들은 힘들고 고통스런 삶을 살았어도 우리 아이들에게만은 보다 행복한 삶을 살게 해주고 싶은 것, 모든 부모의 마음일 겁니다. 저는 미래에 제 아이가 살면 좋을 것 같은 세상이 어떤 모습일지 상상해 봅니다. 아이가 자유롭고 행복하게 살았으면 좋겠습니다. 다른 사람들과 경쟁하기보다 서로 돕고 살았으면 좋겠습니다. 아이의 친구가 다시 엘리베이터를 타고 옥상으로 올라가야만 하는 그런 무서운 세상만은 절대로, 절대로 아니기를 바랍니다.…… 마지막으로 제 개

---

* 필자가 제안하는 '시민정치'는 원래 정치학에서 확정된 개념은 아니다. 필자는 시민정치를 다음의 하위개념 세 개를 아우르는 말로 제안하려 한다. 첫째, 시민정치참여(political participation), 둘째, 시민관여활동(civic engagement), 셋째, 시민불복종(civil disobedience)이다. 이론적으로 이 각각의 활동이 구체적으로 어떤 것인지는 『정치의 귀환: 우리 민주주의 새로 짓기』(가제)을 통해 그려 낼 예정이다.

인적인 소원을 하나 말해도 될까요? 딱 하납니다. 정부를 비판했다고 생업을 잃지 않아도 되는 세상, 대통령도 잘못하면 마음대로 비판할 수 있는 세상, 그런 세상이 정말 다시 돌아왔으면 좋겠습니다. 대한민국은 민주주의 국가니까요.

지금까지 필자의 말이 어렵게 들렸다면 용서를 바란다. 사실, 필자의 모든 이야기는 김여진 씨가 한 아이의 어머니로서 값진 눈물과 함께 간절히 호소했던 이 내용과 다르지 않다. 우리 아이들이 자유를 느끼며 자라나고, 함께 성장하는 친구들과 서로 돕고 이해하고, 자신이 어려울 때는 국가가 자신을 안전하게 지켜 줄 것이란 믿음 아래 삶을 누릴 수 있는 곳. 우리 아이들이 커서 자신이 하고 싶은 말을 해도 아무런 불이익도 없는 곳. 정치권위가 우리 아이들을 부당한 권력으로 짓누르지 못하는 곳. '정치가 떠난 자리'를 이런 어머니의 맘으로, 이런 가치로, 우리 스스로의 손으로 채우자는 것이다.

일곱번째 에세이
/
자유로운 시민들은 누구인가?

정치적 자유를 존중하는 시민들의 정체성 찾기*

앞선 에세이에서 필자는 우리 사회에서 민주정체를 지지하고 유지하는 사람들이 시민이 되어야 함을 제안하며 이런 시민의 중심축을 잡는 가치로 정치적 자유를 내세웠다. 정치적 자유는 민주정체의 시민들이 공유하고 있는 기본가치로서 시민의 기본권리이기도 하다. 안정된 민주정체가 흔들림 없이 민주주의의 정체성을 유지하는 핵심적 요소가 바로 시민들이 체화하여 지니고 있는 정치적 자유에 대한 존중이다. 민주정체에서 정치적 자유에 대한 존중은 보수와 진보의 틀

---

* 이 에세이를 포함하여 앞으로 이어질 세 편의 에세이는 필자가 『프레시안』에 기고한 「우리 사회 자유주의자들의 정체성 찾기」 등의 글을 확장하고 고쳐 쓴 것이다. '자유주의 시민게릴라'라는 개념을 굳이 자유주의라는 사상에 갇히지 않은 '정치적 자유를 존중하는 시민게릴라'로 확장하면서 자유주의자들의 정체성도 자연스레 자유주의자를 넘어 정치적 자유를 존중한다면 그 누구라도 공유했으면 하는 정체성으로 확장되었다.

을 넘어서는 것으로 자신이 민주정체의 구성원이라 여기는 이들이라면 누구나 받아들여야 하는 가치다.

20세기 최고의 이탈리아 지성으로 여겨지는 노르베르토 보비오가 자유주의를 만나 민주주의가 더욱 강력해졌다고 했을 때, 그 가장 핵심적인 요소가 바로 이런 정치적 자유에 대한 존중이었다.* 안정된 민주정체의 시민은 정치적 자유를 기본적으로 존중한다. 정치적 자유를 존중하는 시민들은 자신을 자유롭다고 여기며 자유로워야 한다고 믿는다. 이런 '자유롭다'는 자신의 정체성에 대한 믿음은 '누구나 나와 같이 자유로울 때가 나의 자유로움이 가장 잘 보전되는 상태'라는 믿음으로 확장된다. 여기서 제안하고자 하는 정치적 자유를 존중하는 '자유로운 시민'은 바로 이런 믿음에서 출발한다. '나는 자유로운 존재며, 누구나 자유로울 때 내가 가장 자유로운 상태다.' 이런 믿음은 동등한 시민의 권리에 대한 존중, 나아가 누구에게나 보편적이어야 할 인간의 권리에 대한 신념으로 이어진다. 그러므로 정치적 자유를 존중하는 이들은 시민의 권리를 중요시 하며 이를 인간의 권리와 분리해서 생각하지 않는다. 나아가 인간의 역사에서 전체 구성원에게 차별 없는 동등한 자유를 보장하는 유일한 정체인 '민주주의'를 자신

---

* Norberto Bobbio, *Liberalism and Democracy*, Verso, 2006. 보비오(Norberto Bobbio)는 이탈리아의 정치 및 법철학자이다. 자연법과 정치사상사에 밝았을 뿐만 아니라, 정치적으로는 자유주의적 사회주의라는 독특한 입장을 유지했으며 20세기 지성사에서 중요한 위치를 차지하고 있다.

의 삶을 가장 잘 영위할 수 있는 곳으로 여기는 탓에 민주정체를 포기할 수 없는 삶의 기본조건으로 받아들인다.

필자는 이런 믿음을 바탕으로 자유로운 시민들의 정체성이 어떤 모습이어야 하는지 고려해 보고자 한다. 정치적 자유가 자유주의에서 비롯되었다는 점에서 자유주의의 도움을 얻지만, 앞으로 제안할 자유로운 시민의 가치와 토대들이 대다수 안정된 민주정체에서 잘 정착되어 있다는 점에서 스스로를 민주정체의 시민이라 여기는 이들이라면 정치적 입장에 상관없이 받아들일 수 있는 것들이라 생각한다. 다양한 가치와 토대들 중에서도 앞으로 제안할 요소들을 강조하는 이유는 우리가 처해 있는 정치적·사회적 맥락 때문이다. 이런 맥락을 고려할 때 우리가 당면한 과제들을 직시하고 그에 부합하는 자유로운 시민의 정체성을 설정할 수 있을 뿐만 아니라 상응하는 과제를 부여할 수 있다고 생각한다.

정치적 가치 : '디센트'(를 할 수 있는 용기)

만약 누군가 우리 사회에서 정치적 자유를 존중하는 자유로운 시민들이 가장 중요하게 여겨야 할 가치가 무엇이냐고 묻는다면 필자는 주저하지 않고 디센트(Dissent)에 대한, 다시 말해 '다른 견해'에 대한 존중과 옹호라고 답하고 싶다('다른 견해'라는 우리말 표현은 앞으로 설명할 디센트의 의미를 충실히 전달하지 못한다. 이 에세이에서는 그 의미를 정확하게 전달하고 그 중요성을 부각하기 위해 '디센트'라는 용어를 그대로 쓰고자 한다). 기존 정치기득권 보수세력이 지향하는 반공주의와 경제기득권 보수세력이 지향하는 신자유주의의 공통점을 들어 보라고 한다면 사회 곳곳에서 자신들을 향해 터져 나오는 다른 목소리를 인정하지 않는다는 점이다(최근의 통합진보당 사태는 진보정치세력조차 당내 다른 목소리의 존재를 인정하지 않는다는 것을 보여 주었다). 정치 및 경제 기득권에 반대하는 모든 목소리는 아무런 차별도 없이 모두 '빨갱이들'의 주장으로 전락하는 일이 여전히 허다하게 일어나고 있다. 그러나 한나 아렌트가 말하듯, 우리 한 사람 한 사람이 정치적 존재로 빛날 수 있는 이유는 우리 안의 개인들이 자기들만의 의사와 견해를 지니고 그 의사를 공적인 장에서 공개적으로 밝힐 수 있기 때문이다. 다른 목소리가 존재하지 않는다면 본질적인 의미에서 진정한 민주정치는 그 순간 끝이 난 것이나 다름이 없다.

　한 민주정체가 순조롭게 운영될 수 있는 근본적인 이유는 구성원들 간의 합의에 있다. 어느 사회도 구성원들의 합의 없이 운영될 수는 없다. 그러나 합의는 어떤 정책이나 가치에 대한 자발적인 동의를 전제로 한다. 만약 정책이나 가치에 대한 동의가 조건 없이 지속적으로 강요된다면 우리는 이런 상황을 복종 혹은 지배라 불러야 한다. 자유로운 시민들은 이런 조건 없는 지속적인 복종과 지배의 강요에 맞서 저항할 수 있어야 한다. 비판적이고 자유로운 시민들은 이런 저항의 공간을 일방적 혹은 지배적 이익을 차지하고 있는 권력에 맞서 다른 입장과 견해를 내놓는 적극적인 행위, 바로 '디센트'를 통해 열어

간다. 실제 잘 운영되고 있는 대다수의 민주정체는 '다른 의견을 지니고 제시할 수 있는 권리'를 합의된 민주적 원칙으로 정해 놓고 있을 뿐만 아니라 이를 헌법적 체계에서 보장하고 있다.

그러나 우리 사회의 내면을 들여다보면, 디센트를 통해 조건 없는 복종과 지배에 맞서 저항하는 일은 무척이나 험난해 보인다. 지배적 입장과는 다른 목소리가 이단아들의 목소리로 취급되는 경향이 있는 데다, 보수기득권의 이해와 이를 대변하는 기득권세력에 대한 비판의 입장 모두가 '빨갱이'들의 주장으로 취급되는 색깔론이 여전히 영향력을 발휘하고 있기 때문이다. 심지어 개인의 존엄성을 지키는 사회안전망 확보를 위해 복지정책을 지지하는 자유주의자들마저 '빨갱이'로 매도되기도 하는 기형적인 현실을 우리는 직시해야 한다.

그러나 정치적 자유를 존중하는 자유로운 시민이라면, 어떤 사안을 두고 지배적 견해에 맞서 디센트가 제기될 때 그 목소리에 귀 기울일 줄 알아야 한다. 그리고 그 견해가 이성적이고 민주적인 토대에 근거하고 있다면 이를 존중하고 옹호해야 한다. 그리고 무엇보다, 권력을 쥔 자들이 집단 전체의 이익을 내세워 자신들의 이익을 사회구성원들에게 강요할 때, 이에 맞서 합당한 다른 견해를 제시하고 이를 방어할 수 있는 용기가 필요하다. 필자는 스스로 옳음을 따져 디센트를 통해 자기입장을 취할 수 있는 바로 이 용기야말로 자유로운 시민들이 지녀야 할 정치적 가치가 되어야 한다고 본다. 무엇보다 개발독재 하에 개인의 자유가 공동체의 자유를 위한다는 명목으로 유린되어 왔고, 지금 현재도 개인의 견해가 공동체 전체의 이익을 위해서라는 가장 반자유주의적인 명목으로 억압받기도 하는 현실에서, 정치적 자유를 존중하는 시민들은 정치가 공공의 장에서 개별성을 존중하는 데서 시작되어야 함을 분명하게 밝힐 수 있어야 한다. 그리고 이 개별성이 개인들의 디센트로 드러날 때 이를 존중하고 지지하며, 때로 자기 스스로도 적극적으로 디센트를 할 수 있는 용기를 보여야 한다고 생각한다.

어떤 사람들은 디센트를 하는 사람들을 두고 정치공동체에 대한 충성심이 없다고 몰아붙이며 애국심을 강조하기도 한다. 필자는 만약 자기가 속한 공동체에 대한 애정이 애국심이라면, 정치적 자유를 존중하는 이들이 애국심 그 자체를 거부할 필요는 없다고 본다. 「자유주의의 상실」에서 한 차례 언급했듯이 공동체에 대한 애정은 공동체에 대한 무조건적인 지지 이외의 다른 방식으로도 표현될 수 있다. 공동체 전체이익이 개인의 존엄을 자주 압도하는 우리 사회에서 자유로운 시민들이 공동체를 사랑하는 또 다른 방식은 맹목적으로 국가의 정책을 지지하는 것이 아니라 정책의 올바름을 따져 개인의 존엄과 개별성을 지키는 방향으로 이견을 제시하는 쪽이 되어야 한다고 생각한다. 이렇게 행동할 수 있다면, 이견은 이유 없는 반항이 아니라 이유 있는 이성적인 저항이 되고, 공동체에 대한 반목이 아니라 이성적인 애정이 될 수 있을 것이다.

이성적 토대 : 정치적 자유를 자기배려로 이해하는 합리성

앞서 강조한 '디센트'와 더불어 자유로운 시민들이 이성적 사고와 행위의 토대로 삼았으면 하는 내용은 '정치적 자유를 자신을 위한 배려로 이해하는 합리성'이다. 이런 합리성은 자유로운 시민들이 '자유'를 이해하는 데 있어 보수기득권세력이 내세우는, 반공과 시장이 기묘하게 결합한 '집단중심' 자유주의 및 '자본중심' 자유주의와 확고한 구분점을 제공한다는 점에서도 매우 중요하다.

현재 보수기득권세력은 시장에서는 신자유주의를, 정치에서는 애국주의와 결탁한 반공주의를 기반으로 두고 있다. 하지만 이 양자 사이에는 서로 타협할 수 없는 간극이 있다. '시장에서 철저하게 개인의 이익을 추구하는 인간들이 어떻게 정치에선 갑자기 자기를 희생하면서 공동체의 자유를 방어하는 존재가 될 수 있는가'라는 논리적·현실적 괴리가 생기기 때문이다. 대부분의 신자유주의자들은 철저하게 국가를 일종의 강력한 보험회사와 같은 보호기구로 여긴다. 이를 고려하면 우리는 보수적 자유주의를 향해 다음과 같이 반박할 수 있다. "보험에 가입한 이들 중 얼마나 많은 이들이 보험회사 자체에 대한 신실한 믿음을 지니고 있을까?" 만약 보험회사가 보험을 든 사람들에게 필요 이상의 희생을 강요한다면 아무도 보험에 들려 하지 않을 것이다.

작금의 보수주의자들이 내세우는 '집단중심' 자유주의의 모순은, 맑스가 당대의 부르주아들을 바라보며 "어떻게 시장에서 극단적으로 이기적인 사람들이 정치에선 타자를 배려하는 공적 인간으로 급히 그 정체성을 바꿀 수 있는가"라고 지적한 모순과 맞닿아 있다. 현 지배 보수세력이 보이는 모순은, 이런 일반적인 모순이 반공주의와 맞물려 더 극단적으로 드러난 형태라 보면 될 것이다.

시장에서 타자와의 경쟁에서 승리하는 일을 최고의 미덕으로 삼으면서도 정치에서는 공동체를 위해 희생하고 애국하는 인간으로 살아가자는 보수기득권 자유주의의 정체성을 한마디로 표현한다면 '지킬과 하이드'라 할 수 있다. 자유주의자로서 필자가 알고 있는 지식 내에선 논리적으로뿐만 아니라 현실적으로 경제와 정치를 움직이는 자들 간의 이익 일치 외에, 경쟁에서 개인의 승리가 가장 탁월한 미덕인 신자유적 시장과 전체 이익이 가장 먼저인 집단우선주의가 함께 움직이는 이런 '지킬과 하이드'식 자유주의가 가능할 수 있는 접점은 존재하지 않는다. 돈과 권력의 결탁, 맘몬과 크라토스의 결탁만이 이런 '지킬과 하이드'라는 모순적이면서도 분열적인 이중성을 설명할 수 있다.

이런 지배 보수기득권의 '지킬과 하이드'식 자유주의에 맞서 성숙한 자유를 추구하는 시민들은 정치적 자유를 자신을 위한 배려로 이해하는 합리성을 지녀야 한다고 제안한다. 정치적 자유를 삶의 조건으로 삼는 이들은 이런 정치적 자유의 온전한 실현이 경제적 필요의 기본적 충족이란 토대 위에 선다는 것을 이해한다. 그러므로 비록 시장에서 실패했다 하더라도 개인들이 기본적인 경제적 필요를 채울 수 있도록 공정한 사회분배체계를 지지하는 일을 자신을 위한 배려로 받아들인다. 나아가 '다른 구성원들이 나와 동등하게 자유로울 때 내가 가장 자유로운 상태'라고 생각하기에 다른 구성원들 역시 동등하게 이런 배려를 누릴 자격이 있다고 생각할 것이다. 자유로운 시민들은 이런 자신에 대한 배려를 국가적 차원에서 제도적 장치를 마련하는 방식으로 표현한다. 예를 들어 개인의 인간다운 생활을 보장하는 적절한 최저임금제의 보장, 비정규직 노동자들의 정규직 전환에 대한 적극적 지지 등이 이에 해당하는 구체적 사례가 될 수 있다. 자유로운 시민들의 관점에서 보자면, 정규직 노동자들이 노동자의 권리를 외치면서도 비정규직 노동자들을 은연중에 차별하고 자신의 이익을 지키기 위해 비정규직 노동자의 정규직 전환에 미온적인 태도를 보이는 이유는 바로 이런 합리성의 부족에서 생겨난다.

우리가 이런 합리성을 좀더 넓은 사회의 외연으로 확장할 수 있다면, 좀더 폭넓은 사회의 안전장치, 쉽게 말해 사회의 복지 토대를 건설하는 일에 적극적인 관심을 기울일 수도 있다. 1970년대 존 롤스의 『정의론』의 등장이 획기적이었던 것은 이런 합리적 자기배려가 타자에 대한 보호와 관심으로 이어질 수 있음을 이론적으로 잘 구현해 냈기 때문이었다. 롤스는 모든 이들에게 정치적으로 평등한 기본적 권리가 있음을 정의하며, 이런 권리는 경제적인 것과 맞바꿀 수 없는 고유한 가치를 가진 것이라 말한다. 자본주의 사회에서 돈으로 살 수 없는 것이 있고, 그것이 정치적으로 평등한 기본적 자유의 권리라고 규정했다. 그리고 이런 평등한 자유를 실현할 수 있는 공정한 기회의 확보와 사회적 안전망의 구축을 내세웠다.

특히 사회적 안전망의 구축과 관련하여, 개인이 혹시 발생할 수 있는 위험한 상황에 대비하여 자기 안전을 극대화하기 위해 취하는 합리적 선택 전략인 맥시민 원칙(자기배려)을 사회적 관계 속에서 최소수혜자의 이익을 개선하는 데 초점을 맞춘 차등원칙(사회적 분배원칙)과 양립시킴으로써 '자기배려의 사회적 확장'을 이론적으로 정립해 냈다. 쉽게 말하자면, 자신이 어려운 처지에 빠졌을 경우를 대비하여 최대한의 안전망을 확보하려는 합리적인 개인은 사회적으로 어려운 처지에 처한 사람들의 안전을 확보하고 상황을 개선하는 정책에 합의한다는 것이다. 그리고 사회구성원들이 자신들의 경제적 이익을 개선할 때 항상 사회적으로 가장 적은 수혜를 입는 사람들의 이익을 개선하는 데 기여하도록 조건을 부여한다면 이런 상태를 만들 수 있다고 주장했다. 철학자 토머스 네이글은 롤스가 정치적 권리의 평등과 자원 분배의 평등을 너무나 우아하게 결합시켜 상식이 있는 사람들이라면 거부할 수 없게 만들었다고 평가하는데, 바로 이 중심에 자기배려의 합리성이 자리 잡고 있었다.*

---

* 네이글(Thomas Nagel, 1937~)은 미국의 철학자로 현재 뉴욕대학교 철학과 및 법학과 교수이다. 정치이론에 있어서는 자유주의 도덕이론과 정치철학의 발전에 많은 기여를 했다.

감성적 토대 : 독재의 공포로부터의 자유

이렇듯 정치적 자유를 자신을 배려하는 합리성으로 이해하는 일이 자유로운 시민들의 이성적 토대라면 공통적으로 공유할 수 있는 감성적 토대도 필요할 것이다. 이런 감성적 토대는 정치적 삶에서 사회 구성원들을 향해 보다 즉각적인 호소를 가능하게 하고 보다 광범위한 연대를 여는 데 도움이 될 것이다. 필자는 이런 토대를, 주디스 슈클라가 보편적 감성에 근거해 자유주의자의 정체성으로 내세운 '잔혹함에 대한 혐오'에서 빌려오자고 제안한다.** 슈클라는 다른 사람들에게 잔혹한 일을 하는 일을 혐오하고 싫어하는 사람이라면 누구나 자유주의자란 정체성을 지닐 수 있다고 말한다. 어떤 정치적 이념을 지니고 있든지 상관없이 인간이 인간에게 가하는 잔혹함을 바라보고만 있을 수 없다면 그 누구나 자유주의자의 정체성을 지닐 수 있다는, 이런 슈클라의 간단명료하면서도 설득력 있는 정의는 상당히 많은 이들에게 영향을 미쳤다. 예를 들어, 20세기 후반 최고의 실용주의 철학자 리처드 로티가 제안했던 자유주의 아이러니스트라는 개념도 바로 이 슈클라의 잔혹함에 대한 혐오에 근거를 두고 있다.***

슈클라는 이런 자유주의자들을 묶어 내는 토대로 잔혹함을 유발

** 슈클라의 이 정의는 이제 자유주의의 고전이라도 불러도 좋을 「공포로부터의 자유」(The Liberalism of Fear)라는 에세이에 실려 있다.
*** Richard Rorty, *Contingency, Irony, and Solidarity*, Cambridge UP, 1989.

하는 '공포로부터의 자유'를 내세운다. 그녀는 "체계화된 잔혹함에 대한 공포는 아주 보편적인 것이어서, 그 금지에 대한 도덕적 요청은 즉각적인 호소력이 있으며 많은 논증이 없이도 충분히 받아들여질 수 있기 때문"에 잔혹함이야말로 자유주의가 보편적 공감을 얻는 데 유용한 토대가 될 것이라 설명한다. 이성적 토대가 많은 시간과 노력을 들여 논증을 필요로 한다면, 이런 잔혹함에 대한 경멸과 이런 공포로부터의 자유는 많은 논증 없이도 즉각적으로 사람들이 연대할 수 있는 토대가 된다는 의미다.

그렇다면 슈클라가 말하는 잔혹함, 잔인한 짓의 실체는 무엇일까? 슈클라는 의도적으로 가해지는 모든 유형의 폭력을 의미한다고 말한다. 슈클라는 사회에서 가치의 다양성과 타인의 자유를 허용하고 지지해야 하는 이유가 체계적으로 가해지는 이런 억압이 일으키는 여러 잔혹한 일들을 피하는 데 있다고 말한다. 그리고 사회에서 늘 소수자의 위치에 처해 있는 사람들도 이런 자유주의라면 자신들을 보호하기 위해서 모두 공유할 수 있으리라는 설득력 있는 주장을 내놓는다.

필자는 이런 슈클라의 제안을 확장하여 이런 감성을 자유로운 시민들로 확장하자고 제안하는데, 굳이 자유주의자가 아니더라도 인간의 존엄성을 존중하는 이들이라면 마땅히 이런 잔혹함을 경계하고 혐오할 것이라 믿기 때문이다. 이런 이유로 이 책이 그려 내고자 하는 자유로운 시민들 역시 인간을 향해 자행되는 잔혹함을 혐오하는 사람들이며, '체계화된 잔혹함이 일으키는 공포로부터의 해방'을 정치적·사회적 연대의 감성적 토대로 삼을 수 있다고 본다.

　이런 발상을 우리 맥락에 맞추어 적용시킨다면, 자유로운 시민들이 가장 경계해야 할 잔혹함의 공포는 독재라고 생각한다. 좀더 구체적으로 필자가 이 에세이에서 의미하는 독재는 통치자가 법 위에 존재하는 상태, 정치엘리트들이 법과 민주적 절차를 남용하는 상태를 말한다. 고대 그리스인들은 통치자에게 법이 적용되지 않는 체제를 전제정(Tyranny)이라고 불렀는데, 이 말은 법이 존재하지 않는 야만의 상태라는 뜻이다. 야만과 문명의 기준을 법의 적용 유무로 구별했던 이들은 전제정이 야만적 체제일 수는 있으되 문명의 체제일 수는 없으며 오로지 문명의 체제에만 정치가 존재한다는 점에서 전제정을 정체라고 부를 수 없다고 여겼다. 이 전제정을 이르는 말은 오늘날에는 독재를 의미하는 'dictatorship'과 혼용해서 쓰이고 있다. 원래 로마시대의 독재는 오히려 긍정적 의미였는데, 한 정체가 위기에 닥쳤을 경우 위기를 극복하기 위해 법이 정한 일정기간 동안만 1인에게 통치를 위탁하는 위기의 극복방법이었다. 만약 통치를 위탁받은 이가 정해진 기간에 임무를 수행하고 권력을 놓으면 훌륭한 지도자로 남을 수 있었지만, 대부분의 이들이 권력을 놓지 못했던 까닭에 야만의 지배자로 전락하곤 했다. 율리우스 카이사르가 바로 야만의 지배자로 전락한 대표적인 사례였다. 기본적으로 헌법을 마음대로 개정하거나 무시한다는 점에서, 그리고 일반적인 법이 적용되지 않는다는 점에서 오늘날 우리가 독재자라 부르는 사람들은 고대인의 관점에선 야만인의 통치자였다. 필자가 의미하는 독재는 이런 법과 민주적 절차가 적용되지 않는 야만의 상태를 말한다.

이런 독재라는 야만 상태로의 회귀는 원래부터 정치적 자유를 중요시했던 이들이 가장 경계했던 대상이다. 슈클라의 공포로부터의 자유에 영향을 준 대표적인 자유주의 사상가가 몽테스키외였는데, 권력분립을 주창한 유명한 『법의 정신』 프로젝트는 바로 중세의 오랜 관습에 젖어 있는 당대의 유럽시민들이 근대화의 과정에서 뜻밖의 위기의 상황에 닥쳤을 때 야만의 상태인 독재로의 회귀를 선택할 수도 있다는 두려움에서 비롯된 것이었다.

작금의 우리 현실 역시 몽테스키외가 걱정했던 당시의 유럽과 크게 다르지 않다. 이런 '독재라는 공포로부터의 자유'의 필요성은 지금도 팽배한, 법과 민주적 절차를 무시했던 개발독재와 그 지도자를 향한 막연한 향수가 증명한다. 이는 경제적 위기 속에서 정치적 자유에 대한 소중함은 잊은 채 오로지 경제적 번영과 생존에만 매달린 우리 자화상의 한 단면일 것이다. 이런 향수는 언제든 또 다른 형태의 독재와 억압으로 이어질 수 있는 가능성을 내재하고 있다. 민주주의가 공고화되었다고 믿었음에도, 실용정부에서 정부기관의 주도 아래 계획적으로 자행된 정치인과 민간인을 가리지 않는 사찰은 바로 이런 체계화된 잔혹함이 독재의 공포로 또 다시 반복된 예라 할 수 있다. 그럼에도 이런 반민주적 행위를 민주적 절차를 통해 응징하지 못하는 작금의 현실은 이런 독재의 공포가 실현될 여지를 여전히 남기고 있다. 한편 공권력이 행사할 수 있는 독재의 공포는 사회적으로도 저개발지역에서 용산참사와 같은 또 다른 잔혹한 형태로 지속적으로 재생산되고 있다. 이런 맥락에서 필자는 자유로운 시민들의 감성적 토대가 '독재라는 공포로부터의 자유'가 되어야 한다고 제안한다.

필자는 이런 잔혹함을 혐오하고 독재의 공포를 경계하는 감성이 우리 자유로운 시민들 간의 연대를 자연스럽게 형성하고 확장시킬 것이라 본다. 관련하여 이런 독재의 공포로부터의 자유를 위한 연대의 시작은 감성일지 모르나, 그 활동의 토대는 이성적이어야 한다는 점은 분명히 밝혀 두어야겠다. 그리고 지나친 공포가 무조건적인 거부와 혐오로 귀결될 수도 있음도 언급해 두려 한다. 이런 까닭에 독재에 대한 공포로부터의 자유를 실현하는 방식은 평화, 관용, 배려를 지향하는 이성적 활동이 되어야 바람직할 것이다.

표현의 토대 : 자유의 평등함에 대한 이해

네번째로 제안하고 싶은, 자유로운 시민들이 공유하면 좋을 정체성의 토대는 평등한 자유의 절대성이다. 이런 제안을 하는 이유는, 정치 공동체에서 함께 살아가는 모든 구성원이 나와 동등한 자유를 누릴 권리가 있다는 것을 이해할 때, 그리고 우리가 이런 차원에서 동료시민들을 동등한 존재로 인정할 때 진정한 소통이 시작될 수 있다고 믿기 때문이다. 자유로운 시민들은 '내가 다른 사람들보다 더 자유로운 상태에 있다면 그것은 현실에 자유의 불평등이 존재하고 있기 때문이라 확고히 이해하고 있는 존재이며, 따라서 다른 사람들이 나와 동등하게 자유로운 상태야말로 내가 가장 자유로운 상태라고 이해하는 사람들이다'.

대부분의 인간들은 정치적·사회적으로 자유를 갈망한다. 하지만 이 자유에 대한 갈망은 평등에 대한 열망을 반드시 수반한다. 만약 나 자신이 누리고 있는 자유가 다른 사람들이 누리고 있는 자유보다 부족하다면, 이러한 현실은 사회적인 불만이 되고 정치적인 문제가 된다. 역설적으로 내가 더 많은 자유를 누리고 있다는 것은 사회의 어느 곳에선가 누군가가 자유의 부족을 경험하고 있다는 의미이며 나아가 정치적인 문제가 생겨나고 있다는 의미다. 정치적으로나 사회적으로 더 많은 자유를 누리는 사람들은 대체로 이런 현실에 무관심한데, 대개의 경우 다른 사람들이 자신보다 자유를 덜 누리고 있다고 생각지 않기 때문이다. 인간의 삶에 있어 자유롭다는 것, 그 자유를 다른 사람들과 평화롭게 향유한다는 것은 매우 중요하고도 의미 있는 일이다. 그러나 정치적·사회적 삶에서 평화로운 자유의 향유는 나의 자유가 타인의 자유와 동등하게 취급될 때만 가능하다. 소수 일부만이 자유를 맘껏 향유할 수 있다면, 다수가 누리는 그 조그만 자유는 더 이상 자유가 아니라 불만이 되고 고통이 되며 근본적으로는 자신의 삶을 경멸하고 타인을 증오하게 되는 근본이 된다.

자유주의적 평등주의를 대표하는 학자인 로널드 드위킨은 '모든 시민들의 운명에 동등한 관심을 보이지 않는 어떤 정부도 정당화될 수 없다'고 말한다.* 드워킨에 따르면, 현대의 모든 정치이론은 '평등'을 궁극적인 가치로 공유하고 있다. 현대의 모든 납득할 수 있는 정치이론은 '인간을 평등한 존재로서 대우한다'는 점에서 기본적으로 평등주의 이론이다. 하나의 이론이 공동체의 각 구성원의 이익이 중요하며 이런 이익이 '평등하게' 중요하다는 점을 받아들인다면, 그 이론은 근본적으로 평등주의 이론이다. 만약 어떤 이론이 같은 공동체에 속해 있는 시민들을 두고 정부가 평등하게 배려하거나 대우할 필요가 없다고 주장한다면, 특정한 부류나 집단의 사람들은 다른 구성원들만큼 중요하지 않다고 주장한다면, 양식이 있는 사람은 이런 이론을 받아들이지 않을 것이다. 이런 측면에서 드워킨의 주장은 '각 개인이 평등하게 중요하다는 발상'이 '모든 정치이론의 심장'이라는 것을 보여 준다.**

하지만 드워킨의 지적처럼 평등은 이제 가장 위험한 상황에 처해 버린 정치적 이상이 되어 버렸다. 불과 20~30년 전만 해도 설령 자유주의자들이라고 할지라도 적어도 이상적 목표로서 진정으로 평등

---

* Ronald Dworkin, *The Sovereign Virtue: The Theory and Practice of Equality*, Harvard UP, 2002. 이 책은 드워킨(Ronald Dworkin)이 2002년 이전에 낸 평등과 관련된 논문들을 모은 것이다. 그러므로 다음 각주에서 드워킨의 평등이론을 논증하는 킴리카의 저서가 출간된 년도가 2001년인 것은 연도의 오기가 아니다.
** 드워킨의 평등이론 주장과 관련된 논증은 윌 킴리카(Will Kymlicka)의 *Contemporary Political Philosophy: An Introduction*(Oxford UP, 2001)를 활용했다.

한 사회를 지향했다. 그러나 이제는 스스로 중도좌파라고 주장하는 이들조차 '제3의 길'(a 'third way' of government) 등을 주장하며 평등의 이상을 거부하곤 한다. 실제 유명한 사회학자인 앤서니 기든스가 고안해 낸 '제3의 길'의 의도는 좌파와 우파를 넘어 복지국가에 내재한 여러 가지 현실적 문제를 해결하려 한 노력이었지만, 결국 노동자들 내부에서만 일하는 자와 일하지 않는 자를 가르고 일하는 자만이 복지의 혜택을 받을 수 있다는 주장이었다.

우리는 이를 두고 노동하지 않는 자를 노동하는 자와 차별하는 것은 당연하다고 주장할 수도 있겠다. 그러나 한나 아렌트가 명쾌하게 밝히듯, 세상의 수많은 사람들이 노동하고 싶어도 노동할 수 없는 현실에 처해 있다. 1997년 말 경제 위기 이후, 우리 사회에서도 수많은 청년 실업자들이 생겨나고 있다. 특히 이 당시 대학졸업자들이 지속적으로 겪고 있는 취업난은 사회적으로도 큰 문제가 되고 있다. 더불어 수많은 인력들이 여전히 일을 할 수 있음에도 조기에 회사를 그만두는 명예퇴직이 유행하고 있다. 그러나 이들의 대다수는 여전히 더 일하고 싶어 한다. 어떤 이들은 일하고 싶다면, 공장에라도 가면 아직까지 일자리가 있다고 말할지도 모른다. 그러나 사람들은 다른 조건은 제쳐 두고라도 최소한 자신의 교육수준에 맞는 일을 하고자 하는 기본적인 욕망을 갖추고 있다. 아마티아 센이 명쾌하게 설명해 주듯이 사회구조적 문제로 인해 한 사람이 자신의 능력을 발휘할 기회를 찾지 못하는 것 또한 자유의 박탈에 해당한다.

자유로운 시민들이 한 사람 한 사람이 내보이는 표현을 삶의 질에서 중요시한다면, 평등한 자유에 담긴 열망은 단지 기본적 생계를 안전하게 충족하는 데 있지 않다. 이런 평등한 자유는 정치공동체에서 함께 삶을 누리는 그 누구나 자신을 표현할 기회를 공정하게 가져야 한다는 기본적 발상에 근거해 있다.

이완 맥그리거가 주연을 했던 영화 「브래스트 오프」(Brassed Off)는 이런 표현의 욕망을 잘 그려 내고 있다. 「브래스트 오프」는 1980년대 대처의 신보수주의 정책이 진행되는 시대를 배경으로 한, 탄광촌 마을의 브라스밴드 이야기다. 대처의 복지정책 해체가 시작되기 이전, 이 이야기 속의 광부들은 비록 낮에는 갱도에서 석탄가루를 마시며 일하더라도 저녁에는 모여 자신이 좋아하는 악기를 함께 연주할 수 있었다. 하지만, 대처가 신자유주의적 정책을 펼치기 시작한 이후 탄광촌 폐쇄가 잇따르며 광부들은 오로지 생존을 위해 버텨야 하는 상태로 전락해 버린다. 하지만 광부들은 마지막 순간까지 자신들이 부는 악기를 지키고 싶어 하고 그 지키려는 의지를 포기하지 않는다. 우여곡절 끝에 경연대회에서 우승을 차지한 후 우승 트로피를 팽개치며 지휘자 대니는 이렇게 말한다. "우리가 고래나 물개라면 상관없을 테지만 살아갈 희망도 호흡할 기력조차 없는 광부들에게 이딴 게 무슨 소용일까요?" 경연 후 돌아오는 버스 위에서 이들이 연주하는 엘가의 「위풍당당 행진곡」은 절망 속에서도 굴하지 않는 희망일까, 어쩔 수 없는 구조를 향해 몸부림치는 객기일까? 이들에게 악기를 지킨다는 것은 어떤 의미일까? 그것은 삶의 의미를 단순한 생존에 묶지 않고, 자신을 표현하며 살고픈 의지의 표현이 아닐까? 필자는 정치는 바로 이런 생존이란 지배의 끈으로부터 자기표현이라는 삶의 희망을 분리해 내는 작업이며, 이들의 「위풍당당 행진곡」이 절망 속에서도 굴하지 않는 희망이 되도록 하는 것이라 생각한다. 그리고 이 작업이야말로 자유로운 시민들이 함께 자발적으로 실천해야 할 정치적 과제라고 생각한다.

그리고 이런 작업을 하고자 한다면 지금까지 논의한 평등한 자유가 우리 자유로운 게릴라들의 표현의 토대임을 이해해야 한다. 인간의 역사에서 이런 개별 시민의 표현의 욕망을 정치적 장에서 가장 잘 실현했던 정체는 폴리스(polis)라 불린 고대 그리스 도시국가였다. 흔히 이 폴리스에서 민주주의가 시작되었다고 알고 있지만, 오직 자유로운 자들만이 평등할 수 있었다고 믿었던 이 도시의 시민들은 자신들이 지은 도시를 민주주의가 아닌 이소노미(isonomy, 시민평등체제), 풀어 말하자면 자유로운 시민 모두가 정치적으로 똑같은 자격을 갖는 평등한 자들의 통치로 이해했다. 오늘날 자유와 상반되며 때로 자유에 대한 위협이라 여겨지곤 하는 평등을 이 고대인들은 자유로운 자들이 갖는 당연한 정치적 지위로 이해했던 것이다. 아렌트의 표현을 빌리자면, 이 도시의 시민들은 '자유와 평등을 사실상 동일시했었다.' 더불어 이런 자유롭고 평등한 자신들의 통치를 '통치가 없는 통치'(no rule)라고 여겼다. 정체를 의미하는 용어가 거의 대부분 '-archy'(예를 들어, monarchy[군주정], oligarchy[과두정])나 '-cracy'(예를 들어 democracy[민주정], aristocracy[귀족정])라는 '[누구의] 통치'를 뜻하는 어미로 끝나는 반면, 이소노미는 법 앞에서 평등하다는 뜻과 함께 서로 통치하지 않는다는 의미를 담고 있었다.* 이런 폴리스의 시민들이 자신들이 지은 도시를 이해하던 방식은 자유로운 시민에게 중요한 시사점을 던져 준다. 우리가 서로를 표현하는 일을 정치의 기본으로 삼는다면, 서로를 자유롭고 평등한 존재로 이해해야 할 뿐만 아니라, 정치를 누가 누구를 통치하는 것으로 이해해선 안 된다는 것이다.

그러나 오늘날 급격히 확산되고 있는 신자유주의의 조건 속에서 이런 평등한 자유의 의미는 점점 퇴색해 가고 있다. 자유가 평등하게 분배되지 못하고 구성원들의 처지에 따라 자유를 누리는 정도가 급격히 차별되기 시작하면서 구성원 개인 간 삶의 질의 차이가 심화되고 있으며 이로 인해 생겨난 이질감은 사회적 소통의 장애가 되고 있다. 무엇보다 경제적으로 열악한 처지에 있는 사람들일수록 자신의 의사를 표현할 기회에서 소외되고 있는 실정이다.

표현하지 않을 때 소통은 이루어지지 않는다. 그래서 묵묵히 참고 기다린다면 자신들이 나서서 해결해 주겠다는 정치꾼들의 말은

---

* Hannah Arendt, *On Revolution*, Penguin, 1963.

대개 거짓말이다. 우리가 자유를 평등하게 분배하는 것을 표현의 토대로 삼는다면, 모든 구성원에게 표현의 적절한 기회를 보장하기 위해 기본적 필요를 충족하는 복지적 분배에 우리는 흔쾌히 동의할 수 있을 것이다. 무엇보다 자신뿐만 아니라 동료시민들이 마땅히 누려야 할 평등한 자유에 대한 관심은, 동료시민들을 평등한 존재로 여기는 자유로운 시민들의 민주적 표현이기 때문이다.

자유로운 시민의 정체성과 해방된 관객

필자는 지금껏 '디센트'를 할 수 있는 용기, 정치적 자유를 자기배려로 이해하는 합리성, 모든 형태의 독재에 대한 공포로부터의 자유, 평등한 자유에 대한 관심을 '자유를 확장하는 시민들'이 공유했으면 하는 정체성의 토대로 제시했다. 이런 토대는 시장과 집단이란 '지킬과 하이드'식의 모순적인 보수기득권의 자유에 대한 이해와 자유로운 시민들이 지향해야 할 자유의 이해에 대한 명확한 구분점이 되어 줄 뿐만 아니라 우리 역사의 일그러진 개발독재의 유산과 결별하고 동료시민들과 함께 협력하는 길을 열어 줄 것이다.

이런 토대는 랑시에르가 제시하는 해방된 관객으로서 시민들의 기반이기도 하다. 다른 목소리가 없는 곳에서 자신의 목소리를 내는 용기, 자기배려를 통해 타자와 관계를 맺는 합리성, 모든 잔인한 짓에 대한 반대를 통해 연대할 수 있는 감성, 평등한 자유를 토대로 한 소통은 개개인이 적극적으로 자신이 삶을 영위하고 있는 공동체를 지켜보며, 자신이 알게 된 것을 자기의 이야기로 들려 주고, 동료시민과 함께 소통하며, 그 소통을 통해서 민주적 권력을 공유할 때 가능한 것이기 때문이다. 무엇보다 이런 모든 정체성의 토대는 정치적 삶에 대한 무지와 외면에서 벗어나, 살펴보려 하고, 알고자 하며, 행동하고자 하는 시민들만이 지닐 수 있다. 다음 에세이에서는 이런 토대 위에서 보다 적극적으로 행동하고 참여하는 자유로운 시민들의 모습을 '자유로운 시민게릴라'라는 제안을 통해 좀더 구체적으로 그려 보고자 한다.

여덟번째 에세이
/
시민게릴라는 어떻게 자유를 확장하는가?

정치적 자유가 우선이다

이 에세이에서는 '정치적 자유가 우선이다'라는 주장과 함께 이를 실천하는 자유로운 시민상으로 '자유를 확장하는 시민게릴라'라는 개념을 제안하려 한다. 이런 주장과 제안은 좁게는 앞서의 「진보의 상실」에서 제기한 진보의 재구성과 관련해 자유로운 시민들의 역할과 관계가 있고, 크게는 민주주의의 재구성에서 시민들이 수동적 구경꾼의 모습을 벗고 활동적인 해석과 비판자들로 변모하는 민주적 활동과 관계가 있다. 이런 역할과 활동 모두 시민사회의 강화에 초점이 맞추어져 있고 애초에 필자가 자유주의자들에게 제안했던 내용이기도 하다. 이 에세이에선 왜 자유주의자들에게 제안했던, '제도권 권력 장악'보다는 '시민사회 강화'라는 과제를 '자유로운 시민들'에게까지 확장하고, 더하여 왜 우리 사회 자유로운 시민들이 (일부 진보진영이 드러내는 '순혈주의'의 오류를 피하고) 변화를 위해 유연하게 연대하는 시민들이 되어야 하는지 이야기해 보려 한다.

'정치적 자유가 우선이다.' 그렇다면, 도대체 무엇에 우선한다는 뜻일까? 다름 아닌 경제적 필요에 우선한다는 의미다. 진보의 큰 축을 이루는 (이렇게 표현해도 좋다면) '경제결정론자들'이나 '경제우선주의자'들이 본다면 이런 주장은 순전한 헛소리일지도 모른다. 하지만 오늘날 자유주의뿐만 아니라 민주주의를 지탱하는 축은 '가치, 견해, 입장의 다양성'에 있다. 물론 경제적 필요는 각 개인이 지니는 '가치, 견해, 입장'에 영향을 미친다. 과거 고대 그리스 사회에서 노예들이나 여성들이 정치적 권리를 갖지 못했던 까닭은 재산을 소유할 권리가 없었기 때문이다. 고대인들은 적절한 부를 소유하지 못한 사람들의 가치, 견해, 입장은 돈과 권력을 가진 자들이 은밀히 내어 놓는 조작이나 부패의 유혹에 쉽사리 물든다고 보았다.

이런 발상은 오늘날에도 유효한 듯 보인다. 우리 주변에서도 목격할 수 있는, 가난한 이들이 부자와 기존의 권력을 소유한 이들을 위해 투표하는 현상이 이에 해당하는 좋은 예다. 경제적 여유가 없을수록 정치적 자유에 대한 관심보다는 경제적 필요에 집착할 수밖에 없고, 이런 필요를 충족시켜 줄 수 있는 집단의 유혹에 빠져들기 쉽다. 좀 더 크게 보아도 경제적 기반이 약한 국가일수록 정치적 부패가 높은 경향이 현저한데, 이렇게 보면 고대인의 지혜가 오늘날에도 대체로 정확하게 적용되고 있다고 볼 수 있다.

이런 현실을 떠나 원칙적으로도 정치가 우선인 이유는 명확하다.

'경제적 필요'가 '정치적 자유'를 압도한다면 그 자체로 목적과 수단이 전도된 것이기 때문이다. 정치적 자유를 존중하는 사회일수록 구성원들이 자신의 가치, 견해, 입장을 잘 표현할 수 있도록 각 개인의 경제적 안정을 보장하도록 노력한다. 경제적 필요를 채우지 못한 이들이 자신을 제대로 표현하기가 얼마나 어려운지 잘 알기 때문이다. 그래서 정치적 자유를 존중하는 이들은 자연스럽게 사회경제적 약자들의 처지를 개선하는 일에 헌신하게 된다. 민주적 가치에 대한 헌신이 사회경제적 불평등의 개선에 대한 헌신으로 표현되는 것이다.

반면 사회경제적 필요가 그 자체로 목적이 될 때 이에 대한 헌신이 민주적 가치에 대한 헌신으로 이어질지는 불확실하다. 민주주의 없이도 사회경제적 처지의 개선은 얼마든지 가능하기 때문이다. 사회경제적 필요가 우선성이 될 때 개발독재와 민주주의는 그 목적에 있어 어떤 차별성도 없게 된다. 우리가 흔히 듣는 '독재라도 상관없다. 잘 먹고 잘 살게만 해 다오'라는 조금은 어이없는 말과 근본적으로 아무런 차별도 없기 때문이다. 2012년 18대 대통령 선거는 정치적 자유에 대한 신뢰와 헌신이 없는 사회에서 경제적 처지가 어려워질 때 어떤 일이 일어날 수 있는지 명확히 증명했다.

그렇다면 정치적 자유의 우선성이 우리 사회에서 더욱 중요하게 여겨져야 하는 이유는 무엇일까? 무엇보다 절대반공과 경제개발우선주의가 서로의 필요에 따라 조우하며 형성된 지배적 보수세력이 정치적 자유의 근간을 이루는 가치 다양성이나 양심의 자유에 오래도록 무관심했을 뿐만 아니라 기본적 인권마저 무시해 온 역사적 맥락 때문이다. 이는 정치적 자유에 대한 경제적 필요의 우월성에 대한 강조가 빚어 낸 현상이었다. 하지만 이런 경향이 보수만의 특징이라고 여긴다면 잘못된 이해일 수도 있다. 일부 진보세력 역시 보수들과 동일하게 오랫동안 경제의 우선성에 지나친 집착을 보여 왔다. 이런 집착은 언제든 정치적 자유에 대한 소홀로 이어질 수 있고 실제로도 그러하다.

경제의 우선성에 대한 집착은 차이에 대한 관심을 지운다

오늘날 가치, 입장, 견해의 다양성이 핵심을 이루는 정치적 자유의 본질은 '차이에 대한 인정'에 있다고 할 수 있다. '차이에 대한 인정'은 특정한 입장 내에 있는 '작은 차이들'에 대한 인식과 인정으로도 이어진다. 그러나 일부 진보주의자들이 지닌 명확한 논리, '자유주의자들은 다 똑같다'는 획일적 인식은 자유주의 내부의 입장 차이를 지워 버리고 심지어 자유주의를 떠나 민주주의의 기반인 정치적 자유에 대한 경시로까지 이어지고 있다.

김대중 정부와 노무현 정부에 대한 일부 진보주의자들의 평가를 보면 이런 획일적 인식을 더욱 선명히 볼 수 있다. 이들에게 김대중, 노무현, 이명박은 다 똑같은 신자유주의자들이다. 예를 들어 2012년 『레디앙』에 게재된 '자유주의는 진보적일 수 없다'는 요지의 진보적 자유주의 비판 칼럼이 그렇다. 이 칼럼의 필자는 유럽식의 '자유주의'

인식에 기반을 두고 있으면서도 (신)자유주의 체제 승리를 선언한 미국인 학자 프랜시스 후쿠야마의 『역사의 종말』(*The End of History and the Last Man*)을 그 예로 든다. 이는 유럽과 미국에서 자유주의가 전혀 다른 개념으로 쓰이는, 차이에 대한 인식의 부재를 고스란히 드러낸다. 예컨대 토머스 네이글은 미국과 유럽에서 자유주의의 의미 차이를 다음과 같이 설명한다. "현재 유럽에서 자유주의라는 용어는 좌파들이 평등과 사회정의라는 가치를 실현함에 있어 국가의 역할의 중요성을 인식하지 못하고 자유로운 시장만을 신봉하는 우파들의 맹목적 신념을 혹평하기 위해 사용하고 있는 반면, 미국에서는 우파들이 개인적 자유와 자율이란 가치를 대가로 지불하며 사회경제적 평등에 비현실적으로 집착하는 동시에 그 실현을 위해 정부의 권력을 사용하려는 좌파들을 비난하기 위해 쓰고 있다."* 네이글의 설명에서

---

* Thomas Nagel, "Rawls and Liberalism" in *Cambridge Campanion to Rawls*, ed. by Samuel Freeman, Cambridge UP, 2003. 우리가 흔히 유럽의 대표적 자유주의자라고 알고 있는 존 스튜어트 밀은 유럽에서는 홉하우스, 그린, 홉슨 등과 더불어 뉴리버릴리즘(new liberalism)이라고 불리는 계열에 속하며, 이 뉴리버릴리즘은 교육과 의료복지 등과 같은 공적 과제에서 정부의 역할을 강조하는 사회적 자유주의(social liberalism)와 사실상 동일한 의미로 쓰인다. Avital Simhony and David Weinstein, *The New Liberalism: Reconciling Liberty and Community*, Cambridge UP, 2001. 뉴리버릴리즘은 우리말로는 똑같이 신자유주의로 해석될 수 있는 'neoliberalism'과 완전히 반대의 흐름이다. 뉴딜의 프랭클린 루즈벨트, 뉴프론티어의 존 에프 케네디, 위대한 사회의 린든 존슨, 의료복지를 내세운 빌 클린턴 등이 모두 대표적인 미국의 자유주의자들이며, 미국에서 자유주의자들로 불리는 대부분이 경제적으로는 케인스주의자들이다. 심지어 좀더 속내를 들여다 보면 미국 진보운동의 자금도 상당 부분 자유주의자들에게서 나온다.

알 수 있듯이, 유럽에서 자유주의는 많은 경우 신자유주의와 거의 구별되지 않고 쓰이지만 미국에서 자유주의는 신자유주의와 온전히 구별되는 용어다. 보다 명확하게 한다면, 유럽의 자유주의자들은 자원분배에 있어 국가의 시장 개입을 반대하지만, 미국의 자유주의자들은 국가의 시장 개입의 필요성을 인정한다. 당대 유럽에서 자유주의자들로 불리는 이들의 사상은 미국에서는 자유지상주의(libertarianism)라 불리며 자유주의자들과 분배문제 등을 놓고 대립적인 입장을 취하고 있다. 이렇듯 유럽의 자유주의자들과는 달리 사회를 복지체계로 건설하고 싶어하는 대다수 미국의 자유주의자들은 후쿠야마의 선언을 아주 황당한 것으로 여긴다. 이런 차이에 대한 인식의 부재는 이 칼럼 내내 '한국사회 자유주의자들은 다 똑같다'는 결론으로 향하고, 종래에는 한국의 진보적 자유주의자들은 '신자유주의에 신자유주의로 맞서는 광대들'로 전락하고 만다.

『레디앙』의 이 칼럼은 우리 사회에서 '좋은' 자유주의를 구분하는 이들이 내세우는 '자유주의가 진보적일 수 있다'는 주장에 대한 반박이었다. 사실 정치적 자유주의자인 필자도 왜 좋은 자유주의를 구분하는 이들이 자유주의가 진보적일 수 있다고 굳이 주장하는지 그 의도도 맥락도 정확하게 파악하지 못하겠다. 자유주의자의 심정도 이러한 데 '자유주의가 진보주의를 오염시킨다'고 믿는 이들이 이런 시도를 못마땅하게 여기는 것은 백번 이해하고도 남는다. 하지만 김대중 및 노무현 정부에서 실시된 정치적 자유의 확립과 확장에 대한 진지한 평가 없이 오로지 '경제패키지'만을 기준으로 그 진보성을 평가하고 이 두 정부를 이명박 정부와 똑같은 신자유주의자들이라고 못박아 버리는 것은 그다지 이해가 되지 않는다. 정치정책은 온전히 제쳐 놓고 경제정책에 대한 비판만으로 '자유주의자들은 다 똑같다'고 결론짓는 이 칼럼은 정치를 경제로 환원시키는 일부 진보의 습관적 논리구조를 전혀 벗어나지 못하고 있다.

이런 관점에서 보면 김대중 정부나 노무현 정부 아래서 이루어진 인권의 향상, 언론의 자유 보장, 여성 권리의 향상 등과 같은 정치에서 만들어진 커다란 차이는 보이지 않는다. 마치 이런 정치적 자유는 예전부터 당연히 보장되고 있었던 듯하다. 그러나 우리 역사에서 이 10년이 만든 정치적 자유의 정도 차이는 막대한 것이며, 이 10년 외에 이런 정치적 자유가 단 한 순간도 당연히 보장된 적이 없었다는 사실은, '자유주의자들은 다 똑은 신자유주의자들이다'라는 비판 칼럼을 쓴 필자도 단 한 번만 스스로에게 질문해 보면 알 일이다. 경제정책이 본질적으로 똑같으면 정치적으로도 다 똑같다는 식의 논리는 경제의 우선성이 정치를 바라보는 눈을 가려 버린 일부 진보의 현실을 그대로 반영하고 있다.

너무나 자유주의적인 진보의 지형

정치적 자유에 입각한 차이에 대한 인정의 필요성은 진보의 지형만 들여다봐도 쉽게 드러난다. 자유주의 정치철학자 존 롤스는 『공정으로서의 정의』(Justice as Fairness: A Restatement)에서 서구자유주의 사회가 더 이상 정치공동체일 수 없다는 주장을 내세웠다. 정치공동체란 하나의 가치 아래 모든 구성원을 결집할 수 있는 집단을 의미하는 데 반해, 이제 서구사회는 구성원들을 결집시킬 수 있는 하나의 가치가 지배할 수 없는 곳이 되었기 때문이다.*

「진보의 상실」에서 한 차례 언급했듯이, 필자는 아이러니하게도 우리 사회에서 이런 가치와 입장의 분열이 가장 극명하게 드러나는 곳이 진보진영이라고 생각한다. 필자뿐만 아니라 대다수의 사람들도 이에 동의할 것이다. 진보지식인이 지닌 개개인의 신념은 전혀 자유주의적이지 않을지는 모르나, 입장과 가치의 분열이 이룬 진보의 지형 자체는 너무나 자유주의적인 형태로 구성되어 있다. 서로 다름이 만든 섬세한 차이가 가장 고도로 표현되고 있는 진보의 내부를 들여다보면 이제 이들을 서로 뭉치게 할 만한 요소가 거의 없다고 해도 심한 말이 아니다. '진보가 공통된 지향점의 결여, 혹은 분열로 망한다'는 자조 섞인 한탄은 바로 이러한 현실을 고스란히 반영하고 있다. 이제 진보를 뭉치게 할 만한 요소는 강력한 외부의 적뿐이다. 칼 슈미트가 말하는 '동지와 적의 구분'이 정치적인 것의 기반이라는 논리처럼

---

* 존 롤스는 이런 서구사회의 삶의 조건을 비극적이라 인식하지 말고 이런 삶의 조건 속에서도 서로 협력하며 공존할 수 있도록 만드는 것이 정치철학의 임무라고 말한다. 그리고 이런 임무를 '정치적 자유주의'라는 프로젝트를 통해 수행했다.

공통의 적이 지목될 때에야 그나마 연대를 이룰 명분과 동기를 부여받는다.

이런 현실에서 한국사회에서 진보의 재구성은 하나의 가치나 목적 아래 일어날 수 있지 않으며 그런 일은 전혀 바람직하지도 않다. 그리고 이런 분열은 대부분의 자유로운 민주사회에서 일어나고 있는 일반적인 경향이기도 하다. 예를 들어, 미국에서 여성주의는 1960년대 뉴레프트들 내부에서 횡행했던 남성중심주의 운동에 반발해서 폭발한 것이었는데, 이와 유사하게 2012년 통합진보당 사태가 일어난 뒤 진보진영 내에서 이정희 의원 등을 두고 나오는 증언은 우리 운동권 내에서도 얼마나 남성중심주의가 극심한지를 고스란히 보여 주었다. 진보적 여성주의자들이 이런 남성중심적 운동가들과 정치변화를 위해 타협할 수 있다면 그 형태는 특정 목표달성을 위한 '잠정적 협의'나 민주적 원칙에 기반을 둔 '중첩적 합의' 정도일 수밖에 없을 것이다.

자유주의자들이 진보적이지 않다 혹은 진보적일 수 없다는 반박은 있을 수 있으며 논지에 따라서는 타당할 수도 있다. 그러나 그 반박이 "자유주의자들은 다 똑같은 신자유주의자들이다"는 결론으로 향하는 것은 일종의 논리 폭력이다. 우리와 입장이 다르면 다 똑같다는 식의 주장이야말로 일부 진보 내에 깊숙이 자리한, 남성적 근육으로 만들어진 논리의 속살은 아닐까? 입장의 차이를 지우는 이런 논리와 주장의 기반이 바로 '정치적 자유에 대한 경제적 필요의 우선성'이라는 신념의 집착에 있다.

존 롤스가 『정의론』에서 제시하는 정의의 두 원칙에도 사전적 서열(사전에서는 말의 순서가 정해지면 바뀌지 않는다)이 필요함을 강조하며 '평등한 정치적 자유의 우선성'을 제시했을 때, 그 이유는 경제적 필요라는 수단이 정치적 자유라는 본질적인 목적을 왜곡해서는 안 된다는 점을 확고히 해두기 위해서였다. 우리의 목적이 경제적 필요의 충족이라면 굳이 민주주의라는 정체를 고집할 필요는 없다. 한 사람의 뛰어난 지도자만으로도 그런 일은 가능할 수 있다. 우리가 경제적 필요를 충족하고자 하는 이유는 개별 인간이 누릴 수 있는 자유의 확장 때문이며, 우리가 민주주의를 고집하는 이유는 그 개별 인간의 자유의 확장을 모든 이에게 동등하게 보장하는 유일한 정체이기 때문이다. 경쟁과 생존을 앞세운 신자유주의의 왜곡된 얼굴이 바로 이런 목적과 수단의 전도에 있음을 기억해야 하며, 그 누가 제시하는 주장과 논리이든 경제적 필요의 우선성에 지나치게 집착할 때 정치적 입장의 다양성과 차이를 지우는 의도치 않은 결과에 이를 수 있음은 민주사회의 모든 이들이 기억해 두어야 할 사안이다. 목적과 수단을 일치시킬 때 경제적 필요의 충족과 민주주의가 자연스럽게 장기적으로 공존할 수 있다.

시민사회와 다양한 가치의 실험

필자는 이 책의 「자유주의 상실」과 「진보의 상실」에서 자유주의자들과 진보진영에게 시민사회를 활동무대로 삼자고 제안을 했다. 무엇보다 우리 맥락에서 제도권정치로 대표되는 국가가 시민사회보다 전통적으로 강했고 여전히 시민사회의 기반이 허약하기 때문이다. 이런 시민사회로의 지향은 자유주의자들뿐만 아니라, 정치적 자유의 우선성을 믿거나 그 중요성을 인정하고 이를 확장하고자 하는 이들이라면 누구나 우선적으로 생각해 볼 문제다. 그래서 필자는 자유로운 시민들이 이 점을 숙고해 보아야 한다고 생각한다.

국가와 시민사회의 관계를 떠나, 시민사회가 자유주의자들과 정치적 자유의 중요성을 믿는 이들에게 더욱 어울리는 무대인 이유는 시민사회야말로 지금껏 강조해 온 정치적 자유에 근거한 가치의 다양성을 실험하고 차이의 인정을 증진시킬 수 있는 곳이기 때문이다. 제도권정치와 행정보다는 시민사회야말로 각 개인이 가치의 다양성을 창조하고 실험하는 주체가 되는 데 더 바람직한 환경인데, 예를 들어 정당정치는 정당의 의사가 개별 구성원의 활동을 제한하고 규제하기 때문이다. 제도권정치의 또 한 축을 이루는 정부 관료들의 자율성에 대한 제한은 더 말할 필요가 없을 것이다.

원칙적으로 자유의 가치는 언제나 개인에서 출발해 서로 신념을 공유하는 방식으로 확산되는 것이 바람직한 방향이다. 가치의 다양성의 핵심인 차이의 인정이 개개인이 지닌 신념의 차이에 대한 인정에서 시작하기 때문이다. 개인성이 상대적으로 잘 보장되는 시민사회에선 서로 비슷한 신념을 공유한 이들이 필요한 단체를 만들거나 시기와 이슈에 맞는 활동을 통해 기존의 가치를 보호하고 새로운 가치를 실험하기에 용이할 뿐만 아니라, 신념이 다른 이들이 형성한 단체나 활동과 공존하며 활동의 폭을 넓힐 수 있다는 점에서 제도권정치가 주도하는 활동보다 훨씬 위험이 덜하고 다채로울 수도 있다. 제도권정치가 이미 같은 신념을 공유하는 집단으로 이루어질 뿐만 아니라 같은 집단 내에서 입장 차이를 인정하지 않는 경향이 강하다는 것을 생각해 볼 때 자유를 확장하려는 시민들이 활동하기에 보다 적합한 무대는 역시 시민사회일 것이다.

아래로부터 탄탄한 민주주의 짓기

이런 시민사회를 통해 정치적 자유를 실현하자는 제안은 앞으로 우리가 만들어 갈 민주주의의 문제와도 깊이 관련되어 있다. 전통적으로 불안정한 제도권 정당과 정치지도자들에게 지나치게 의존해 온 우리 민주주의는 사실상 위로부터 내려오는, 엘리트들이 만드는 모델과 유사하다. 실제 많은 정치학자들과 지식인들이 정치는 근본적으로 엘리트들의 몫이라고 생각한다. 「민주주의의 상실」에서 언급했듯 우리에게 진보적이라 알려져 있는 샤츠슈나이더와 같은 학자조차 민주주의를 텔레비전에 비유하며 소비자들이 텔레비전을 구입하기 위해 텔레비전이 어떻게 만들어지는지 알 필요가 없다고 말한다.

그러나 무엇보다 이런 비유는 소비를 목적으로 하는 상품과 그 자체로 목적인 민주정체의 본질을 동일하게 바라본, 그 근본부터 잘못된 비유다. 이런 발상에 근거해 심지어는 시민들이 일상의 정치에서 온전한 주권자일 필요가 없으며 정치는 정치가에게 맡겨 두고 시민들이 해야 할 일은 투표이고, 더 관심이 있다면 정당의 당원이 되는 것이라 주장한다. 물론 당연히 투표는 해야 한다(필자는 자유주의자이지만 의무투표제 도입도 정치참여를 위한 바람직한 대안이라 생각한다). 그러나 무엇이 좋은 민주주의를 만드는지 제대로 모르는 시민들이 좋은 정당이나 좋은 정책에 투표할 리는 없을 것이고, 무엇이 좋은 민주주의인지 모르는 시민들이 어떤 정당이 보다 민주적 정당인지 가려내긴 쉽지 않을 것이다. 자질이 빈약한 시민들일수록 좋은 정당과 좋은 정치지도자를 보는 눈도 없을 것임은 자명하다.

강한 시민사회일수록 자질이 뛰어난 시민들이 존재한다는 점에서, 이런 시민들이 주체가 되어 아래로부터 형성하는 민주주의야말로 그 기반이 단단하다는 점에서, 그리고 나아가 이렇게 형성되는 민주주의야말로 앞으로 만들어 가야 할 바람직하고도 필요한 민주주의의 모델이라는 점에서, 정치적 자유를 확장하고자 하는 자유로운 시민들은 제도권정치보다는 시민사회에 그 뿌리를 두는 것이 바람직하다는 생각이다.

민주적 정책과 사안에 따른 판단, 유연한 연대

필자는 이렇게 시민사회에서 아래로부터 단단한 민주주의를 만들어 가는 자유로운 시민상을 '자유를 확장하는 시민게릴라'라는 개념으로 표현하고자 한다고 여러 차례 밝혔다. 일반 시민들을 향해 '게릴라'라는 용어를 사용하느냐는 보수적 비판자가 있다면, 원래 '게릴라'라는 용어의 어원이 나폴레옹 보나파르트가 스페인을 침공했을 때 평범한 사람들이 저항했던 방식을 이르는 말에 있음을 분명하게 밝혀 둔다. 강조하자면, 게릴라는 억압에 저항한 평범한 스페인 시민들을 이르는 말이었다.

여기에서 '게릴라'라는 용어는 정책, 사안, 필요에 따라 연대하고 활동하고 흩어지고, 다시 새로운 정책과 사안에 따라 연대를 모색하고 활동하고 참여하는 활동 방식의 이미지를 투영한 것이다. 자유로운 시민게릴라는 굳이 특정 정치집단을 지지하는 일에 집착하지 않고, 제안되는 정책과 사안에 따라 지지 여부를 판단하며, 이성적으로 판단할 때 공익에 좀더 기여하는 정책을 지지하는 사람들을 찾아서 그들과 유연한 연대를 모색한다. 정책, 사안, 필요의 공익기여의 판단 기준은 물론 공유된 민주적 원칙에 얼마나 상응하느냐가 될 것이다. 또한 연대와 지지의 대상에 대한 판단은 진보와 보수를 떠나 얼마나 그 세력이 민주적 원칙을 지지하고 고수하고 있는지가 될 것이다. 이런 점에서 '자유로운 시민게릴라들'은 진보와 보수라는 이분법을 버린, 정치적 자유를 향상하는 다양한 가치의 인정에 기반을 두고 (특정 정치세력보다는) 민주적 원칙을 지지하며 활동하는 독립적인 시민들을 말한다.

이런 민주적 원칙을 지지하는 자유로운 시민게릴라들은 경제적 자유보다는 정치적 자유를 우선시한다. 이런 생각의 토대에는 우리 사회가 정치적 자유보다는 경제적 이익을 우선시하는 국가중심 개발독재 모델에서 시작했다는 자각이 있다. 자유롭고 민주적인 정체가 정의하는 인간다운 삶은 먹고 사는 경제적 필요에서 결코 끝나지 않는다. 그러나 국가중심 개발독재 모델에서 나온 천박한 자본주의의 토대는 우리 삶의 목적을 생존으로 바꾸어 놓았다. 자유롭고 민주적인 정체의 목표는 흔히 말하듯 구성원들을 잘 먹고 잘 살게 하는 것이 아니다. 잘 먹고 잘 사는 게 궁극적 목적이라면 한 정체가 굳이 자유롭거나 민주적일 필요가 없을 것이다. 자유롭기 위해 그리고 그 자유를 같은 정체의 구성원들과 함께 누리기 위해 잘 먹고 잘 살도록 만드는 것이 민주주의의 목적이다.

우리 민주주의를 생존의 모델에서 공존의 모델로 바꾸어 놓기 위한 변화에 가장 필요한 요소는, 정치적 자유의 토대 위에 민주주의를 바로 세우고 이런 내용을 우리의 제도뿐만 아니라 일상을 살아가는 사람들의 가치 속에 녹여 넣는 일이다. 자유롭고 민주적인 정체의 목표는 '잘 먹고 잘 사는 것'이 아니라 '개인들이 정치적으로 자유로운 정체'가 되어야 한다.

어떤 이들은 당장 경제적 처지가 어려운 이들 앞에서 정치적 자유부터 이토록 강조하는 일이 얼마나 옳은지 의문을 품을 수도 있을 것이다. 18대 대통령 선거가 끝나고, 왜 많은 평범한 사람들이 경제적 필요 때문에 자신이 처한 사회경제적 처지와 상반되는 투표, 소위 계급배반투표를 할 수밖에 없었는지를 지적하며, 경제문제를 우선 해결해야 한다는 주장이 나오고 있다. 옳은 말이다. 그런데 18대 대선에서 보듯 정작 우리 사회에서 계급배반투표는 대체로 지역주의에 기반을 두고 있다. 노동자 도시 울산에서 박근혜 후보가 문재인 후보에게 얻은 득표가 다른 부산·경남 지역의 득표율 차이와 거의 다름이 없음은 이를 명확히 증명한다(울산:59.8% 대 39.5%, 부산경남:61.2% 대 38.4%). 또 다른 노동자 도시 창원은 오히려 울산보다 더 많이 박근혜 후보에게 표를 던졌다(박근혜 후보는 다섯 개의 선거구에서 각각 60.71%, 54.84%, 70.19%, 66.74%, 64.38%를 득표했다). 김윤태 선생은 선거과정에서 지역이 계층을 몰아 낸 근본적 이유를 사회적 토대가 지역 방식으로 구성되어 있기보다는 정당과 정당의 선거전략 자체가 지역주의를 중심으로 이뤄지고 때문이라 분석한다.* 기존의 제도권 정치의 고착화된 기본구조가 계급배반투표의 원인이라는 지적은 현 정당정치의 구도가 지속되는 한 근본적인 변화가 어렵다는 뜻이기도 하며, 한편으로 계급배반투표의 원인이 정당이 득표를 위해 조장하는 지역감정에 있음을 뜻한다. 이 틀에서 보자면 이런 구조적 문제를 뒤바꾸지 않는 한 당장 사회경제적으로 어려운 처지에 있는 이들의 상황이 개선된다 하더라도 계급배반투표는 지속될 것이 분명하다.

---

* 「지역주의의 오류를 피하려면……」, 『프레시안』(2013.1.9).

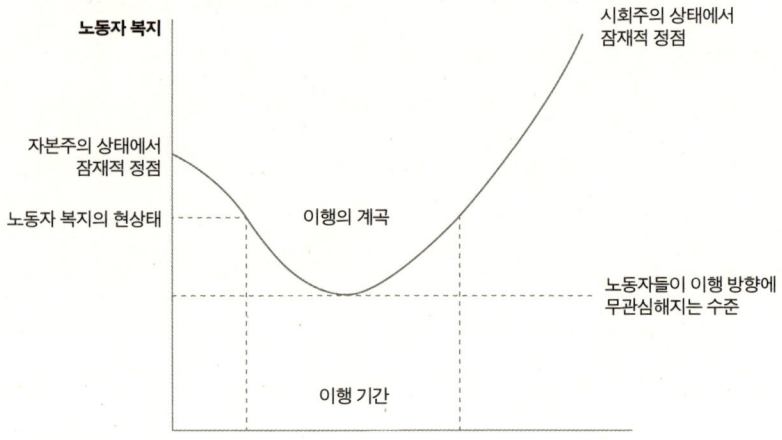

〈도표〉 쉐보르스키의 이행 곡선

한편으로 이런 계급배반투표는 이런 구체적인 우리 맥락뿐만이 아니라 합리성의 차원에서, 그리고 심리적인 차원에서도 설명이 가능하다. (아주 단순화시켜 말해 본다면) 아담 쉐보르스키는 사회주의 이행 논쟁에서 서유럽 노동자들이 사회주의로 이행을 주저하며 자본주의에 남는 이유를 사회주의 이행 사이에 생기는 비용문제 때문이라고 본다. 그가 이를 설명하기 위해 보여 주는 그래프에는 자본주의에서 사회주의로의 이행기 간에 아주 커다란 U자 모양의 계곡이 존재한다. 쉐보르스키는 노동자들이 이 이행의 계곡을 지나는 기간 동안의 비용을 체제 이행이란 위험을 감수하면서까지 감당하고 싶어하지 않는다고 본다. 간단하게 설명하자면, 왜 하필이면 내가, 왜 하필이면 우리 세대의 노동자들이 그 비용을 지불해야 하냐는 것이다. 정치적으로 말하자면 계급의식이 없는 것이고, 합리적으로 말하자면 자기이익을 추구하는 것이고, 심리적으로 말하자면 두려운 것이다. 이런 변동과 비용의 관점에서 보면 계급을 바탕으로 둔 진보의 정치가 왜 노동자들에게 작동하지 않는지 합리적으로 설명할 수 있는데, 진보가 요구하는 많은 내용이 엄청난 정치 및 사회 변동을 전제로 하는 경우가 많기 때문이다. 특히 처지가 어려울수록 급격한 정치 변동에서 생겨날지도 모를 비용의 지불에 대한 위험을 감수하지 않으려 할 것이다. 실제 계급배반투표는 우리 사회에서만 일어나고 있는 현상이 아니라 전세계 여러 곳에서 목격되고 있다. 오히려 민주적인 가치를 지향하는 사람일수록 사회적 약자를 살피는 일에 적극적이며 실제 그런 정책에 동의하는 경향을 보이고 있다.

이를 간략히 정리해 본다면, 민주적 가치를 숙지하지 못한 사람들일수록 경제적 처지가 어느 정도 개선된다 하더라도 이를 계급투표로 이어 가지 못한다는 것이다. 이런 현실적 관점에서 보아도, 장기적 안목에서 정치적 자유와 민주적 가치를 확산하는 일이 계급투표를 더 잘 이루어 낼 수 있는 길이며, 이는 사회경제적 약자에 대한 보호라는 사회적 합의를 이끌어 내는 데에도 도움이 될 것이다. 그렇다고 이런 주장을 사회경제적 약자에 대한 보호를 외면하고 정치적 자유의 확장에 전념하자는 식으로 왜곡해서는 곤란하다. 실천에서 우리는 당연히 사회경제적 약자를 보호하는 프로그램을 동시에 가동해야 한다. 이런 프로그램이 가동될 때 정치적 자유와 민주적 가치에 대한 존중을 반드시 결합시켜야 한다는 것이다.

제도권정치에서 이런 지역쏠림 현상을 사회경제적 처지의 개선으로 뒤바꿀 수 있다고 기대하기는 거의 불가능한데, 이번 18대 대통령 선거에서도 분명히 드러나듯이 득표를 위해 어느 정당이라도 사회경제적으로 어려운 사람들의 처우 개선을 약속하기 때문이다. 사회경제적 문제를 두고 기본적으로 같은 공약이 제시되었을 때, 성숙한 공중(the well-informed public)이 아니라면 그 내부에 있는 본질적 차이를 파악해 내기는 쉽지 않다. 더 많은 정보와 더 많은 민주적 가치와 접할 기회가 없는 이들이라면 더욱 그러하다. 이들에겐 그 누구라도 자신의 입장만 개선해 준다면 아무런 상관이 없다. 이들에게 좀 더 나은 민주주의는 좀더 좋은 텔레비전을 사는 일과 거의 동일한 것이기 때문이다.

이 문제를 근본적으로 해결하고자 한다면, '지역'에 쏠리지 않는 성숙한 시민의 형성이 있어야 하고, 이런 일은 '경제적 필요의 달성'이 아니라 '정치적 자유와 민주적 가치에 대한 존중'으로 시작하는 것이 바람직하다. 그리고 정치적 자유와 민주적 가치를 존중할 때 더 안정적으로 경제적 필요를 달성할 수 있음을 반드시 연결지어 보여 주고 들려 주어야 한다. 이런 일을 실천할 때 논쟁이 되는 문제는 정치적 자유를 실현하는 환경과 토대의 범위가 어디까지인지가 될 것이며, 그 범위는 한 사회가 가진 정치문화와 공유된 가치에 따라 달라질 것이다. 이런 맥락에서 필자는 '자유로운 시민게릴라들은 시민사회에서 견고한 정치문화를 만드는 데 노력하고 정치적 자유와 그 실현을 위한 경제적 필요가 최대한 실현될 수 있도록 그에 상응하는 가치를 다른 시민들과 유연한 연대를 통해 공유하자'고 제안한다.

천박한 자본주의에서 비롯된 경제적 우선성을 거부하고 정치적 자유를 존중하는 '자유로운 시민게릴라들'은 정치적 자유가 자라날 토대인 우리 민주주의 기반의 허약성을 인식하는 이들이다. 그래서 항상 정치에 관심을 두려고 노력하는 이들이다. 역사가 증명하듯 민주주의는 정치적 자유가 실현될 수 있는 가장 좋은 환경이며, 이런 불안정한 민주정체에서 정치적 자유와 민주적 가치에 대한 존중은 정치에 대한 관심 없이 결코 실현되지 않는다.

이렇게 정치적 자유의 기반인 민주주의가 허약함을 자각하는 자유로운 시민게릴라들은 개인의 정치적 자유 및 민주주의의 조건을 향상시키기 위한 합당한 변화를 결코 두려워하지 않아야 한다. 그리고 다른 신념과 입장을 지니고 이런 변화를 추구하는 세력 혹은 구성원들과의 연대에 항상 유연해야 한다. 이런 유연한 연대를 강조하는 이유는 자유로운 시민들이 추구하는 변화를 자체의 노력만으로 이룰 수는 없는 우리 현실을 직시하기 때문이다. 필자는 진보의 재구성 혹은 민주주의의 재구성에서 자유로운 시민들의 바람직한 태도는, 정치적 자유와 민주주의의 조건의 향상을 위한 변화를 지지하는 이들이라면 신념의 다름을 괘념치 않고 적극적으로 연대할 수 있는 유연함에 있다고 생각한다.

　필자는 이 에세이의 서두에서 '진보순혈주의'에 대해 언급했다. 자신들이 진정한 진보주의자라고 여기는 이들이 자유주의자들을 향해 '당신들은 진보가 아니다'라고 주장하고 비판하는 일은 그 자체로는 '진보순혈주의'도 아니고 잘못된 주장도 아니며 오히려 맥락에 따라 타당할 수도 있다. 그러나 이러한 입장과 비판이 (앞서 진보들이 자유주의자들을 모두 싸잡아 광대들이라고 표현하는 데서 볼 수 있듯이) 자신들과 입장이 다른 이들을 경멸하는 태도로 이어지는 것, 그리하여 자신만의 변화방식을 내세우고 자신과 다른 세력과의 연대를 정치적인 배신으로 여기는 태도 등은 '진보순혈주의'라고 불러야 마땅할 심각한 문제이며 자유로운 시민들은 범하지 말아야 할 오류라고 생각한다.

　예를 들어 일부 진보주의자들은 "자유주의자들은 다 배신자들이다"라고 주장하며 자유주의자들과의 연대에 반대한다. 장개석이 상해에서 수천 명의 공산주의자들을 학살했을 때, 그 배경에 '공산주의자들은 다 배신자들이다'는 장개석 개인의 잘못된 신념이 있었다는 것은 잘 알려진 사실이다. 배신자라는 말에 담긴 '혐오'와 '증오'로 이루는 변화는 물리적·언어적·논리적 폭력과 배타적인 태도로 이어지기 십상이다. 극단은 펴 놓으면 가장 멀지만 구부리면 서로 맞닿는다는 평범한 사실을 기억해야 한다.

　현실적으로 우리 사회를 들여다보면 진보의 힘 자체만으로 변화를 모색한다는 것은 거의 불가능하며 진보의 정의를 협소하게 하면 할수록 그 가능성은 더 닫힐 것이다. 이런 상황에서 진보가 사실상 유일하게 그 가능성의 문을 넓힐 수 있는 자유주의자들과의 연대를 '신념을 버리는 일'로 여기는 유연하지 못한 '순혈주의'의 태도는 신념을 지켜 냈다는 점에서 자기만족은 할 수 있을지언정 정작 그 신념이 추구하는 어떠한 정치적 변화도 이끌어 내지는 못할 것이다. 순혈주의에 대한 집착은 결국에는 진보를 자신들만의 섬, 갈라파고스로 만드는 일이다.

이런 현실은 자유로운 시민들에게도 마찬가지다. 예를 들어 현재 우리가 맞서고 있는 현실에서 자신을 자유로운 시민이라 보는 세력만으로 추구하는 변화를 이룰 수는 없다. 가치가 다양한 사회일수록 연대는 정치세력 및 지식인들 간에 필수불가결하며, 이런 사회에서 '연대'라는 말은 그 자체로 신념의 차이로 인해 사실상 언제나 결별할 수 있다는 의미를 담고 있다. 그렇지 않다면, 굳이 연대라는 말을 쓸 이유가 없을 것이다. 이런 까닭에 정책, 사안, 필요에 따른 다른 정치세력과의 연대를 자기신념의 배신, 자신이 속한 집단에 대한 배신으로 생각하는 일부 진보진영의 '순혈주의'는 자유로운 시민게릴라들이 결코 범해서는 안 될 오류라고 생각한다.

공유하는 민주주의 짓기의 첫걸음, '연대'

자유로운 시민게릴라들의 정책, 사안, 필요에 따른 연대를 두고 너무 합리성에만 근거를 둔 선택이라 할는지도 모르겠다. 하지만 우리는 모든 가치 있고 견고한 연대가 신뢰에서 시작된다는 것을 알고 있고 신뢰 속에서 작동하며 신뢰로 다져진다는 것을 잘 알고 있다. 이익으로 뭉친 연대는 이익이 서로 달라질 때 무너지기 십상이다.

그렇다면, 자유로운 게릴라들이 정치적으로 견고한 연대를 이룰 수 있는 신뢰의 기반은 무엇일까? 필자는 또 한 번 '민주적 원칙'과 '그 원칙에 근거를 둔 행위'라고 말한다. 민주적 원칙에 근거를 둔 연대가 깨질 수 있는 경우는, 누군가가 서로가 합의한 민주적 원칙을 의도적으로 무시하거나 어길 때이다. 하나의 민주적 원칙이 진정으로 위반되었는지에 대한 해석은 다양할 수 있다. 예를 들어, 2012년 우리가 목격한 통합진보당 사태는, 민주적 원칙을 두고 벌어졌던 상호 간의 다른 해석들이 주요 원인이었다. 그러나 우리에겐 명확히 공유된 민주적 절차와 상식이 존재한다. 예를 들어 의사진행 자체를 못하도록 만드는 필리버스터라는 행위가 민주적 절차에 얼마나 큰 해악인지 모두가 알고 있다. 통합진보당 구당권파가 그러했듯, 비례대표경선 부정선거를 두고 어떤 해석이 더 민주적인가를 논하는 가운데서, 자기 당파의 이익을 위해 필리버스터를 펼치고 심지어 폭력까지 일삼는다면 그런 연대는 결코 유지될 수 없을 것이다.

자유로운 시민게릴라의 '연대'는 어떠한 상황 속에서도 바로 이런 민주적 원칙과 민주적 행위를 신뢰의 기반으로 삼는다. 그리고 연대의 과정에서 이런 원칙과 행위가 지켜진다면, 자신이 지지하는 정책과 사안을 실현하기 위한 연대 속에서 자신이 상대적으로 불편을 겪고 불이익을 받는다 해도 이를 공정한 결과를 위한 과정의 일부로 여길 수 있는 이들이다. 그리고 이런 연대 속에서 '분파의 이익'이 아닌 '공공의 이익'을 모색하며, 그 '공공의 이익'을 공동체뿐만 아니라 우리가 서로 돌보아야 할 동료시민 한 사람 한 사람의 처지와 함께 고려하는 이들이다. 이렇게 서로를 돌보는 일의 그물망이 엮어지면 동료시민들을 돌보는 일이 자신을 돌보는 일로 되돌아오는 것임을, 그래서 우리가 함께 짓는 권력이 지배하기 위해서가 아니라 서로 공존하는 세계를 짓기 위한 것임을, 이런 권력의 원천이 동료시민들과의 민주적 신뢰 속에 함께 공유하는 데서 나오는 것임을, 하여 자신의 정치적 입장에 얽매이지 않고 유연한 연대를 통해 이런 권력의 공유를 실현해야 하는 것임을 자각하고 이 모든 것을 자신의 말로 표현하고 행동에 옮길 줄 아는 능동적 시민들, 그들이 바로 이 책이 그리고자 하는 '자유로운 시민게릴라'들이다.

아홉번째 에세이
/
헤테로토피아의 비판적인 시민들

민주정체의 자유로운 시민게릴라들

지난 에세이에서 우리는 도망자 민주주의 시대에 정치의 장에서 무지와 수동성의 상징인 구경꾼으로 전락해 버린 시민들이, 어떻게 정치에 적극적으로 참여할 수 있는지를 '자유를 확장하는 시민게릴라'라는 제안을 통해 살펴보았다. 이름에 고스란히 녹아 있듯 이 게릴라들은 정치적 자유를 존중하는 입장에서, '참여 없는 정치'에 대항하는 시민들이다.

 필자는 또 다른 의미에서 이런 '자유를 확장하는 시민게릴라'들이 민주정체에서 소중한 존재라고 생각한다. 자유로운 시민게릴라야말로 합의와 동의를 강조하는 '호모토피아' 민주주의 사회에서 이견과 차이의 중요성을 알려 주는 '헤테로토피아'적인 존재이기 때문이다. 혹자는 이게 무슨 말인지 궁금할 수도 있겠다. 이 에세이에서는 자유로운 시민게릴라가 어떤 존재인지 민주주의와의 관계 속에서 좀더 상세히 풀어 보고자 한다. 당대에 민주주의와 자유주의는 실천적으로 밀접한 협력관계를 이루고 있다. 하지만 자유주의와 민주주의는 근본적으로 긴장관계를 이루고 있는 개념이다. 그러면서도 서로 다른 두 정치체제는 이런 긴장관계를 통해 서로를 강화시키며 발전해 왔다. 이 두 체제가 이루는 긴장관계, 그리고 왜 이런 긴장관계가 의미 있는지 좀더 상세하게 이야기하기 위해, 차이와 이견을 강조하는 헤테로토피아의 예로 2011년부터 우리 사회에서 엄청난 주목을 받았던 '나는 꼼수다'를 살펴보려 한다. '나는 꼼수다'는 이견과 차이를 중요시하는 자유로운 시민게릴라들이 생각해 볼 시사점이 많은 사례. 이런 살핌과 반성을 통해 사안에 따라 유연하게 연대하는 '자유를 확장하는 시민게릴라'의 구체적인 이상적 사례로 2011년과 2012년 초 사회적 이슈가 된 '희망버스'를 제시하려 한다.

하지만 두 가지 먼저 밝혀 두어야 할 것이 있다. 첫째, '나는 꼼수다'를 '자유를 확장하는 시민게릴라'로 확고히 정의하는 것이 아니라는 점이다. 다만 '나는 꼼수다'가 자유로운 시민게릴라와 상당 부분 유사한 이미지를 지니고 있다는 점에서 자유주의 게릴라들이 이 사례를 통해 배울 것이 있다는 의미다. 오히려 필자의 입장에선 '희망버스'가 더 적합한 사례인데 그 구체적 이유는 이 에세이의 끝에서 밝힐 것이다.

두번째는 여러분이 자주 접하게 될 호모토피아와 헤테로토피아란 용어 간의 관계다. 이 에세이에서 헤테로토피아는 차이와 이견을 강조하는 성향을 이르는 반면 호모토피아는 동질성을 강조하는 성향을 이르는 말로 썼다. 개념 구분을 위해 민주주의의 성향을 호모토피아로, 반면 자유주의의 성향을 헤테로토피아로 표현하고 있지만, 앞으로 보게 될 자유주의와 민주주의 그리고 호모토피아와 헤테로토피아의 긴장이 서로 간의 반목과 대결을 의미하지는 않는다. 오히려, 이 양자 간의 긴장이 '보완효과'를 만들어 낸다는 점을 기억해 두면 좋겠다. 특히 현재 우리 사회 제도권 권력이 종종 드러내는 반민주성을 보면, 이 양자의 보완효과는 더욱 절실하다 할 수 있다.

민주주의라는 호모토피아

사람들은 흔히 민주주의가 차이와 이견을 인정하는 체제라고 생각한다. 필자 역시 이 책에서 지속적으로 당대의 안정된 민주정체가 차이와 이견을 인정한다고 강조해 왔다. 하지만 원래의 의미에 가깝게 정의해 본다면 민주주의는 차이와 이견에 조금은 인색한 체제다. 기본적으로 민주주의가 합의와 동의에 기반을 둔 동일성을 지향하는 체제이기 때문이다. 이런 합의와 동의를 민주주의를 운영하는 기본 원리인 '다수결의 원칙'에 두면 민주주의는 더욱 차이와 이견에 인색해진다. 51명의 합의와 동의만 있다면 49명은 어떤 방식으로든 51명의 입장을 마치 자신의 입장인 듯 받아들여야 한다. 다수의 독재라는 위험을 자각해야 한다는 민주주의를 향한 경고는 이런 현실을 고스란히 반영하고 있다. 클로드 르포르와 피에르 로장발롱이 대담을 통해 밝히고 있듯, 투표 자체는 개인들이 특정한 선호를 내보이며 구성원들의 의사가 여러 개로 나뉘어져 있음을 증명하는 데도, 투표의 결과는 오로지 단 하나의 의사만 존재하는 듯 받아들여야 하는 데 투표의 아이러니가 있다.*

민주주의에서 자유주의의 큰 공헌이라면, 투표 등과 같이 제도적 질서에서 구현하기 어려운 차이와 이견의 중요성을 부각한 것이라 할 수 있다. 랑시에르가 지적하듯, 현대의 일부 민주주의자들은 시민사회의 다양성이 민주정체를 너무 시끄럽게 만들어 국가를 집어삼켰다고 종종 비판한다.** 이에 맞서 자유주의자들은 많은 사람들이 이질적이며 분열적이라고 비판하는 이견이나 차이가 결코 민주주의 체제에 파괴적인 요소가 아니며 오히려 정치적 역동성을 불어넣는 긍정적인 계기가 된다고 반박해 왔다. 예를 들어, 100명 중 한 사람이 다르다면 그 한 사람이 왜 다른지, 무엇이 다른지를 살펴보아야 하며, 결국엔 이런 서로 다른 목소리에 대한 보살핌이 사회에 다양성을 불어넣을 뿐만 아니라 정치적으로도 민주정체에 좋은 결과를 만들어 낸다는 것이다(앞서 언급한 일종의 보완효과다).

애초에 자유주의는 이런 차이와 이견의 중요성을 보편적인 개인

---

* Pierre Rosanvallon, 'The Test of the Political: A Conversation with Claude Lefort,' *Constellations*, vol. 19. no. 1. pp. 4~15.
** Jacques Rancière, *Hatred of Democracy* (Verso, 2009).

의 권리로 방어했다. 이후 이런 개인의 차이 인정은 20세기 말부터 집단의 차이 인정으로 발전되었고, 또 다른 방향에서 발전해 온 공동체주의 입장에서 집단의 차이를 강조하는 입장과 만나 다문화주의라는 강력한 하나의 정치적 입장을 형성하게 되었다. 그리고 이런 차이와 이견에 대한 인정은 대부분의 안정된 민주정체의 헌법에 표현의 자유에 대한 권리 등으로 문자화되어 있거나 헌법상의 개인의 권리를 이런 방식으로 해석하고 있다. 그리고 이런 권리를 어떤 이유나 (심지어 국가 차원의 투표와 같은) 절차를 통해서도 침해하거나 변경할 수 없도록 규정하거나 해석을 통해 제한하고 있다. 이는 인민이 제정 주체가 되는 헌법에 침해될 수 없는 자유와 권리로 명문화함으로써 결코 바꿀 수 없는 집단전체의 의지로 전환시켜, 차이와 이견에 대한 보호를 (루소의 개념을 빌려 표현해 보자면) 민주정체의 '일반의지'로 만든 것이다.

    이런 당대의 안정된 민주정체를 보면 민주주의는 당연히 차이와 이견을 인정하는 듯 보인다. 그러나 성공적인 민주주의를 이미 이룬 사회에서조차 차이와 이견의 중요성이 본격적으로 민주주의의 축으로 등장한 것은 채 50년도 되지 않는다. '적과 친구'를 가르는 적대적 민주주의(antagonistic democracy)의 기반을 놓은 칼 슈미트와 그를 따르던 민주주의자들은 민주주의에서 이런 집단의 단일성을 얼마나 강조했던지 다수의 지지를 판명하기 위해선 투표조차 필요가 없으며 단순히 광장에 모인 사람들이 보내는 함성과 박수의 크기로 인민의 의지를 알 수 있다고까지 주장했다. 사실 지금도 많은 민주주의자들이 이런 집단의 단일성 없이 '민주주의'가 유지될 수 없다고 말한다. 20세기 후반부터 성장한 논쟁적 민주주의(agonistic democracy) 역시 이런 적대적 모델을 순화시키며 발전된 것으로 민주주의가 적과 친구를 가르는 일은 잘못된 것이지만 여전히 '우리'와 '그들'을 가르지 않고서는 민주주의의 성립과 유지가 불가능하다고 말한다. 민주주의 내에 존재하는 이런 주장들을 고려해 본다면, 민주주의는 근본적으로 특정집단 내부의 동일성을 지향하는 일종의 호모토피아(homotopia)의 성격을 강하게 내재하고 있는 셈이다.

차이와 이견, 그리고 헤테로토피아

필자가 지난 에세이에서 '정치적 자유를 존중하는 자유로운 시민들은 특정 정치세력에 집착하지 않고 정책과 사안에 따라 자유롭게 판단하며 행동하자'는 제안을 내놓을 수 있었던 이론적 배경은 미셸 푸코의 '헤테로토피아'란 개념이다.* 복잡한 이 개념을 이 지면을 통해 설명한다는 것은 가능하지 않을뿐더러 이 에세이의 목적도 아니다. 다만 이런 헤테로토피아를 정치적으로 간략히 표현해 본다면, '차이

---

* Michel Foucault, "Of Other Spaces: Utopias and Heterotopias" in *Architecture/Mouvement/Continuité*(October 1984); "Des Espace Autres", March 1967 translated from the French by Jay Miskowiec.

와 이견이란 이질성이 나름의 질서를 이룬 공간들'이라 할 수 있을 것이다(이 공간은 사실상 단수로 표현될 수 없는데 이 공간의 다양성 및 복수성 때문이다. 이 복수형 개념은 이질성이 단일성을 띤다는 것이 모순임을 보여 준다).

헤테로토피아란 개념을 구체화한 푸코가 가장 이상적으로 보는 헤테로토피아의 성격은 '뿌리 없음'(rootlessness)이다. 정치적으로 해석해 보자면, 뿌리 내리지 않음이 차이를 인정하는 가장 좋은 조건이 되기 때문이다. 특정한 장소에 깊이 뿌리 내린다는 것은 일종의 영역을 차지하는 행위다. 하나의 확고한 영역을 얻은 존재는 자신의 영역 안에서 다름을 인정하지 않는 존재로 변하기 십상이다. 그래서인지 푸코는 이런 뿌리 없는 이상적인 헤테로토피아를 바다를 떠다니며 결코 하나의 항구에 정착하지 않는 배에 비유한다. 필자는 이 뿌리 내리지 않음이 '게릴라'의 이미지(image)와 상응한다고 보았고, 이런 이미지에 착안하여 '자유를 확장하는 시민게릴라'라는 개념을 제시했던 것이다.

헤테로토피아, 디지털 민주주의를 만나다

자유주의적인 민주주의에서 '차이들'에 대한 강조가 인터넷의 발전 시기와 맞물려 있었다는 것은 참으로 기막힌 우연이다(만약 우리가 이를 두고 우연이라고 할 수 있다면 말이다). 인터넷은 차이와 이견이 다른 곳에 비해 상대적으로 별다른 편견 없이 쉽게 자리 잡을 수 있는 일종의 헤테로토피아라 할 수 있다. 예를 들어 현실 세계에서 정부청사 바로 옆에 아주 커다란 만화방이 크게 자리 잡는 일은 보기 힘들 것이다. 그러나 디지털 공간은 정부의 홈페이지와 만화방의 홈페이지를 차별하지 않는다. 사용자들은 두 개의 웹페이지를 동시에 화면에 띄워 놓고 그 사이를 마음대로 넘나들 수 있다.

특히 디지털 세계는 푸코가 말한 헤테로토피아의 뿌리 없음, 항구로 이뤄진 세계의 이미지와도 잘 맞아떨어진다. 인터넷 공간에서 우리는 포트와 포트, 다시 말해 끝나지 않는 항구와 항구로 연결되어 있다. 언제나 미지의 항구에 열려 있고 굳이 하나의 항구에 오래 정박할 필요도 없다. 또한 우리는 다양한 이름과 다양한 이유로 개인의 집과 집단의 공동체를 이 디지털 세계의 이곳저곳에 지을 수 있지만 언제든 그 집과 공동체를 떠날 수 있다. 이렇게 보면 인터넷은 헤테로토피아의 본질과 맞아떨어질 뿐만 아니라 민주정체에서 차이와 이견이 별다른 편견 없이 잘 공존할 수 있는 곳이다. 이렇듯 헤테로토피아로서 디지털 공간은, 합의와 동의라는 동일성을 강조하는 민주정체 내에 이견과 차이라는 이질성이 존재할 수 있는 공간을 자연스럽게 확장하는 결과를 낳았다. 이렇게 보면 이 디지털 세계는 하나의 정치세력에 집착하지 않고 정책과 사안에 따라 자유롭게 판단하며 행동하는 '자유를 확장하는 시민게릴라들'에게도 아주 소중한 공간이자 도구라 할 수 있을 것이다.

그렇다고 이런 디지털 헤테로토피아가 마냥 이질적인 것만은 아니다. 오히려 디지털 헤테로토피아는 현실 세계에서 이질성이 잘 끌어안지 못했던 민주주의를 자연스럽게 품어 냈다. 기술적으로는 웹 2.0의 등장이 그 시작이었다. 사회의 개방성과 구성원들의 협력은 민주정체가 지향하는 가장 중요한 가치인데, 바로 이런 개방, 협력, 연결, 공유를 기치로 내건 웹2.0은 위키, 팟캐스트, 소셜 네트워크와 같은 다양한 디지털 협력 기술을 발전시켰다. 위키는 말 그대로 '다양한 사용자들이 컨텐츠를 함께 구축할 수 있도록 하는 기술'로 그 대표적인 예가 바로 인터넷 백과사전인 '위키피디아'다. 위키피디아는 정확한 정보원천을 제공하는 조건으로 누구나 참여해 콘텐츠를 함께 구축할 수 있다. 민주적 협력의 개념이 이 기술에 고스란히 묻어난 것이다. 또한 이제 많은 이들에게 일상의 한 부분으로 자리 잡은 트위터와 페이스북은 소셜 네트워크 기술의 일부로 연결과 공유라는 민주주의의 가치를 가장 쉽게 찾아볼 수 있다.

이와 함께 웹2.0이 내세운 핵심요소 중 하나가 팟캐스트였다. 팟캐스트는 휴대용 미디어 장치로 들을 수 있는 디지털 (시리즈물) 방송이라는 의미로 오프라인에서도 간편히 들을 수 있다는 점에서 온라인 상태에서만 들을 수 있는 웹캐스트(webcast)보다 훨씬 향상된 기술이다. 정치적으로 보자면 팟캐스트는 누구나 만들어 배포할 수 있다는 점에서 그리고 접속자 수나 접속시간에 관계없이 많은 사람들이 정보를 다운로드를 받아 보관할 수 있다는 점에서 전통적인 미디어가 행사해 온 정보 거르기 방식인 '게이트 키핑'에서 자유로울 뿐만 아니라, 전통적 미디어가 관심을 두지 않는 사회적 '이견'이나 '차이'를 담아 내어 널리 알리는 데 좋은 수단이 되어 왔다.

'나는 꼼수다', 헤테로토피아의 지식인들

2011년 대한민국 사회를 뒤흔든 '나는 꼼수다'는 바로 이런 팟캐스트라는 기술을 이용해 사회적으로 감추어진 정보를 쏟아 내고 정치에 관심이 있는 사람들이 서로 소통할 수 있도록 공간을 열어 준 대표적인 정치 관련 시리즈물이다. '나는 꼼수다'는 정치 분야 팟캐스트 다운로드 전세계 1위를 기록할 정도로 가히 폭발적이었다.

'나는 꼼수다'가 이런 폭발적인 인기를 얻게 된 계기는 '반민주적인 민주주의'라는 역설적 현실 때문이었는데, 정치엘리트와 일반 시민들 간의 불통이 이에 큰 몫을 했다는 점에는 대다수가 동의할 것이다. 특히 이런 불통에는 의사결정권자들의 소통 필요성에 대한 자각의 부재, 이에 따른 정부의 소통에 대한 무관심과 소통기술의 부재, 기득권보수세력의 언론장악에 따른 정보제한과 편파적 보도 등이 큰 몫을 했던 것이 사실이다. 믿을 만한 언론기구로부터 균형 있고 가치 있는 정보가 제공되지 않았을 뿐 아니라 정부는 정보를 자유롭게 원활하게 흐르게 하기보다는 비판적인 정보와 불리한 사건을 감추고 통제하는 데 급급했다. 미네르바 사건에서 볼 수 있었던 인터넷에서의 표현의 자유에 대한 제한, MBC PD수첩 광우병 보도와 관련해서 프로그램을 담당한 김은희 작가의 이메일을 검찰이 무단으로 공개하며 가시화된 통신비밀보호법 개정 등이 대표적인 예라고 할 수 있다.

이렇게 보면 '나는 꼼수다'가 맞서고 있었던 것은, 민주주의의 동질성보다 훨씬 더 지독한 반민주주의가 내뿜고 있던 동질성이었다. 이런 반민주적 체제의 역설은 민주주의라는 호모토피아를 마치 헤테로토피아처럼 보이게 만드는 데 있다. '개방성'은 현대민주주의를 구성하는 가장 중요한 특징 중의 하나다.『대항민주주의』(Counter-Democracy)에서 로장발롱이 지적하듯, 민주적인 사회에선 시민사회의 정부 감시기능이 정부의 시민사회 감시기능을 압도하는 것이 일반적 경향이다. 그런 사회가 민주적으로 건강한 사회다. 그러나 한 사회가 반민주적으로 흘러갈 때 이런 '개방성' 원칙을 강조하는 일은 억압적인 체제를 향해 소수자의 이견, 바로 디센트를 제기하는 셈이 되어 버린다.

우리 사회가 반민주적으로 흘러가는 상황에서 등장한 '나는 꼼수다'는 일종의 정보해방구 역할을 했다. 기존 언론에선 절대 볼 수 없는 자유분방한 진행방식에서 연속적으로 터져 나오는 새로운 정보와 가차 없는 비판에 많은 일반 시민들이 환호했다. 덕분에 '나는 꼼수다'호를 타고 헤테로토피아에서 온 (정치가, 기자, 교수, 재야언론인으로 이루어진) 네 명의 선장은 순식간에 전국구 스타가 되었다. 어려운 시절을 다루는 네 명의 진행자가 보여 준 유쾌함은 시름을 잠시 잊게 했고, 반면 이들이 감추어진 정보를 드러내며 때때로 보여 준 진지함은 사회가 진정 어려운 시절을 보내고 있음을 자각시켰다. 대중적으로 성공하기 힘든 '정치'를 사회적·문화적 이슈로 만들어 내며 등장한 '나는 꼼수다'는 그 형식과 내용에서 기존의 언론형식에 집착하지 않고 자신들만의 고유한 방식을 취함으로써 기존 언론의 형식에 익숙한 이들에겐 너무 불편할 수 있는 그들만의 '헤테로토피아'를 당당하게 세상에 내보였다.

그렇다면, 이런 이질적인 '나는 꼼수다'가 호모토피아적인 동일성을 강조하는 우리 사회 전체에 영향력을 발휘할 수 있었던 이유는 무엇이었을까? 필자는 '나는 꼼수다'가 호소한 대상이 바로 일반 시민들의 보편적 정의감이었기 때문이라고 생각한다. 마이클 왈저는 소수자들이 권리를 쟁취하고 싶다면, 자신이 남들과 다르다는 것을 강조하여 자신들만을 위한 권리를 달라고 주장하기보단 소수자의 권리가 인간이라면 마땅히 보편적으로 공유해야 할 권리임에 호소하는 것이 훨씬 효과적이라 조언한다.* 그럴 때 사람들이 훨씬 더 소수자의 권리 필요성에 공감한다는 것이다. 롤스가 『정의론』에서 강조하듯 보편적 정의감은 시민저항의 토대이기도 하다. 소수에서 시작하지만, 소수의 저항이 시민불복종과 같은 커다란 시민저항으로 발전할 수 있는 것은 다수 시민들의 보편적 정의감에 호소해 시민들 사이에서 공감을 얻기 때문이다. 이처럼 '나는 꼼수다'는 일반적인 시민들

---

* Michael Walzer, *Obligations: Essays in Disobedience, War, and Citizenship*, Harvard UP, 1982.

의 보편적 정의감에 호소함으로써 개인에 따라 불편해 할 수 있는 진행방식의 거부감을 상당히 상쇄할 수 있었다. 그리고 다른 정보와 다른 관점을 불어 넣으며 일반 시민들이 정치를 대하는 태도를 긍정적으로 바꾸는 데 기여했을 뿐만 아니라, 오프라인 세계에서 가능하지 않았던 저항의 공간을 온라인에서 만들고 그것을 다시 오프라인으로 끌어 내는 성과를 남겼다.

그러나 앞서 언급했듯 헤테로토피아의 본질은 뿌리 없음이다. 이상적인 헤테로토피아는 바다 위를 떠다니는 배와 같다. 이 배가 어느 하나의 항구에 닻을 깊이 내리고 오랫동안 정박한다면 헤테로토피아는 또 다른 호모토피아로 바뀔 수도 있을 것이다. '나는 꼼수다'는 어쩌면 네 명의 진행자의 의도나 기대와는 상관없이, 혹은 그 의도나 기대를 훨씬 넘어서 너무나 큰 대중적 지지를 이끌어 냈다. 너무나 많은 지지자를 얻는다는 것은 어떤 의미에서는 '나는 꼼수다'가 일종의 언론권력이 되었다는 의미였다. 지지하는 사람들이 늘어 가면서 '나는 꼼수다'는 일종의 '호모토피아'가 되어 가고 있었다. 호모토피아의 본질이 동일성이듯, 이런 현상이 '나는 꼼수다'에 번지기 시작했고 지지자들 중에는 '나는 꼼수다'에 대한 그 어떤 비판도 받아들이지 못하는 이들도 생겨나기 시작했다.

게다가 2012년 4월 총선을 앞두고 '나는 꼼수다'의 선장들이 잠시 머무르기로 되어 있던 항구에 무거운 닻을 내리고 배에서 내려 버리는 일이 벌어졌다. 그러나 그들이 당당히 걸어 들어간 호모토피아의 세계는 만만치 않았다. 떠다니던 배 위에서 자신들이 즐기던 자유분방함 그리고 거부했던 모든 형식이 부메랑이 되어 돌아왔다. 헤테로토피아에서 온 엄청난 파장에 불편해 마지 않던 호모토피아의 보수언론들은 마치 기다리고 있었다는 듯이 공세를 퍼부어 댔다. 제도권의 금배지는 끝내 그들의 몫이 아니었다.

보편적 정의감을 향한 호소

짧은 시간이지만 '나는 꼼수다'의 경험은 '자유를 확장하려는 시민게릴라들'에게 많은 시사점을 던져 준다. '나는 꼼수다'는 이견과 차이의 중요성을 보여 준 아주 의미 있는 헤테로토피아적 실험이었다. 이 실험이 한 측면에서 누구도 거부할 수 없을 만큼 성공적이었음은 이후 우후죽순처럼 튀어나온, 심지어 기득권 보수세력까지 그 형식을 고스란히 모방하여 따라한, 많은 유사 팟캐스트들을 보아도 알 수 있다. 호모토피아를 강타한 이 헤테로토피아적 실험의 성공 뒤엔 정보의 개방성이라는 민주사회의 기본원칙과 시민들의 정의감에 대한 호소란 보편적 감성의 토대가 있었다.

    이런 성공의 요소는 자유로운 시민게릴라들이 진지하게 고려해야 할 활동기준을 제공한다. 자유로운 시민게릴라들은 이견과 차이를 인정하며 시민사회로 들어가 다양한 가치들을 실험하는 이들이다. 이때 자유로운 시민게릴라들이 시도하는 다양한 가치들에 대한 실험이 사회적 공감대를 얻기 위해선 민주적 원칙과 시민들의 보편적 정의감에 호소해야 한다는 것이다. 자유로운 시민게릴라들이 꾸준한 연대를 모색한다는 점에서 보편적 정의감에 대한 호소는 연대세력을 확장하는 데도 큰 도움이 될 것이다.

다양한 가치의 실험을 위해 민주적 원칙과 보편적인 시민들의 정의감에 호소하자는 이 제안이 역설적으로 들릴 수도 있다. 헤테로토피아적 실험을 호모토피아의 기준에 맞춘다는 것이 어불성설처럼 들리기 때문이다. 그러나 우리는 이 세계를 신념이 다른 사람들과 같이 공유하고 있다. 이런 공유 자체는 우리가 받아들여야 하는 정치의 조건이며 출발점이기도 하다. 바로 이런 정치의 조건은, 이견과 차이를 중요시하는 헤테로토피아가 합의와 동의를 중요시하는 호모토피아의 세계 없이 유지될 수 없음을 알려 준다. 사회에서 하나의 가치가 존재하기 위해선 장기적 관점에서 사회적 인정이 반드시 필요하다. '차이의 인정'이란 말 자체가 다름을 받아들이자는 일종의 합의를 의미한다는 점을 고려해 본다면 이런 제안을 거부감 없이 받아들일 수 있을 것이다.

혹자는 이런 타자의 인정이 필요한 현실을 부당하다고 주장할 수도 있다. 그러나 다른 사람들로부터의 존중은 한 개인의 삶에 필요한 가장 기본적인 요소다. 인정의 욕구 역시 바로 이런 타자로부터의 존중에 대한 갈망의 표현이라 할 수 있다. 이런 인정과 존중은 각 개인이 지닌 고유한 가치를 다른 구성원들과 공유할 때 시작되고 완성된다. 그래서 공동체에서 의미 있는 삶을 살고자 하는 개인들이라면 누구나 타자로부터의 인정이 필요하다. 같은 공동체 구성원들이 자기의 가치를 인정할 때 각 개인은 보다 큰 삶의 충만함을 느낀다. 자신과 비슷한 가치를 지닌 이들을 찾고자 하는 욕망은 이런 인정받고 싶은 욕망의 반영이다.

더구나 자유를 확장하는 시민게릴라들의 목표가 다양한 가치의 실험을 통해 시민의 역량을 강화하는 것이라는 점을 생각해 보면, 이런 실험에 대한 다른 구성원들의 공감대는 그 무엇보다 중요한 요소라 할 수 있다. 이런 점에서 사회구성원들이 약속한 민주적 원칙을 지키며 행동하고 시민들의 보편적 정의감에 호소하는 것은 자유로운 시민게릴라들에게 바람직한 행동기준이 될 것이다.

덧붙이자면, 여기서 보편적 정의감에 대한 호소를 제도권정치를 통한 정의사회 구현과 같은 일과 혼동해서는 안 될 것이다. 정의감이란 시민들이 사회의 도덕적 구성원으로 성장하며 동료구성원과 소통하는 가운데 자연스럽게 형성되는 시민의 도덕적 자질이다. 이 정의감에 대한 호소는 어떤 제도적 강제도 동반하지 않는다는 점에서 제도권정치가 강조하는 정의 실현과는 전혀 다른 것임을 기억해 주었으면 한다.

비판을 향한 개방적인 태도

자유를 확장하는 시민게릴라가 '나는 꼼수다'를 통해 고려해야 할 또 다른 시사점은 비판에 대한 개방적인 태도다. '나는 꼼수다'의 일부 열성지지자들은 '나는 꼼수다'를 비판하는 목소리들에 유연하지 못한, 때로는 너무 완고한 자세를 보이곤 했다. 이런 자세는 '나는 꼼수다'를 비판할 수 없는 또 다른 '호모토피아'적 언론권력으로 만들어버렸다. 언론이 권력이 되느냐 아니면 건강한 사회적 목소리가 되느냐는 이를 지지하는 사람들의 태도에 상당히 좌우된다. 정치적으로 누군가를 혹은 어떤 사안을 지지할 때, 우리는 자신이 내보이는 지지가 '비판적 지지'인지 스스로 늘 돌아보아야 한다.

그렇다면, 비판적 지지란 무엇이고 어떻게 할 수 있는 것일까? 비판적 지지의 본질은 '무엇인가를 혹은 누군가를 일단 의심하고 바라보기'가 아니다. 비판적 지지란 '항상 일정한 거리를 두고 지지하기'를 말한다. 정치에서 이런 거리두기를 불가능하게 만드는 현상이 정치의 '팬덤' 문화화다. 연예인들과 팬들 간의 모습을 보면 우리는 그 안에 객관적인 거리가 전혀 없음을 한눈에 볼 수 있다. 많은 팬들의 연예인들에 대한 사랑은 때로 맹목적이기까지 하다. '노무현을 사랑하는 모임', '박근혜를 사랑하는 모임' 등과 같은 이름은 지지자들이 자신이 지지하는 정치인과 객관적인 거리를 두지 못하고 있음을 고스란히 내보인다. 심지어 '친박연대'라는 이름으로 국회의원을 뽑는 총선에 출마한 집단도 있었는데 말 그대로 하자면 '박근혜와 친한 사람들의 연대'라는 뜻이었다. 정치인들이 한 사람의 돋보이는 정치인의 팬이 되었음을 공개적으로 선언하는 것을 넘어 "우리가 친하다"라고 공표한 것이다. 친하다고 자랑하고 싶었는지는 알 도리가 없고 꼭 그 친분을 그렇게 표현했어야 했는지는 모르겠지만, 정치에 필요한 객관적 거리의 상실은 이렇게 유행한 집단의 명칭에도 고스란히 묻어있다.

'나는 꼼수다'의 일부 열성지지자들 역시 네 명의 선장과 거리를 두지 못함으로써 정치가 언제나 요구하는 객관적 거리를 때때로 잃어버리는 경향을 보였다. 너무 지나친 '열렬한 지지'는 눈을 가린 사랑이 되기 십상이다. 정치에는 언제나 대상을 객관적으로 바라볼 수 있는 거리가 필요하다. 이런 거리는 굳이 '의심이나 반대'가 아니라 자신이 지지하는 대상을 향한 비판을 이성적으로 고려하는 자세를 취할 때 자연스럽게 생겨난다. 정치에서 자신이 지지하는 이들을 가장 잘 사랑하는 방법은 역설적으로 지지대상과 일정한 이성적 거리를 두는 것이다. 이게 정치와 연애, 정치와 연예가 다른 점이다.

이런 사례에서 자유로운 시민게릴라들은, 우리들의 실험을 낯설어하는 이들이 가해 오는 비판에 항상 개방적인 태도를 취해야 한다는 점을 기억해 두었으면 한다. 물론 '나는 꼼수다'를 향한 비판에서 볼 수 있듯 비판이 아니라 의미 없는 비난과 힐난들도 있다. 그러나 우리는 비판과 비난을 구별할 수 있을 만큼 이성적이며 현명한 존재다. 현명한 정치행위자라면 그 속에서 의미 있는 비판을 듣지 못하거나 듣지 않으려는 실수를 저질러서는 안 될 것이다. 외부의 비판을 잘 섭취해서 내부의 힘으로 만드는 역량이야말로 자유로운 시민게릴라들이 지닌 비판적 시민으로서의 진정한 자질이라는 생각이다. 이런 비판적 태도는 사회에 이견을 제기하는 자들로서 정치적 자유를 존중하는 이들이 품는 기본적인 자질이기도 하다. 만약 자유로운 시민 게릴라들이 자신을 향한 비판에 귀를 기울이지 않는다면 그것 자체가 존재의 모순을 드러내는 일이 될 것이다.

정치적 자유와 대항헤게모니

필자에게 '나는 꼼수다'가 남긴 가장 큰 성과는 바로 정치적 자유의 중요성을 평범한 시민들에게 널리 알린 점이다. 실용정부와 보수세력이 언론을 장악한 상황에서 정치와 사회 문제를 가늠하는 데 필요한 유용한 정보들이 공정하게 흐르지 않았다는 것은 상식이 있다면 누구나 인정할 것이다. '나는 꼼수다'는 한 줌의 정보가 얼마나 중요한 역할을 하는지, 그리고 이런 정보들이 일반 미디어 매체를 통해 공유되지 않을 때 얼마나 정치에 많은 영향을 미치는지를 명확히 보여 주었다. 비교할 수 있는 대항정보가 있어야 무엇이 잘못된 것인지를 정확히 판단할 수 있고, 그 판단이 행동을 낳는다는 점에서 '나는 꼼수다'는 정보의 자유로운 흐름을 보호하는 표현의 자유, 언론의 자유와 같은 정치적 자유의 중요성을 다시 한 번 우리에게 각인시켜 주었다.

이런 정치적 자유는 그람시가 지적한 지배이데올로기에 맞선 '대항헤게모니'의 형성에도 중요하다. 그람시는 자본주의 사회에서 노동자들이 계급의식을 지니지 못하는 이유를 노동자들이 자발적으로 '자본가의 이익이 노동자의 이익'이라는 자본가들의 설득을 받아들였기 때문이라고 지적한다. 강제력이 동원되지 않는 이런 자발적 동의야말로 노동자들을 종속시키는 강력한 힘이라고 말한다. 그리고 이에 맞서고자 한다면, 노동자들을 대변하는 지식인들이 자본가들의 지배이데올로기에 맞서는 '대항헤게모니'를 형성할 필요가 있다고 강조한다.

 18대 대통령 선거가 끝나고 '나는 꼼수다'가 막을 내린 뒤 제기된 시민방송의 필요성은 이런 대항헤게모니의 형성 차원에서도 매우 중요하다. 대중언론매체를 독자치한 지배 보수기득권세력의 정보 편향 및 왜곡을 극복하고 민주적 가치를 지향하는 정보를 시민들이 공유하기 위해선 다양한 방식의 대중언론매체가 필요하다. 특히 보는 것, 다시 말해 '영상'의 중요성이 절대적으로 부각된 상황에서 뉴스채널을 중심으로 하는 대중영상매체를 확보하는 일은 필수적이라는 생각이다. 그러나 이런 매체를 확보하는 데는 상당한 인적·물적 자원이 필요하다. 이런 한계를 극복하기 위해 대부분의 스위스 기업이 그렇듯이 민주적인 개별 시민들이 조합원이 되는, 생활협동조합의 형식으로 만드는 것도 좋은 대안이 될 수 있을 것이다. 이는 실질적 소유주가 일반 시민들이 된다는 점에서도 더 많은 정당성을 지닐 수 있다. 정치적 자유를 존중하는 자유로운 시민게릴라들은 이런 협동조합의 일원이 되는 것을 결코 마다하지 않을 것이다.

 한편 '나는 꼼수다'를 비롯한 소셜 네트워크의 활용은 대항헤게모니 형성에서 '디지털 민주주의'의 가능성을 보여 주었다. 그러나

'디지털 민주주의'는 그 자체로는 중립적인 도구이다. '이견과 차이'를 통해 민주주의를 만드는 가능성은 그 도구를 쓰는 사람들에게 달려 있다. '디지털 기술'은 우리에게 이견과 차이가 존재할 수 있는 새로운 공간을 제공했을 뿐이다. 그리고 그 공간의 가능성은 엄청난 것으로 드러나고 있다. 그러나 '디지털 민주주의'를 대항헤게모니의 장으로 발전시키는 일은 우리 시민 한 사람 한 사람의 의지에 달려 있다. 다시 말하지만 도구는 스스로 생각하고 움직이지 않는다. 그렇기에 자유로운 시민게릴라들은 항상 거리를 두고 여론에 쉽사리 휩쓸리지 않는 견고한 의지, 다수가 무엇을 지지하느냐가 아니라 얼마나 민주적 원칙에 부합하느냐로 사안을 판단하는 자세 등을 지니고 있어야 한다. 이런 자세야말로 디지털 공간을 대항헤게모니의 장으로 지속시키는 힘이 될 것이며 한편으로는 정치적 자유를 지키고자 하는 시민게릴라들이 어디서라도 발휘할 수 있는 정치적 품성이 될 것이다.

시민의식이 깨어 있음을 보여 주는 활동

필자가 평가하는 '나는 꼼수다'가 남긴 또 다른 큰 성과는 제도권정치에 불어 넣은 긴장감이다. 우리가 민주주의를 선거나 투표로 환원할 때, 사실상 우리에게 남는 것은 엘리트를 엘리트로 교체하는 자유 밖에 없다. 이런 체계에선 중요한 의사결정권을 제도권의 엘리트들이 쥐게 될 뿐만 아니라 평범한 시민들의 목소리를 엘리트가 들어 주는 일종의 시혜적인 차원에서 정치가 작동하게 된다. 엘리트들이 관심을 기울이지 않거나 외면하는 목소리는 정치에서 사라지고 만다. 이런 체계 내에서 청중으로서 시민들이 상대적으로 무지한 상태로 남는다면, 시민들은 엘리트들이 어떻게든 조작해 낼 수 있는 대상이 되고 만다. 특히 지배엘리트들이 여론의 중심인 미디어를 통제할 수 있는 상황이라면 더욱 그렇다. 우리는 이런 현실을 지난 몇 년간 목격했다. 민주주의를 선거와 투표를 중심으로 제한해 놓는 한 이런 현실은 크게 바뀌지 않을 것이다.

이런 상황에서 '나는 꼼수다'는 제도권을 향해 시민들이 엘리트들의 정치적 조작을 무심코 받아들이는 무지한 존재가 아님을 명확하게 보여 주었다. 시민들 스스로 정치적 의제를 만들고 토론하고 논의하는 데 얼마나 많은 관심을 지니고 있는지 보여 줌으로써, 시민들이 정치엘리트를 견제할 능력이 있음을 보여 줌으로써, 이를 위해 스스로를 동원할 능력을 자발적으로 갖추고 있음을 가시적으로 드러냄으로써 제도권의 의사결정자들에게 위기감을 불러일으켰다. 자유를 확장하는 시민게릴라들은 이렇듯 제도권정치를 향해 시민의 의식이 깨어 있음을, 나아가 독립적인 개개인의 시민이 결속하여 행동할 수 있는 존재임을 보여 줄 수 있어야 한다. 자유로운 시민게릴라들이 끊임없이 움직이는 유연한 연대를 중요시하는 또 하나의 이유가 바로 여기에 있다.

뿌리 없는 게릴라, 어떻게 연대할 것인가?

앞선 에세이에서 필자는 '자유를 확장하는 시민게릴라들'은 시민사회를 중심으로 활동하자는 제안을 했었다. 여기서 이런 제안이 헤테로피아적인 시민사회와 호모토피아적인 제도권정치 사이에 벽을 만들어서 제도권정치와 거리를 두자는 의미가 아니라는 점을 분명히 밝히고 싶다. 필자의 원고를 읽은 친구는 이 제안을 두고 이렇게 물었다. "누구나 쫄지 않고 자유롭게 말할 수 있고, 세상에 자유롭게 말하기의 룰이 공정하게 그리고 성숙하게 지켜지는 사회를 민주적인 사회라고 한다면, 그 [제도권] 안에서 자유로운 게릴라적 연대를 즐겁고, 재미있고, 행복하고, 당당하게 할 수 있는 것 아닌가?" 다시 말해 헤테로토피아적 차이와 이견이 호모토피아적 제도권의 합의 틀 내에서 더 꽃필 수 있다는 뜻이다. 진정 옳은 말이다.

정치적 자유를 존중하는 사람들이 시민게릴라들이 되어 제도권정치보다는 시민사회를 중심으로 활동하자고 제안했던 이유는, 제도권정치가 반민주적으로 변해 가는 상황에서 제도권 진보마저 길을 잃고 위기에 처해 있는 작금의 우리 제도권정치의 맥락 때문이었다. 자유로운 시민으로서 이런 위기를 벗어나는 최선의 방법이 제도권의 특정 정치세력과 결탁하는 것이기보다는, 장기적 관점에서 우리 삶의 정치적·사회적·경제적·문화적 조건의 근본적인 변화를 추구하여 아래로부터 새로이 민주주의를 지어 올리는 것이라 여겼다. 그리고 이런 궁극적 변화는 다양한 입장을 지닌 이들과 함께할 때 실현 가능한 것이기에 하나의 이념이나 정치적 입장에 뿌리를 내리는 대신 정책과 사안에 따라 유연하게 연대하자는 제안을 했던 것이다.

　어떤 이들은 자유로운 시민게릴라들이 뿌리 내리지 않고 활동한다면 하나의 안정적인 제도권정치세력을 형성하지 못할 것이라 말할 수도 있다. 솔직하게 밝히자면, 반영구적인 '제도권정치세력을 형성'하려는 의도는 '자유를 확장하는 시민게릴라'라는 발상에 처음부터 존재하지 않았다. 오히려 자유로운 시민게릴라는, 정치적 자유에 공감하는 시민들이 정치의 전면에 스스로 나서 민주적 가치를 확장하고 이를 통해 민주적 시민의 외연을 넓혀 가는, 일종의 '시민이 주도하는 민주적 시민형성 프로젝트'다. 이렇게 '자유를 확장하는 시민게릴라' 활동을 펼치는 이들은, 정치에 무관심한 이들보다 자신이 지닌 가치나 입장에 따라 스스로 제도권정치로 활동의 외연을 넓혀 갈 수 있는 잠재력도 더 많이 지니고 있을 것이다. 이런 점에서 '자유로운 시민게릴라'는 제도권정치와 대립관계에 있는 것이 아니라 보완관계에 있다.

　한편, 어떤 이들은 제도권과는 정책과 사안에 따라서 연대한다는 것이 명확할 수 있지만, 시민사회 수준, 즉 제도권 밖에서 자유로운 연대란 도대체 무엇인지, 어떻게 가능한 것인지를 궁금해 할 수도 있을 것이다. 좀더 구체적으로 어떻게 자유를 확장하는 시민게릴라들이 다양한 정치세력, 여성주의자, 환경주의자 등과 연대를 할 수 있냐고 물을 수도 있다.

이 질문은 자유로운 시민게릴라가 자유주의와 어느 정도 친화력을 지니고 있다는 점에서 옳지만, 자유로운 시민게릴라는 그 자체로 '개인성'을 중요시하는 민주적 시민들의 연대라는 점에서는 옳다고만은 할 수 없다. 어떤 이념과 사상을 가지고 있든, 어떤 주제나 분야에 관심을 지니고 있든 상관없이 정치적 자유를 존중할 수 있다면 모두 '자유로운 시민게릴라'에 합류할 수 있으며, 자신이 종사하거나 관심을 기울이는 분야의 활동을 통해 연대를 모색할 수 있다. 쉽게 말해, '정치적 자유'를 존중하는 공통의 토대 위에, 그 활동은 자신이 지닌 '개인성'에 근본 바탕을 두고 각자의 영역에서 페미니스트 게릴라, 환경주의 게릴라, 애국주의 게릴라, 노동 게릴라 등으로 활약하는 이들의 모임인 것이다.

　예를 들어, 대표적인 자유주의 여성주의자 수전 오킨 같은 경우 「다문화주의는 여성에게 나쁜가?」라는 글을 써서 여러 다양한 정치적 입장에서 여성문제를 조명하게끔 했을 뿐만 아니라, '정의와 여성'의 문제를 두고 비판이론 입장에서 여성주의를 바라보는 세일라 벤하비브와 열띤 논쟁을 펼치기도 했다. 이와 유사한 경우를 찾아보면, 낸시 프레이저, 주디스 버틀러, 드루실라 코넬 등과 같은 서로 입장이 다른 여성주의자들이 모여 논쟁을 펼쳤고 그 결과물이 『여성주의 논쟁 : 철학적 소통』(*Feminist Contentions: A Philosophical Exchange*)으로 출간되기도 했다. 이처럼 제도권정치가 아니더라도 각자의 영역에서 관심사를 제기하고, 다른 입장에서 비슷한 관심사를 공유한 이들과 논쟁하고, 협력하고, 자체 담론을 넓혀 가며 그에 따라 행동하는 것이야말로 '자유를 확장하는 시민게릴라들'의 활동방식이라 할 수 있을 것이다.

자유를 확장하는 시민게릴라와 희망버스

이런 전문적인 활동이 아니더라도 일반 시민단체활동 참여 및 후원, 지지서명 보내기, 지역활동, 봉사활동, 주민토론회, 지역예산참여제도 실행과 같이, 연대가 필요하거나 절실한 사람들과 함께 행동할 수 있을 것이다. 예를 들어, 2011년 한진중공업 영도조선소에서 생산직 동료들을 퇴직 및 정리해고 하려는 사업자에 맞서 김진숙 씨가 309일에 걸쳐 벌인 크레인 고공농성을 지원했던 희망버스는 평범한 시민들이 벌일 수 있는 시민게릴라 활동의 좋은 사례이다.

  한진중공업 경영진의 생산직 노동자들에 대한 퇴직과 정리해고 시도가 옳았는지에 대해서는 시각에 따라 입장이 다를 수 있다. 그러나 이런 갑작스런 해고에 맞서 노동자들이 자신의 직장과 가족, 생계를 지키기 위해 자구책을 강구하는 것은 노동자들의 당연한 권리라는 점에서 김진숙 씨의 저항 그 자체는 정당한 것이었다. 그러나 아이러니하게도 당연히 이를 지원해야 할 민주노총뿐만 아니라 김진숙 씨가 속해 있던 금속노조조차도 이 길고 고독한 투쟁을 사실상 외면하고 있었다. 동료들의 해고를 막기 위해 35미터의 고공크레인에서 홀로 싸우고 있는 절박한 상황에서 노동자 동료들마저 외면하는 현실만큼 고독하고 잔혹한 일이 얼마나 있을까?

이때 고공크레인에서 내려오지 못하는 김진숙 씨의 사정을 전해 듣고 이런 잔혹한 상황에 맞서기 위해 나선 이들은 다름 아닌 평범한 시민들이었다. 회사원에서부터 학생, 작가, 영화배우 및 감독, 장애인, 성소수자, 철거민, 인권운동가에 이르기까지 다양한 직종과 이해관계를 지닌 이들이 그 차이를 넘어 자발적으로 김진숙 씨를 지지하고자 나섰던 것이다. 이들은 공권력의 가혹한 저지에도 불구하고 '희망버스'를 조직하고 고공크레인에서 외로운 투쟁을 벌이던 김진숙 씨를 방문해 뜨거운 지지를 보냈다.

무엇보다 희망버스가 진정 희망으로 자리할 수 있었던 이유는 이 희망버스가 조직되던 과정 그 자체에 있었다. 희망버스는 '비정규직 없는 세상 만들기 네트워크'의 제안으로 시작되고 이를 위해 '희망버스 기획단'이 존재했었다. 그러나 구체적으로 희망버스를 만들어가는 과정에서 특별히 이들 단체가 두드러져 보이는 일이 없었으며, 관련하여 특정 인물이 이 운동을 주도하는 일도 없었다. 미디어에서 주목받는 인물이 존재하기는 했지만, 인물에 초점을 맞추려는 미디어의 관성에 불과했을 뿐 희망버스는 평범한 시민들의 연합체에 가까웠다. 이는 '나는 꼼수다'와 비교하면 더욱 명확해진다. '나는 꼼수다'는 언론의 집중적인 조명을 받은 네 명의 지식인의 저항이 시민들 사이로 확장되는 과정에서 그 구심적 역할이 시민에게 넘어가지 않고 네 명의 지식인 사이에 여전히 남아 있는 상태로 유지됐다. 그로 인해

'나는 꼼수다'의 애청자들 사이에는 일종의 팬덤과 유사한 경향이 나타나기도 했다. 이런 점에서 여전히 '나는 꼼수다'는 이끄는 자와 따르는 자가 어느 정도 뚜렷하게 보였다. 반면 희망버스에서는 이끄는 자와 따르는 자가 따로 없었다.

필자는 시민들이 특정한 지도적 인물이나 단체에 영향을 받지 않고 스스로 수평적인 정치적 주체로 활약했다는 점에서 '나는 꼼수다'의 팬들보다는 희망버스의 참여자들이 헤테로토피아적인 '자유로운 시민게릴라'의 모습을 지니고 있었다고 생각한다. '자유로운 시민게릴라'는 독립적 개체로서 특정한 인물을 지지할 수는 있어도 이들을 추종하지 않으며 무엇보다 자기 자신을 정치활동의 주체로 여기기 때문이다. 이런 점을 좀더 구체적으로 고려하면 '나는 꼼수다' 팬들 내에서도 필자가 바람직하다고 보는 자유로운 시민게릴라가 존재할 가능성도 열린다. '나는 꼼수다'를 자신이 행동을 취하는 데 유용한 정보를 취득할 수 있는 공간으로 비판적으로 활용하고 자신을 네 명의 선장을 따르는 사람들이 아니라 이들과 동등하게 함께 행동하는 사람으로 여긴 청취자들이 바로 '자유로운 시민게릴라'라고 생각한다.

추종하고 따르는 자가 아닌 함께 행동하는 자들로서 '자유로운 시민게릴라'는, 희망버스에 참여했던 박점규 전 금속노조 비정규국장의 다음과 같은 글 속에서 더 선명하게 드러난다.

희망버스의 무대는 정치인이나 노조 위원장 등 소위 '높으신 분'들이 아니라 자발적인 참가자들의 소통의 마당이었고, 희망버스의 지도부(?)는 버스마다 한 명씩 뽑힌 사람들인 '깔깔깔'이었다. 회의는 누구나 참가할 수 있는 열린 공간이었다.*

희망버스를 택한 시민들은 '트위터, 페이스북, 인터넷 카페'와 같은 디지털 네트워크를 통해 스스로 참여하고, 그 희망버스를 단순한 지지방문이 아니라 평범한 시민들 사이에 열린 소통의 공간으로 만들었다. 이들에게 지도부란 같은 버스에 동승한 이들이 직접 뽑은 이들이어서 박점규 국장마저 지도부라는 표현에 의문 부호를 붙인다. 희망버스에 함께 한 김규항 씨도 '희망버스는 '깔깔깔'이라는 제목이 드러내듯이, 명망가 중심의 권위주의적인 분위기가 아닌 수평적이고 자유로운 시위문화를 보여 주었다'고 말한다. 그리고 '돈이 아니라 사람, 경쟁이 아니라 연대, 기쁨과 사는 맛을 회복하는 치유의 여행으로서 희망버스를 타고 있다'고 전했다.

더욱 중요하게는 이렇게 시민들이 자발적으로 조직한 희망버스가 우리 사회에 일자리와 고용, 해고 등과 같이 절박한 사회문제를 직

---

* 희망버스를 분석하는 데 있어, 박점규, 「노동운동이 희망버스에서 배워야 할 것」, 『노동사회』(2012년 1월 제 162호)와 「희망버스는 어떻게 '시대의 아이콘'이 되었나」, 『오마이뉴스』(2011.11.8)를 많이 참고했다.

면하고 공감하는 계기를 제공했다는 점이다. 필자는 이 희망버스 등을 통해 김진숙 씨에게 지지를 보내며 함께 노동의 문제를 고민했던 모든 평범한 시민들이 기본적으로 '자유를 확장하는 시민게릴라'의 모습을 갖추고 있다고 생각한다. 희망버스를 통해 묘사해 본다면, 민주적 시민으로서 자유로운 시민게릴라들은 사회적으로 도움과 지지가 필요한 다른 분야나 사람들을 자발적으로 찾아 자신이 모르는 그들의 처지를 알고자 하며, 그 새로운 앎을 통해 동료시민과 사회를 이해하고, 필요에 따라 자신의 연대를 적극적으로 표명하는 이들이다.

이런 점에서 '자유를 확장하는 시민게릴라들'에게는 굳이 장기적 관점의 구체적 조직화가 필요하지 않다. 이들의 활동 중심에는 지도자가 있는 것이 아니라 적극적 정치행위자로서 스스로의 선택이 있다. 이런 자유로운 시민게릴라에게 장기적으로 필요한 것은 조직이나 지도자가 아니라 다른 모든 구성원들을 평등한 자유를 누릴 자격이 있는 존재로 대하는 자세, 그리고 이들에게 가해지는 잔인함을 견디지 못하는 감성, 어려운 처지에 놓인 이들과 협력하는 일을 자신에 대한 배려로 공감하는 합리성, 그리고 스스로 선택하여 움직일 수 있는 용기이다. 무엇보다 자유를 확장하는 시민게릴라들은 이런 자세, 감성, 합리성, 용기를 바탕으로 위로부터가 아니라 아래로부터 동료시민들과 함께 협력하고 공존하는 민주주의를 스스로 지어 가는 이들이다.

손에 잡히는 대안을 위하여

한 사회에 어려운 시기가 오면 누구나 그 상황을 극복할 수 있는 대안을 찾고 싶어한다. 그리고 그 대안이 상세하고도 구체적인 손에 잡히는 대안이길 바란다. 당연한 일이다. 아마 많은 사람들에게 그런 상세하고도 구체적인 손에 잡히는 대안이 필요한 시기가 지금일지도 모른다. 많은 독자들이 그런 이유로 이 책을 손에 잡았을지도 모른다. 그래서 지금까지 이 책을 읽고 좀더 손에 잡히는 구체적인 대안이 뭐냐고 물어 올 수도 있겠다.

만약 여러분이 그런 질문을 한다면, 그 가능성은 오직 한 가지다. 바로 필자가 책을 지금껏 잘못 쓴 것이다. 『정치가 떠난 자리』는 지금 이 순간까지 이 책을 읽고 있는 독자 여러분이 바로 그 대안이라고 말해 왔다. 필자는 지금껏, 여러분이 처해 있는 각자의 상황에서 각자의 맥락에 맞게 각자가 할 일을 찾아 행동하는 시민이 되자고 주장해 왔다. 그런 시민이야말로 지금의 현실에서 흔들리지 않는 민주적 신념을 손에 쥘 수 있다고 되풀이해서 말해 왔다. 그 대안을 타자가 줄 수 있다고 생각지 말고 자신의 안에서 발견하고 그것을 세상에 내어 놓고 다른 이들이 내어 놓는 대안의 언어들과 연결시키며 그 속에서 행동할 수 있는 권력을 찾으라고 제안해 왔다. 그리고 여러분이 그런 시민이 되어야 한다고 말해 왔다.

자발적 시민으로서 모든 가능성은 그 누구도 아닌, 바로 여러분의 손에 달려 있다. 그 자발적 시민의 형성을 여러분의 손으로 여러분의 처지에서 여러분의 상황에 맞게 실행하자고 또 한 번 제안한다. 그리고 시민의 힘은, 시민으로서 삶의 충만함은, 다음 선거일을 기다리는 데서 나오는 것이 아니라 일상의 정치에서 민주적 가치를 확장하고 실천하는 데 있다고 제안한다. 그리고 필자 역시 시민정치에 대한 더욱 구체적인 대안을 이론적·실천적으로 담아 『정치의 귀환: 우리 민주주의 새로 짓기』로 여러분을 다시 찾아 올 것이다.*

이 책의 마지막 에세이는 막을 닫는 '에필로그'가 아닌 막을 여는 '프롤로그'라는 이름이 붙어 있다. 자유를 확장하는 시민게릴라의 한 사람으로서 그 시작을 여는 에세이다. 이 에세이에서 스스로를 돌아보며 지금 필자가 할 수 있는 일이 무엇인지 생각해 보려 한다. 이 마지막 에세이가 여러분도 이 책을 닫으며 지금의 상황에서 해야 할 일을 스스로 생각해 보는 계기가 되길 바란다. 그리고 필자와 여러분이 내어 놓는 작은 대안들이 모여 어려운 시기를 건널 수 있는 힘이 되길 바란다.

---

* '시민의 삶으로서 충만함'에 대한 이런 제안은 자유주의적 삶으로서 충만함을 필자에게 알려준 정태욱 선생의 가르침을 통해 얻었다.

프롤로그_ 자유롭기 위해 사유하고 반성하라

> 내가 받아들이는 (철학자로서) 삶의 기준이란, 누군가의 삶이 이상적인 것과 대중적인 것 사이에서 타협할 수 있어야 한다는 거네. 대중들이 우리의 삶을 존경할 수 있어야 하겠지만, 동시에 우리의 삶을 대중들이 이해할 수 있도록 해야만 하는 걸세. ─세네카

이 마지막 에세이는 '자유를 확장하는 시민게릴라'로서 필자 자신이 해야 할 일이 무엇인가를 스스로 찾고자 쓰는 것이다. 이를 통해 이 책을 읽는 독자들도 자신이 해야 할 일은 무엇인지 스스로 탐구해 볼 수 있는 계기를 가질 수 있을 것이란 작은 바람도 품어 본다. 우리는 진정 역동적인 시민의 삶을 원하고 있는 것일까? 그렇다면 우리는 자신을 어떻게 형성해 나가야 자발적이고 역동적인 시민으로서의 삶을 누릴 수 있을까? 이 책에서 제기한 문제들을 인식하고 실천하는 데 있어 그 기초가 되는 가장 근본적인 질문이 여기에 있다.

자유인과 공적 현실

우리는 지금까지 도망자 민주주의라는 근대의 조건 속에서 시민들이 무지하고 수동적인 청중으로서밖에 살아갈 수 없는 정치현실에 대해 살펴보고, 우리 맥락에서 이를 어떻게 극복해 낼 수 있을지에 대해 이

야기해 보았다. 현재 우리 사회는 민주주의의 상실, 자유주의의 상실, 진보의 상실을 겪고 있고 정치엘리트와 시민들, 시민들과 시민들 간의 소통의 상실을 겪고 있다. 필자는 이런 현실에서 참여를 원하는 시민들의 열망을 반영하지 못하는 우리 지식인들의 현실을 유토피아의 상실로 이야기했다. 불행하게도 이런 총체적인 정치의 상실이 현재의 공적 현실이다.

필자는, 이런 총제적인 정치의 상실 속에서 당분간 시민들이 청중으로 살아갈 수밖에 없는 운명이라면, 이 시민들이 무지하고 수동적인 존재로 남는 것이 아니라 자신이 바라보는 것들을 스스로 말하고, 해석하고, 다른 시민들과 이를 나누며 그 속에서 권력을 찾아내는 존재로 스스로를 바꾸어 정치참여의 길을 열어야 한다는 주장과 함께 이런 능동적 시민의 모습을 '자유를 확장하는 시민게릴라'로 제안했다. 자유로운 시민게릴라가 투영하는 시민들은 스스로를 독립적 자유인으로 대하며, 좀더 폭넓게 보자면 자신이 살아가는 사회에 대해 적극적으로 해석하고 자발적으로 참여하려 한다는 점에서 앎과 행동을 추구하는 이들이다.

그렇다면 한 사회에서 자유인으로서 존재한다는 것은 어떤 의미일까? 니체는 병든 근대사회에서 진정한 자유인의 존재를 '차라투스트라'라는 예언자의 모습으로 표현했다. 차라투스트라는 아무도 알아주지 않는 예언자다. 니체는 병든 근대사회가 위선과 거짓으로 가득차 있는 곳이라 주장하며, 그 누구의 것도 아닌 자신만의 기준을 들고 세상으로 들어가는 자유인의 모습을 차라투스트라를 통해 그려 낸다. 그러나, 기존 질서에 순응하지 않는 예언자로서 자유인은 사회에서 소외된 존재다. 거리에서 세상을 향해 아무리 떠들어도 사람들은 그의 목소리에 진지하게 귀를 기울이지 않는다. 이런 상황에서 니체가 그리는 차라투스트라는 인간적이다. 대중에게 실망한 차라투스트라는 세상에 나가기 전 오로지 자신만의 기준을 쥐고자 10년 동안 고독한 수행을 감행했던 깊은 산중으로 다시 들어가 버린다. 하지만 니체가 그리는 차라투스트라는 한편으로는 단순한 자유인이 아닌 위버멘쉬, 바로 초인이다. 그는 떠오르는 태양을 바라보며 세상의 그 누구도 자신의 말을 진지하게 귀담아 듣지 않는다 할지라도 그 세속으로 돌아가 거짓과 위선이라는 기존의 질서에 맞서 싸울 것을 다짐한다. 이 상황에서 니체의 패배주의는 '아무도 알아 주지 않을지라도' 싸울 것이며, 사람들이 차라투스트라의 말을 끝내 알아듣지 못할 것이라는 데 있다.

니체가 그려 낸 이런 자유인의 모습은 근대사회를 살아가는 지식인의 모습에 가깝다. 지식인의 사회적 의무에 대해 역설했던 알베르 카뮈는 '부조리'(the absurd)로 가득한 세상에 맞서는 지식인의 존재를 시시포스에 비유한다. 제우스로부터 아무리 다시 굴려 올려도 다시 산 밑으로 굴러떨어지는 바위를 산 위로 매일같이 굴려 올리는 형벌을 받은 시시포스. 그곳에서 시시포스는 니체의 차라투스트라처럼 고독한 존재다. 하지만 카뮈의 시시포스는 니체의 차라투스트라처럼

럼 세상이 나를 알아 주지 않는다고 불평하는 그런 존재가 아니다. 부조리로 가득한 세상에 실존하는 인간의 운명을 '자살'로 마무리 지어야 한다는 패배주의적 실존주의에 맞서 카뮈는 말한다. "아니다, 지금 필요한 것은 반항(revolt)이다." 카뮈의 반항에는 이유가 없지 않다. 부조리에 맞서기 위한 이유 있는 반항. 카뮈는 이런 반항 그 자체에서 근대사회를 살아가는 개인의, 나아가 지식인의 삶의 의미를 찾는다. 『시시포스의 신화』에 등장하는 그 유명한 결론은 이를 명확하게 들려 준다. (바위를 산 위로 굴려 올리는) "투쟁 그 자체로도 한 인간의 가슴을 채우기에 충분하다. 우리는 시시포스가 행복하다 여겨야 한다." 부조리. 그 부조리에 맞서 투쟁하는 일 그 자체가 우리의 삶에 의미를 부여한다는 것이다.

그렇다면, 니체가 굽힘없이 도전했던 거짓과 위선에 찬 기존 질서와 카뮈가 마지막 순간까지 반항했던 부조리가 문제가 되는 것은 왜일까? 그 이유는 거짓으로 꾸며진 기존 질서와 부조리로 가득한 사회가 자유인들이, 그리고 지식인들이 살아 가는 공적 현실이기 때문이다. 그리고 그 공적 현실에는 지식인뿐만 아니라 지식인이 함께 협력하고 서로를 돌보며 살아가야 할 평범한 사람들이 존재하고 있다. 거짓과 부조리로 가득한 공적 현실. 그곳의 삶이 거짓과 부조리라는 것을 알고 있는 지식인. 그렇다면, 그곳에서 지식인이 할 수 있는 일은 좀더 구체적으로 어떤 일일까?

암담한 공적 현실에서 니체와 카뮈가 그려 내는 차라투스트라와 시시포스는 나르시스의 얼굴을 하고 있다. 차라투스트라가 세계라는 거울에 비친 자신의 추함을 때로 견디지 못하는 존재라면, 시시포스는 그 추함마저도 감당할 수 있는 나르시스라는 차이점은 분명히 존재한다. 사실 공적 현실에서 지식인의 역할을 너무 강조하는 것은, 지식인이 마치 구원자라도 될 수 있다는 착각을 불러일으킬 수 있다. 실제로 실존주의에서 이런 구원자로서의 지식인상을 완전하게 배제할 수는 없다. 하지만 근대사회는 니체나 카뮈가 그려 낸 것보다 훨씬 더 한 거짓과 부조리를 껴안게 되었고, 지식인들은 이제 더 이상 한 사람의 지식인이, 그리고 흩어져 있는 지식인들이 이 세계를 구원할 수 없다는 것을 스스로 명확하게 깨닫고 있다. 지배적 헤게모니에 맞서는 그람시의 유기적 지식인이 그렇고, 변동하는 세계 속에 지식인의 단결을 요구하는 부르디외의 주장이 이런 변화된 단면을 고스란히 드러낸다.

그러나 니체와 카뮈가 보여 주는 자유인과 지식인의 모습에는 명확하게 배워야 할 것이 있다. 행동하기 위해 너는 사유할 준비가 되어 있는가? 사유하지 않는 자는 결코 의미 있는 행동을 할 수가 없다고 니체와 카뮈는 주장한다. 그렇다면, 의미 있는 정치행동을 추구하려는 한 사람의 자유로운 시민게릴라로서 우리는, 그리고 나는 사유할 준비가 되어 있는 것일까? 더 궁극적으로 사유한다는 것은 무슨 의미일까?

자유롭기 위해 사유하라

필자는 사유한다는 것, 그리고 사유가 실천의 기반이라는 점을 보이기 위해 푸코와 관련된 한 일화에서 시작해 볼까 한다. 푸코는 철학자로서 인생의 후기에 자아에 대한 탐구를 시작한다. 칸트의 『계몽이란 무엇인가』를 통해 세상을 변화시키려는 인간의 내부에 존재하고 있는 자아의 모습을 발견한 푸코는, 이 자아가 무엇으로 이루어져 있는지, 진정 이 자아가 하려는 일은 무엇인지 탐구하기 시작했다. 그는 이 자아의 모습을 발견하기 위해 소크라테스부터 전개되는 자아의 역사에 대한 탐구에 몰두했다. 일종의 자아의 계보학에 대한 탐구였던 것이다. 그러나 이는 푸코의 철학에 익숙한 사람들이면 자못 당혹스런 것이었다. 자아라니? 유명한 푸코의 『성의 역사』(*Histoire de la sexualité*) 1권에서도 쉽사리 알 수 있듯이 푸코의 철학적 관심이 몸과 권력 간의 관계라는 점은 아주 잘 알려져 있는 사실이다. 그리고 그의 계보학에 관한 탐구에서 잘 보이듯 이런 관심이 일상에서 촘촘히 퍼져 나가 있는 네트워크로서의 구조에 집중되어 있음도 아주 잘 알려져 있다. 그런데 갑작스레 인간의 영혼에 해당하는 자아를 탐구한다니, 필자 역시도 처음 『성의 역사』 3권인 '자기배려'(*Le souci de soi*)를 읽기 시작했을 때 이건 무엇인가 단단히 잘못되었다는 생각이 들었다. 확신컨대, 필자만 이런 생각을 한 것은 아니었을 것이다. 그런데 이런 의문에 답하고, 사유의 의미에 답할 만한 푸코에 얽힌 일화 하나가 있다.

1980년대 푸코는 프랑스보다는 오히려 미국에서 더욱 유명세를 타고 있었다. 이때 캘리포니아에 머물던 푸코는 버클리 대학에서 2,000명이 넘는 학부생들을 대상으로 특강을 하게 됐다. 푸코는 학부생들을 대상으로 한다는 점에서 편안한 마음으로, 칸트, 소크라테스, 세네카로부터 유발된 자아에 대한 관심을 처음으로 이 강의를 통해 공식적으로 드러냈다.

예술가가 되기 위해서는 세상의 철학과 문학 모두를 배워야 한다는 믿음을 지니고 있었던 필립 호로비치라는 연극배우 지망생도 이 강연을 듣게 되었다. 호로비치는 푸코의 새로운 관심사에 대한 의문을 품게 되었고, 이 궁금함을 풀기 위해서 공식 면담시간에 푸코를 찾아갔다. 오랜 시간을 기다려 자신의 차례가 오자 이 청년은 푸코에게 당당히 물었다. "푸코 씨, 자아라니요? 예술가들이 정말 정체성이라는 걸 가질 수나 있는 겁니까? 지난 오십 년 동안 예술가들은 텔레비전 같은 미디어의 조작 때문에 점점 힘을 잃어 가고 있습니다. 예술가들이 이런 현실적 구조를 초월할 수 있다고 생각하십니까? 아니면, 예술가들의 운명이란 그저 상품화되고 꼭두각시 노릇이나 하는 것입니까?"

뜻밖의 질문을 받은 푸코는 시간을 달라고 부탁한다. 그리고 며칠이 지나 한적한 작은 찻집에서 호로비치와 단 둘이 마주 앉아서야 질문에 대한 답을 들려주었다. "자유는 자네가 찾을 수 있는 것일세. 다만 그 자유는 항상 어떤 특정한 맥락에 놓여 있을 뿐이네. 권력은 어떤 게임처럼 지속적으로 투쟁하면서 역동성을 가지고, 우리가 그 것으로부터 탈출할 길은 없네. 하지만 그 게임이 자네 자신이 어떤 역할을 해야 하는, 자네 자신의 게임이란 것을 아는 데 자유가 있는 걸세. 권위를 바라보지 말게. 권력은 자네의 자아 안에 있다네. 두려워하지 말게. 자네 자신을 믿어 보게. 삶을 두려워하지 말게. 그리고 죽음을 두려워하지 말게. 용기를 가지게. 자네가 욕망하고 있고, 만들어야 하며, 초월해야 하는 것들을 느껴 보게나. 만약 그럴 수 있다면 자네가 그 게임에서 이길 수 있을 걸세."

그러고는 푸코는 갑자기 이 청년에게 물었다 "자네 동성애자인가?" 실제 청년은 동성애자였다. 청년은 공식적으로 커밍아웃을 한 것은 아니었지만 과거에 게이였다고 답했다. 그러자 에이즈가 동성애자 공동체에 미치고 있는 영향을 언급하며 푸코는 이렇게 말했다. "진실과의 게임은 위험하지. 하지만, 그게 다야. 그게 자네가 가지고 있는 전부라 할 수 있지. 만약 남자와의 관계가 자네에게 기쁨을 준다면……. 우리는 우리의 힘(권력)을 갖고 있잖나. 우린 포기하지 말아야 하네." 호로비치는 푸코의 이야기에 깊은 감명을 받고 놀라움에 가득 찰 수밖에 없었다.

몇 시간이 지난 뒤 푸코는 다른 약속장소로 가기 위해서 전철역으로 향했다. 호로비치도 푸코와 작별하기 위해 함께 전철역으로 향했다. 역에 이른 푸코는 청년에게 다시 말했다. "행운이 있길……. 그리고 두려워하지 말게." 이에 호로비치도 답했다. "푸코 씨도요. 두려워하지 마세요." 그러자 푸코는 어깨를 한번 으쓱 들어 올리곤 웃으며 답했다. "내가 죽더라도 울지는 말게나." 그리고 푸코는 전철역 안으로 사라졌다.

　이 일화는 부조리한 현실, 바뀌지 않는 단단한 구조에 맞설 수 있는 잠재적 힘이 자아에 있다는 푸코의 생각을 명확히 보여 준다. 푸코의 자아에 대한 탐구는 권력에 대한 또 다른 방식의 탐구였고 그 탐구는 권력이 지식과 어떻게 연결되어 있는가라는 것이었다. 자아야말로 인간의 지식이 담기는 또 다른 그릇이기 때문이다. 푸코의 이 일화는, 자신이 처해 있는 공적 현실 앞에서 자신의 기준을 쥐고 용기 있게 그 부조리와 맞설 수 있는 자유를 발견하는 일이 바로 사유한다는 것, 철학한다는 것의 의미임을 들려 준다.

사유하기 위해 글을 쓰라

이런 입장에서 푸코가 탐구하기 시작한 자아에 대한 계보학에서 아주 중요한 위치를 차지하고 있는 인물이 바로 세네카다. 세네카는 기원전 4년경에 태어나서 기원후 65년경에 사망한 유명한 로마의 정치가였다. 동시에 세네카는 비극 작가로서 명성을 떨치기도 했고, 스토아학파의 정신을 이어받은 유명한 철학자이기도 했다. 흔히 우리가 명상을 중시한다고 알고 있는 스토아주의는 인간이 느끼는 불안스럽고 파괴적인 감정의 문제를 다루는 철학이다. 그렇다면, 이런 불안스럽고 파괴적인 감정은 왜 생겨나는 것일까? 스토아주의자들은 인간이 결정적으로 잘못된 판단을 하기 때문이라 말한다. 제대로 된 판단을 할 수 있다면 감정에 휘둘릴 리가 없다는 것이다. 그렇기에 스토아주의는 '덕이 있는 자가 행복한 자'라는 명확한 철학적 명제를 지니고 있다. 정확한 판단을 할 수 있는 덕이 있는 행복한 자는 결국 현자, 성인, 철학자일 것이다. 그렇기에 스토아주의는 철학을 삶의 방식으로 삼는다.

    스토아학파의 전통에 있던 세네카는 인생의 말년에 정치에서 물러난 이후 철학적 삶에 몰두하기 시작했다. 세네카는 정확한 판단을 할 수 있는 덕을 성취할 수 있는 철학적 삶을 어떻게 실천할 수 있을지 깊이 고민했다. 고뇌 끝에 세네카가 찾아낸 방법은 소크라테스의 전통에서 내려오는 자기성찰이었다. 세네카가 자아의 성찰을 위해서 선택했던 방법은 크게 두 가지였다. 첫째는 삶을 단순화시켜 항상 생각할 수 있는 시간을 갖는 것이었다. 세네카는 책을 무작정 많이 읽기보다는 읽은 것들을 오래 되새기며 생각해 보는 것이 더 중요하다고 여겼다. 특히 세네카는 삶을 돌아보는 시간을 갖는 것이 중요하다고 보고 자신의 삶을 규칙적으로 만들어 항상 잠이 들기 전에 하루 동안 했던 일을 반성하는 시간을 가졌다. 세네카가 이렇듯 돌아보는 시간이 중요하다고 생각했던 이유는, 가장 확실하게 성찰할 수 있는 대상이란 자신이 미래에 할 일이 아니라 과거에 했던 일이라고 믿었기 때문이다.

    이런 세네카의 자아에 대한 성찰이 독특했던 것은 바로 두번째 방법, 글쓰기를 철학적으로 자신을 반성하는 일에 활용했다는 데 있다. 푸코는 과거 그리스와 로마 시대에 글쓰기가 두 가지 기능을 했다고 설명한다. 첫째는 노트의 역할이었다. 즉 읽었던 책의 중요한 부분을 스스로 기록하고 다시 그것에 대해 생각해 볼 기회를 갖는 기능이다. 이들에게 글쓰기는 '이런 노트의 기능뿐만이 아니라 삶을 영위할 방식이나 이와 관련된 일에 대해 틈틈이 기록하고 그것을 실천할 수 있도록 스스로 다시 확인하는 기능을 동시에 했다. 자신이 삶에서 의미 있다고 생각하는 것을 글쓰기를 통해 보다 명확하게 정리하여 삶의 방식으로 구체화시켰던 것이다. 쉽게 말해, 글쓰기란 자신이 했던 일들을 돌아보는 동시에 삶을 정리하고 설계하는 일이었다. 이런 이유로 글쓰기란 자아의 성찰과 분리될 수 없는 것이었고 세네카는 이를 가장 잘 활용한 철학자였다.

그리스와 로마 시대 글쓰기의 두번째 기능은 자신이 책에서 읽은 내용을 기록하는 일을 넘어 자신이 스스로 창조한 철학적 내용을 문자의 형태로 다른 이들에게 보여 줌으로써 철학적으로 다른 이들과 소통하는 것이었다. 하지만 이러한 소통이 대중들과의 소통을 의미하는 것은 아니었다. 이때의 소통은 철학적 삶을 살려 하거나 철학적 삶을 살고 있는 사람들과의 소통을 의미했다. 이런 방식의 소통에는 실천적 기능도 있었는데, 다른 사람들에게 글쓰기의 형태로 자신의 생각을 들려 줌으로써 자신이 한 말을 스스로 지키게끔 하는 것이었다. 이렇게 본다면 이 소통의 과정조차 자신의 자아를 돌아보는 기능을 했던 것이다.

세네카가 자아성찰의 중요한 방식으로 삼았던 글쓰기는 당시로서는 무척이나 혁신적인 발상이었다. 고대 그리스와 로마에서는 말하기가 글쓰기보다 훨씬 중요한 위치를 차지하고 있었다. 예를 들어 플라톤은, 글쓰기란 철학적 진리를 찾아낼 수 있는 방법이 아니라고 단언한다. 철학적 진리란 스승과 제자가 서로 마주 앉아 진지하게 주고받는 말 속에서만 찾을 수 있는 것이라고 강조한다. 자아성찰이라는 철학적 방법을 처음 시도한 소크라테스 역시 문자로 철학의 기록을 남긴 적이 없으며, 플라톤의 모든 철학적 기록이 대화의 형식으로 남아 있는 것도 우연은 아니다. 이런 점에서 보자면 글쓰기를 스스로에게 말을 거는 자아성찰의 중요한 도구로 사용한 세네카의 시도는 철학적으로 무척이나 혁신적인 것이었다.

사유를 통해 자유롭게 되고, 그 자유로 소통하라

그렇다면 이렇게 철학자들이 자아를 성찰하고자 했던 이유는 무엇일까? 그 이유는 성찰된 자아야말로 진리에 가까워질 수 있기 때문이다. 세네카는 철학이란 진리를 찾아내는 단 하나의 임무를 가지고 있다고 단언한다. 그리고 이 진리는 끊임없이 자아를 돌아보고 성찰하는 과정에서 찾을 수 있는 것이라고 믿었다. 세네카는 이렇게 진리를 향해 다가서는 자아의 형성을 통해 한 사람이 자유롭게 될 수 있다고 강조한다. "진리가 너희를 자유롭게 하리라." 세네카의 입장에서 보자면 진리를 찾은 자아야말로 진정으로 자유로울 수 있다는 의미일 것이다.

하지만 세네카는 자아성찰을 통해 한 자아가 자유롭게 되는 데서 끝나선 안 된다고 말한다. 세네카는 『스토아 철학자로부터 온 편지』에서 한 사람이 철학을 하는 목적은 다른 이들보다 훨씬 우월하고 뛰어난 영혼을 만들기 위해서가 아니라 단지 좀더 나은 영혼을 만들기 위해서라고 말한다. 더불어 철학하지 못하는 이들이 무지하고 삶에 충실하지 못하다고 해서 그들을 경멸하거나 멀리해서는 안 된다고 충고하며 바로 이런 사람들이야말로 철학자들이 반드시 개혁해야만 하는 대상이라고 당부한다. 그리고 이런 무지한 사람들을 바꾸어 내는 일이야말로 철학자들이 절대 포기해서는 안 될 철학적 목표라고 밝힌다.

그렇다면 왜 철학자들은 무지하고 삶에 충실하지 못한 이런 사람들을 절대 포기해선 안 되는 것일까? 그 이유는 스토아철학에 내재한 지상의 모든 인류가 형제라는 정신에 있다. 세네카는 지상의 모든 사람들이 서로 평등한 존재라고 믿는다. 세네카가 인간 불평등의 기원에 대해서 탐구한 것도 모든 인류가 평등하다고 믿었던 자신의 신념 때문이었다. 세네카는 인간 불평등이 인간의 허영에서 생겨난다고 말한다. 인간은 사람들 사이에서 돋보이고자 하는 허영심을 가지고 있기에 자신이 남들보다 뛰어나다는 사실을 서로간의 경쟁과 비교를 통해 입증하려 한다. 철학을 공부한 이들이라면 전혀 낯설지 않은 이야기일 것이다. 바로 루소가 『인간불평등의 기원』에서 그려 냈던 인간의 허영심과 명예욕이 만들어 내는 불평등의 기원이 바로 세네카에게서 나온 것이기 때문이다.

세네카는 누구든지 다른 모든 사람들을 아끼고 배려하는 인류애(friendship)를 지녀야 한다고 되풀이해 말한다. 아무리 자아가 훌륭하게 형성된 현명한 사람이라 할지라도 항상 이웃과 친구가 필요한 법이기 때문이다. 그렇기에 현자들은 자신의 이웃이, 자신의 친구가 현명하지 못하다 할지라도 그들을 사랑하고 아껴서 이들이 좋은 삶을 살 수 있도록 돕는다.

이런 세네카의 생각은 기존의 스토아철학에도 이미 존재하고 있었다. 그럼에도 세네카가 돋보이는 이유는 성찰을 통해 형성된 성숙한 자아가 삶에서 실천해야 할 임무를, 인류애라는 이웃을 향한 보살핌의 정신 속에 명확히 보여 주고 있기 때문이다. 쉽게 말해서, 자신의 자아를 보살피는 일이 타자를 보살피는 일과 근본적으로 다른 일이 아님을 세네카가 말해 주고 있다는 것이다. 세네카 스스로가 유명한 정치가였으며 대중적으로도 유명했던 비극작가였다는 것을 생각해 보면, 그가 이토록 타자와의 소통, 특히 어리석고 무지하다고 믿었던 대중과의 소통이라는 철학적 임무를 강조한 이유를 좀더 쉽사리 이해할 수 있을 것이다.

이런 점을 짚어 본다면, 세네카야말로 세계를 바꿀 힘은 자아에 있다고 믿었던 대표적인 철학자이다. 그리고 그 세계를 바꿀 자아를 형성하고 성장시키는 가장 중요한 성찰의 방법으로 글을 썼다는 점에서 세네카는 글쓰기의 철학적 함의를 설득력 있게 보여 주었다. 세네카의 입장에서 본다면, 이 순간 필자가 이 글을 쓰는 진정한 이유는 여러분에게 무엇을 하자는 이야기를 하기 위해서라기보다는 필자 자신이 한 사람의 지식인으로서 무엇을 해야 할지 성찰하기 위해서이며 이를 통해 여러분에게 다가가기 위해서일 것이다.

공적 현실과 글쓰기

오랜 시간 동안 사람들이 잘 읽지 않고 심지어 외면하는 정치철학에 대한 글을 쓰면서 항상 이런 질문을 해왔다. '나는 왜 글을 쓰는가? 무엇 때문에, 누구를 위해서, 어떤 열정으로 이런 철학적인 글을 쓰는가? 철학이란 근본적으로 쉽게 표현될 수 없는 것임을 너무나 잘 알면서도 왜 나는 모든 글을 명확하고 쉽게 쓰고자 하는가?'

이 질문에 대한 나름대로의 대답은 늘 지니고 있었다. 필자는 평범한 시민들에게 다가가지 못하는 정치철학은 철학적으로는 모르겠지만 정치적으로는 의미가 없다고 생각한다. 개인적으로는 평범한 시민들이 없는 정치이론의 의미를 찾을 수가 없었고 지금도 그러하다. 진리를 위한 탐구라면 차라리 철학을 하는 것이 나았을 것이다. 그러나 필자의 관심과 선택은 정치철학이었다. 행동해야 하는 정치와 행동을 멈추고 사유해야 하는 철학이 만나 이루어진 정치철학 그 자체의 모순 앞에서, 행동할 것인가 사유할 것인가를 사이에 둔 선택은 끝나지 않는 고민이었다. 그래서 사유하면서도 행동할 수 있도록 한 편의 논문보다는 한 편의 대중적 글을 쓰고 싶었다. 그런 글쓰기를 통해 대중과 소통하고 싶었다. 철학이 진리를 찾는 일이라면, 정치철학은 그 진리를 세상에 적용하는 학문이기에 더욱 대중과의 소통이 중요하다고 믿었다. 그러나 사유한다는 것, 글을 쓴다는 것, 나아가 실천적이 된다는 것 간에 놓여 있는 간격에 늘 고민해야 했고 때로 그 고민은 견딜 수 없을 만큼 고통스러운 것이었다.

자기 자신을 사유하고, 그 사유를 통해 의미를 찾고, 그 의미를 손에 들고 이웃과 소통하고, 더 넓고 큰 공적 현실에 다가서는 일이 필자만의 고민은 아닐 것이다. 그리고 정치철학자들의 고민만도 아닐 것이다. 우리가 존재하는 이 사회세계에서 자신의 삶의 의미를 찾고자 하는 이들이라면, 자신의 정체성을 공적 세계에 존재하는 한 사람의 자유롭고 독립적인 시민으로 바라보는 사람들이라면, 그 누구라도 느끼는 고민일 것이다.

세네카의 글을 읽기 전까지, 어리석게도 필자는 글을 쓰는 일이 사유하는 일임을, 나 자신과 대화를 나누는 일임을, 친구와 이웃에 말을 거는 일임을, 이 세상과 대화에 나서는 실천적인 일임을 확신하지 못했다. 모든 글을 명확하고 쉽게 쓸 수 있을 때까지 문장을 고치고 또 고치는 일이 스스로의 생각을 만들어 가는 과정임을 확신하지 못했다. 그리고 그렇게 명료한 생각을 만드는 일이 내 이웃과 친구들에게 나의 지식으로 한 걸음 다가서는 일임을 확신하지 못했다. 그리고 글을 쓰는 일이 한 사람의 지식인으로서 공적 현실을 접하고 그 공적 현실을 제대로 이해하여 말을 거는 실천적인 과정임을 확신하지 못했다.

근대세계에서 세네카의 철학자들이 지닌 임무, 이웃을 인도하는 일은 더 이상 가능하지 않다. 베버가 말하듯 세상에는 존재하는 가치만큼의 신들이 존재하고, 니체가 말하듯 그 수많은 가치들이 각기 다른 '천 개의 고원'을 이루고 있다. 필자 혼자 그 모든 신을 다 만나 말을 걸 수도 없으며 그 모든 고원을 올라가 볼 수도 없는 일이다. 그러나 내가 존재하는 곳에서 문제가 되는 공적 현실을 하나씩 접하며, 그것에 대해 사유하고 글을 쓰는 일이 내가 자유로워지는 일임을 믿어 보고자 한다. 이런 내 자신을 믿고 열심히 사유하는 자아의 자유를 통해 나의 친구들에게, 나의 이웃에게, 나의 공동체에 말을 걸고, 한편으로 친구들의 말에, 이웃의 말에, 공동체의 말에 귀 기울이며 함께 살아가 보고자 한다.

그리고 이를 통해 우리가 잃어버린 정치를 만나고자 한다. 우리가 잃어버린 민주주의와 다시 조우하고, 자유주의를 세우는 데 일조하고, 진보뿐만 아니라 함께·공존하는 세계를 짓고자 나선 이들과 연대하고, 등 돌린 이웃들과 소외된 채 좋은 삶의 바깥에 머물 수밖에 없는 이들과 적극적으로 소통하고, 우리가 잃어버린 '함께 참여하는 정치'라는 유토피아의 복원에 힘쓰고자 한다. 이것이 한 사람의 자유인으로서 지금 내가 할 수 있는 일이며, 내가 가장 즐겁게 할 수 있는 일이다. 그리고 이 길이 바로 '정치가 떠난 자리'를 메우기 위해 독립적인 정치적 존재로서, 한 사람의 자유로운 시민으로서 내가 내디뎌야 할 첫 걸음이고 또 한 걸음이다.

지은이 **김만권**

김만권은 세상에 쓸모 있는 사람이 되고 싶은 평범한 지식인이다. 자신이 제일 잘할 수 있는 일 그리고 제일 좋아하는 일, 바로 학교에서 학생들과 열심히 즐겁게 함께 배우고 그 배움을 열심히 글로 써 내는 것이 그 쓸모 있는 사람이 되는 첫걸음이라고 생각한다. 거기서 조금 더 쓸모 있는 사람이 될 수 있다면, 서로가 서로를 돌보고 토닥여 주는 세계를 짓고 싶다. 그래서인지 경쟁에서 승리한 사람도 멋지다고 생각하지만 세상과 이웃을 보살피는 일에 맘을 쓰는 사람을 더 좋아한다. 그리고 모두가 함께 공존하는 공적 세계를 짓는 일이 정치의 임무라고 믿는다. 하지만 경쟁에서 밀려난 사람들까지 정치의 외연을 확장하고 품어 내는 일은 단순히 그들을 보살피는 일을 넘어 그들이 스스로 진정한 정치의 주인이 될 때 가능한 일이다. 평범한 사람들이, 소외된 사람들이 막연히 누군가의 구원을 기다리는 것이 아니라 스스로 구원자가 되는 프로젝트의 시작이 여러분이 펼쳐 든 바로 이 책 『정치가 떠난 자리』다. 여러분도 이 프로젝트에 함께해 주었으면 하는 바람이다. 현재 풀브라이트 장학생으로 뉴욕의 뉴스쿨 정치학과에서 정치이론 및 법철학을 전공하고 있으며, '정치적 적들이 헌법짓기를 통해 어떻게 화해하고 새로운 시작을 할 수 있는지'를 주제로 쓰고 있는 박사논문을 마무리 짓고 있다. 그래서 2013년에는 오랜 시간 그리워하던 모국으로 돌아갈 수 있게 됐다. 자유주의 및 공화주의 이론, 정의론, 민주주의 이론, 입헌주의 이론, 정치철학사에 관심이 깊고 '삶의 방식으로서 철학'에 깊은 애정을 지니고 있다. 그리고 이 관심과 애정을 쉬운 언어로 풀어 독자들과 공유하고 싶다.

석사를 마치고 서른이 되던 해 첫 책 『자유주의에 관한 짧은 에세이들』을 썼다. 그리고 박사학위를 하는 동안 틈틈이 시간을 쪼개어 『불평등의 패러독스』, 『그림으로 이해하는 정치사상』, 『세상을 보는 열일곱 개의 시선』, 『참여의 희망』 등을 썼으며 『민주주의는 거리에 있다』, 『만민법』 등을 우리말로 옮겼다. 그리고 『인민』(*The People*)이란 또 한 권의 옮긴 책이 곧 그린비에서 나올 예정이다.